期貨之王

從**10萬**到**20億**，55位打敗死神的**戰神交易筆記**

法意
PHIGROUP

出發到全球
期貨市場淘金

這是一個身為交易者、投機者及基金操盤者，想要傳遞分享給大家的心路歷程

回想當年，自己一個人在投資市場裡跌撞得非常辛苦，一開始的那幾年裡，似乎有些什麼收穫，但當時又怎麼樣也無法具體歸納出定則，我便一直在賺賠之間徘徊。

賺錢的時候很不真實，找不到自己的錯誤與盲點；賠的時候又不知哪裡做錯，常沮喪地否定自己，認為自己已經了解或辛苦歸納的經驗與心法技巧全盤皆錯，在當下令人覺得想放棄又很可惜，要繼續又不知從何前進。與現在可以精確地知道什麼時候做對了什麼事，失敗的瞬間又做錯了什麼，對比之下是截然不同的。

團隊交流可強化邏輯與觀念訓練

這前後的轉變最大的差異就在於——正確的投資邏輯與觀念訓練，而團隊的討論與交流絕對可以加速這過程的推進，可節省了四

到八年的寶貴時間。

我認為經過這樣的團隊交流，對於一位完全不懂的新手而言，如此成果是可以訓練出來的。然而，我自己在這樣的訓練過程中，浪費了太多的時間在一個人閉門造車，仔細回想起來，我自己進步最快速的階段，就是在【法意 PHIGROUP】剛成立之初的一到兩年，那時大家剛開始定期聚會討論並分享自己的交易模式與邏輯，就像各門各派的武功各自有其精妙之處，巧妙各有不同，然而其道理與邏輯，正如萬法歸宗般，是一脈貫通的。

【法意 PHIGROUP】想發行以臺灣人為建構主體的團隊全球避險基金，這是法意當初發起的重大目標之一，我們期許自己是金融界的中華隊，在世界的舞臺發光發熱，為臺灣爭光。現在法意一步步靠近目標，已經在中國發行了數支公募基金，做到了臺灣大券商做不到的事情，我們也期盼能將這樣的經驗傳承下去，讓有志者能夠少走許多冤枉路，這是此書《期貨之王：從 10 萬到 20 個億：55 位打敗死神的戰神交易筆記》存在的意義。

我也期許因為本書的分享，可以成就更多優秀的臺灣交易代表或團隊，未來能夠加入法意甚至超越之，在目前這個階段，法意可以擔任繼往開來的角色，任重而道遠，我們戰戰兢兢地走著。

用他山之石攻錯，效法各家長短

很榮幸我能為這本書寫序，寫序的人沒有比較厲害，只是能用過

來人的身分給讀者提供新角度的思索，這是我很樂意去做的。

這本書記述的期貨交易員個個身懷絕技，派別也很廣泛，讀者看完後也許暫時會覺得有些人的方法用不到，但當你交易到一定程度，你會突然從以前閱讀過的字裡行間裡，悟出交易的真諦。

不論你交易了幾年，中途遇到了多少困難，沮喪了多少次，喪失了幾次的信心，請不要輕言放棄，很有可能現在你的階段就只差一步，自由就在前方！

我期待著未來會有更多如同法意一樣的臺灣團隊，活躍在世界各地的交易市場。

這本書中每個交易員的故事、分享與心得，都十分寶貴，哪怕是每一個悟出的小小技巧，也許是花上百萬才換來的心得，甚至即便未來讀者進化成更高階的交易者，發現書中主角當初的「不完美」，也會是未來可以提醒自己的地方，發現別人的錯誤，能讓你進步更快速。

用文字傳承經驗

在法意進攻中國大陸期貨市場之初，許多人並不看好。

但法意知道，成功與否絕不會取決於別人的眼光或批評，而在於自己是否準備妥善。我們始終相信，只要市場的機會足夠，不論距離多遠，不論交易限制多嚴格，不管法規如何繁瑣，不論有多不熟

悉這個市場，只要潛在的利潤足夠，有交易賺錢的 Know-How，上述的因素都不會是賺錢的絆腳石，那些都只是枝微末節的小阻礙罷了。

臺灣人前進中國期貨市場，不只有前述的困難，甚至有更多、更大的門檻，但是法意做到了！未來我們持續會將寶貴的經驗透過不論是文字或媒體的方式傳承給大家，我相信攻克中國期貨市場將不再困難，甚至戰勝全球（包括臺灣）市場也不會只是夢想，而是將實際的一桶桶金呈現在你的眼前。

拿出真錢交易與模擬競賽交易實際上所承受的心理壓力絕對不一樣，實盤交易大賽實際上就是基金的縮影，只要時間夠長（半年以上），就可以觀察出一個（基金）操作團隊獲利與控制風險的能力。法意在許多真錢交易大賽中拿下了冠軍，不僅證明了自己的實力，更重要的是：

我們想透過本書分享並告訴各位對投資有興趣的讀者，千萬不要低估自己的潛力，只要得到正確的交易技巧與觀念，再加上綜觀書中兩岸的高手操作手法與心態，更精進自己的交易實力，下一屆的實盤交易大賽冠軍可能就是你——未來基金操盤的明日之星。

【法意 PHIGROUP】發起人 **滑滑輪**

Contents

PART I
臺灣期市名人　　　　　　　012

期貨很難懂，難以一步登天，
期貨很簡單，可從10萬變成10萬萬，
凡人穿過難與易的修羅場，重新降臨期貨戰場，是王者風範！
他們是凡人，也是王者。

PART II
中國期市名人 **080**

中國期市黃金十年，正在拉開序幕
大將崛起，開始馳騁戰場。

PART Ⅲ 中國期貨實盤大賽 戰場點將錄　　144

萬人參與，聚集數十億資金的中國期貨實盤大賽，每年都有優秀的交易明星脫穎而出。
五湖四海風流人物，使盡渾身解數，
從趨勢到短線；從日內當沖到隔夜，從程式交易到主觀人為，
用力淘出市場最大的一桶金！

PART I

臺灣期市
名人

I

期貨很難懂，難以一步登天，
期貨很簡單，可從 10 萬變成 10 萬萬，
凡人穿過難與易的修羅場，
重新降臨期貨戰場，是王者風範！
他們是凡人，也是王者。

Chapter 1

臺指期起家，
縱橫全球期市

言程序交易團隊	言程序
暗黑操盤手	Job 賈乞敗
康和期經總經理	吳啟銘

臺灣七年級團隊西進奪五冠
撼動大陸期貨圈

言程序交易團隊：你能為夢想付出多少？這才是致勝關鍵！

◆ 言程序交易團隊 ◆

- ◆團隊成員橫跨經濟、統計、電腦工程及財務工程領域。

- ◆成員 15 位並陸續增加中，包含策略研發者、策略撰寫者、計算機工程人員、統計人員、風控人員。

- ◆操作商品涵蓋全球期貨及股票

- ◆操作策略包含日內、隔夜、價差、期現套利、α 策略、價值型投資。

- ◆勇奪 2013 年第七屆中國實盤大賽「程序化組」第一名（參賽規模達 87 億人民幣，參賽人數逾 13,000 人，半年收益率 421.12%，最大回撤 3.35%）

量化投資理論，是借助現代統計學和數學的方法，利用電腦技術從龐大的歷史數據中，海選能帶來超額收益的多種「大機率」事件以制定策略，用數量模型驗證及固化這些規律和策略，然後嚴格執行已固化的策略來指導投資，以求獲得可持續的、穩定且高於平均的超額回報。

量化投資雖然是較新的投資工具，但已有許多團隊已經積極地嘗試中。「促使資金收益曲線更加平滑，減小回撤，降低風險」是言程序交易團隊期貨交易的基本理念，團隊致力於量化投資、程式交易，目前已形成較為成熟的策略研發、電腦工程等系統，在全球量化投資、兩岸股指期貨投資等方面都取得不俗的成績。

自 2011 年 5 月至 2012 年 5 月參與滬深 300 股指期貨交易以來，其最大回撤 15%，單利獲得 70% 的收益；2012 年 8 至 12 月，三個半月單利獲得 55.49% 的收益，並在「CCTV 央視財經頻道」舉辦的 2012 中國期貨實盤交易大賽中獲得量化組第四名。

2013 年 3 月，單月獲得 36.03% 的收益，並在東方智慧永安期貨實盤大賽中獲得程式化組單月及短線雙冠軍；2013 年第七屆中國期貨實盤交易大賽程式化組比賽中，勇奪冠軍（參賽規模達 87 億人民幣，參賽人數逾 13,000 人）。此外，更奪得 2013 年中國期貨德州撲克邀請賽第一名（參賽成員為內、外資、基金經理人、專業投資人、

基金公司、期貨公司、證券公司），這兩年來可以說是戰果斐然。

因應全球市場的多元投資策略

言程序交易團隊擁有近 15 位橫跨經濟、統計、資訊工程及財務領域的菁英成員，他們分別作為策略研發人員、資訊工程人員、研究交易人員、風險控管人員等分工合作。

「團隊成員對金融、期貨交易均有濃厚的興趣，大家所學專業和理念雖不盡相同，但合作十分有默契，交流中更能產生靈感」，在進行全球量化投資中，更能運用多元化投資策略模組，組成適合的投資組合，分散風險。

在投資策略的選擇和應用中，言程序交易團隊將策略的回撤作為重要的標準，「回撤不要太大，比如 100 萬元的資金，最大回撤 10% ～ 20%」。他們認為，選擇策略最重要的是基於自身的風險承受能力，並做好防護，「把所有的問題及後果考慮清楚之後，再完全交由電腦執行」。

策略並非永遠有效，重要的是對策略權重比例進行調整，對資金嚴格控管，限制虧損，「根據交割記錄盈虧比或資金波動率等，進行相對應的調整，就是針對表現較好的策略增加權重，對於表現較差的減權重」。此時，加減倉也是選擇策略的一個方法，加減倉即不同策略的疊加。

「我們需要做的就是做好一切準備，分析，不斷地分析」，之後，實際交易的經驗更為重要，「通過日檢視、月檢視等，調整我們的策略組合，並對策略進行修正，因為市場結構總是在不斷變化」。

在他們看來，策略的形成是團隊智慧的共同結晶，有不同的想法才能夠碰撞出思想的火花。全球多個市場有不同的特性，因而投資策略也有所不同，「每個市場的投資者結構、規模不同，例如德國的期貨市場，投資者習慣做空，我們在制定策略時也會多以逆勢策略為主」。團隊成員利用自身對各個市場的熟悉程度，來研發、撰寫相對應的投資策略。

目前，言程序交易團隊主要針對國內外九個市場、十幾個商品進行投資，充分運用投資組合，分散風險。

彌補人工不足，參數愈簡單愈有效

「對於參數的過度最佳化，我們目前暫不考慮。」言程序交易團隊推崇期貨交易「大道至簡」，他們認為，參數愈簡單愈有效，而對策略，會做到經常修正。交談中，團隊成員多次提到成交量、未平倉量，這是他們分析時參考的一個重要數據，「對於滬深 300 股指期貨而言，這是一個非常有效的數據」。

在交易中，需要突破的難點，就是限制交易次數，「量化是簡單思維，能夠限制交易的次數，就是先做到不賠錢，不賠錢才能夠再

賺錢」。言程序交易團隊認為，要使交易次數趨於減少，能夠在趨勢來臨的時候抓住機會，而不是在毫無機會的時候不斷地交易而虧損，減少交易次數，正是減少了虧損的機會，「驗證很重要，往往大家認同的事情反而是錯誤的」。

對於程式交易，他們認為，程式交易是為了彌補人工的不足，「進行全球量化投資，需要交易多個市場、多個商品，因為單靠人工無法同時計算那麼複雜的數據」。

對於主觀交易，他們認為：「主觀交易，長時間盯盤非常累，而且容易使人產生情緒波動。我們要做的就是讓電腦執行狀態最好的策略。」程式交易，可以做到排除人性弱點，客觀執行策略。

「我們進行程式交易很大的目的，就是把大虧的風險去掉，那麼最後就會變成大賺、小賺、小賠。」言程序交易團隊中，分工明確，通過策劃研發人員嚴格的策略研發、撰寫，助理研究員維護電腦運行的安全和流暢，統計和風險控管人員監控策略的執行和修正等，共同促使資金收益曲線平滑地向上。

「我們通過多元投資策略組合投資、分散風險。」言程序交易團隊認為：「如果你知道自己很難嚴格遵守紀律，那麼就建議搭配運用程式交易，但並非從此一成不變，因為市場在不斷改變，要根據市場的變化，調整屬於自己的策略。」他們強調，程式交易只是工具，人，才是交易的主導。

可付出多少？才是成功關鍵

投資滬深 300 股指期貨一開始，言程序交易團隊選擇日內交易，2011/5 ～ 2012/12 這段時間的單利增長獲得 70% 的收益。「進行日內交易，是為了杜絕隔夜風險，如果我們能夠日內和隔夜皆取得相當績效的收益，為什麼要用隔夜來增加風險因素呢？風險要永遠擺在第一位，投資者的錢就如同自己的錢。」2013 年起團隊納入股指、股票涵蓋日內、隔夜、期現套利、α 等交易策略，並持續維持每年 40% 的良好績效，對於交易平臺的使用，他們談到運用 MC（MultiCharts）這個工具，其國際通用的程式語言非常方便。

談到目前中國的期貨市場，他們認為機會非常好：「參與的人數和資金都在不斷增加，規模也在增加，市場發展非常快，投資者結構更加完善，市場的流動性也會更好，機會更多。未來十年將是中國期貨市場發展迅速的黃金十年，將會出現多個學派、更大的風潮，創造很多財富神話。」對於自身的發展，言程序交易團隊已有規劃：「參與期貨市場，我們是帶著夢想而來，無論結果成敗如何，我們都願意將夢想付諸實踐。」

他們強調：「人一定要有信仰，尤其是做交易，講到底了，交易就是信念之戰。戰場不在交易市場上，而在於交易者的心田。我們學的是哲學，靠的是不斷辯證、不斷自我挑戰而得來的自信。對於交易者來說，你在做交易的時候，要面對千軍萬馬，你能問別人該

怎麼打仗嗎？我們只能相信自己，但這種自信要通過長期的努力和自我認證得到的，也是拚出來的。」

一路走來，言程序交易團隊一直很推崇他們的哲學老師——臺灣大學哲學系主任苑舉正教授。苑教授是知名的哲學家和思想家，和索羅斯系出同門，同樣師承卡爾波普，對於國際金融情勢有精闢的見解，對於操作的哲學、賺錢的哲學都有深刻的理論。

「我們是做量化交易的，苑教授告誡我們，不要只是做量化交易，要做量化的質化交易。我們一直謹記在心，量化，不能迷思在數字之中。」

言程序交易團隊被稱為「領航程式交易團隊」，團隊成員之間主攻領域不同，但默契十足。「常常有不同的創意，我們有非常高的開放度和接受度，大家都可以把自己的想法拿出來討論。」

也許這樣的包容和寬鬆正是其團隊的文化理念，也是期貨交易不可缺少的謙遜態度。「交易中，最重要的是人才能夠做整合和搭配，通過恰當分工，緊密配合，使資金的操作更加順暢，讓獲利曲線穩定向上。我們每天都會做大量的研究，研究不同市場的特性等，重點是如何將合適的策略在合適的時間，放在合適的市場。」

對於參與期貨市場，言程序交易團隊「勇於嘗試，步步為營」，他們有努力和決心，以及穩定扎實的發展思路。

幾乎所有人都是懷揣夢想進入期貨市場的，但這個市場是一個殘

酷的戰場，浪漫的想法似乎並不適合這裡，所以，有夢想固然重要，但究竟你能為夢想付出多少？這才是成功的關鍵。腳踏實地為夢想打拚，成功其實就在前方。而言程序交易團隊的努力印證了：一路披荊斬棘，必定獲利豐盈。願夢想的力量永不磨滅。

在五大期貨競賽中，言程序都是冠軍！

比賽名稱	交易時間	報酬率	回撤率（註2）
全國實盤大賽	6 個月	425%	3.35%
永安期貨程序化交易實盤大賽	5 個月	142.89%	3.13%
上海中期程序化交易實盤大賽	7 個月	53.66%	7.46%
央視 CCTV 期貨時間程序交易大賽	12 個月	78.58%	13.8%
中國期貨網德州撲克邀請賽（註1）	N/A	N/A	N/A

註1：由中國最大期貨網站中國期貨網舉辦，邀請各地內資、外資、基金經理人、專業投資人、期貨商、證券商、基金公司參賽。

註2：回撤率：臺灣一般稱為「最大連續虧損」。簡單來說，假設一位投資人在最高點100元買進一檔股票，結果曾經跌到最低點90元，他的最大回撤率就是10%。回撤率愈小，代表波動也愈低。

註3：目前言程序團隊參與運作的公募基金專戶有1. 財通基金——永安七禾言程序交易團隊零號資產管理計畫；2. 方正富邦——丹寅言起資產管理計畫；3. 財通基金——馬達言起1號資產管理計劃，總規模5億，陸續增加中，認購成員涵蓋臺灣、外國及中國大陸人士。2014年預計規劃五到七檔基金上市，總規模上看15億新臺幣。

◆ 言程序交易團隊 旗下基金操作績效一覽 ◆

◆ 整體基金表現（2011.05.31-2014.07.31） ◆

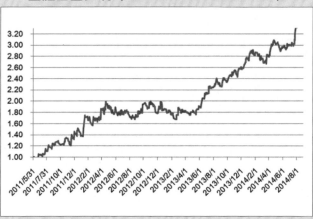

橫軸為時間，縱軸為淨值。至 2014.07.31 止，基金淨值為 3.35

◆ 基金月報酬率表現（2011.06.01-2014.07.01） ◆

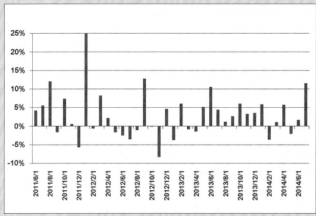

2014 年 7 月的月報酬率為 11.54%

◆ 財通基金【永安七禾言程序交易團隊零號基金】淨值（基金成立日：**2013.12.30**）◆

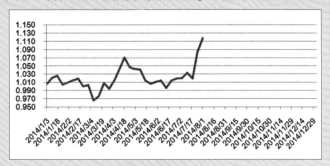

至 2014.08.01 為止，基金淨值為 1.118

◆ 方正富邦基金【丹寅言起基金】淨值（基金成立日：**2014.02.14**）◆

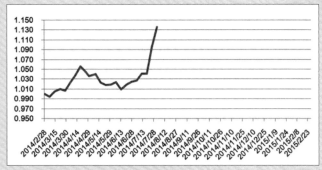

至 2014.08.01 止，基金淨值為 1.136

◆ 財通基金【馬達言起 1 號】淨值（基金成立日：**2014.05.16**）◆

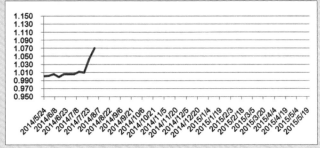

至 2014.08.01 止，基金淨值為 1.071

從臺灣啟程的
全球量化交易之路

賈乞敗：一個人要有大的成就，一定要搭上時代的浪潮。浪潮在哪裡，你就該去哪裡。

期 貨 王 者 File 02

◆ Job 賈乞敗 ◆

「乞」和「敗」似乎都具有貶義，但組合在一起卻能負負得正；賈乞敗代表一個交易的精神、代表無止境的追尋

專長：全球期貨程式交易、資金控管

畢生追求交易的極致：早年追求最高的報酬率極限，近年則將全數策略轉為全自動程式交易，追求最穩定的報酬極致

著作：《暗黑操盤手的告白 首部曲 & 二部曲》

目前主要心力擺在大型基金的運作上，以家族財富基金為目標，建立穩定增長的投資組合，基金內容包含價值型投資、α策略、期現對沖、多市場、多策略的期貨避險組合

交易座右銘

活著，比什麼都重要！絕對要嚴設停損，絕對不要重倉交易

對於期貨圈來講，Job 賈乞敗是個神祕的人物。曾經呼風喚雨，買就漲、空就跌，連接單的營業員也都跟他的單。賺到讓大家都懷疑他是否有內線消息！

其實，Job 賈乞敗也曾經失魂落魄過。

一開始作股票，股票賠了之後就改做期貨，期貨賠了之後就改做選擇權。長線賠了就改練當沖。國內不能獲利他就下國際期貨。國際期貨敗北之後呢？那時 Job 賈乞敗才真正承認：「問題不在於市場，而在於自己！」

自行下苦工，走進期貨圈

故事從 2000 年說起，當時 Job 賈乞敗開始讀了一些投資的書，做了模擬交易，不過還沒有真正進場。他是從 10 到 20 萬台幣開始做起，先是操作股票。「2003 年我曾參加了某個投顧的會員，他們會發簡訊給我，我就按照簡訊第一次買進股票，後來慘遭這家投顧坑殺，投顧三次強力推薦、必須要加碼的股票卻跌掉了 70％！雖然跌倒，總要撿些經驗起來」。

所以，那時候他一方面覺得股票人為控制太強，也覺得賺賠太少，當年底就開始交易小型臺指期貨。但是這還不夠，想要一步登天的 Job 賈乞敗開始交易選擇權，幻想買到 10 點的 option，然後讓它翻到 500 點。

雖然，買期貨很難歸零，但是買選擇權可不一定，難度很高，很容易吃到「歸零膏」。Job 賈乞敗曾笑稱：「我身邊沒有人在選擇權市場賺到錢，除了一個人，他自稱找到了選擇權訂價公式的錯誤所在。期權市場 95％的人是賠錢的，你就可以想像那個獲利的人賺了多少個千萬。」

　　Job 賈乞敗完全自己來，不求人。做股票的時候就專心看股票研究財報；做期貨就讀期貨的書；做選擇權時就讀財務工程的書；做國際期貨的時候就自修總體經濟。他沒有老師，只好用肉身嘗試，幾乎交易過各種主要商品，也犯了所有能犯的錯。每次重大的虧損都虧到本金的 1/3 以下，那是幾乎是可以讓人失去所有信心的金額。

　　即使豔陽高照，也覺得天空烏雲密布。他打趣地說，當時的心情只能用一闋詞形容：「十年生死兩茫茫，不思量，自難忘。千里孤墳，無處話淒涼。縱使相逢應不識，塵滿面，鬢如霜。」

交易有心魔？建立系統控制

　　Job 賈乞敗在那個最困窘的時候，曾捫心自問，問自己還剩下什麼？可能只剩下永不妥協的鬥志。但空有鬥志是無法成功的，只會讓自己死踩著油門不放。除非擁有領悟的智慧，將另一隻腳從煞車踏板上移開才可以。那時候的 Job 賈乞敗早已磨光傲氣，只能眼睜睜地看著本金一路下滑，自己卻無力挽回，更痛苦的是赫然發現：「毀

滅這一切的竟然是自己！」

所以，有人問他，如何克服投資的心魔？他笑笑地答：「其實在確定賠光的那刻，完全放棄，出場之後。在那個認輸的當下，心裡反而是輕鬆的。原本烏雲密布的天空好像開了曙光。輸光了，就去賺錢面對現實。邊賺錢邊研究，有把握再進場。」

Job 賈乞敗在當下沒有後悔的本錢，賠光了之後，就自己去賺錢或是聚集資金，那也是另一門藝術所在。他建議：「例如你是學生，就可以當家教，拚命攢錢，只要夠拚，再配合方法技巧，月入 10 萬不是問題。」他一直相信社會各處的機會是非常多的。臺灣的薪資低，那麼出國打工也是很好的選擇。

Job 賈乞敗大膽地認為，克服心魔其實是個偽命題，如果已經建立了系統，嚴格風控，基本上應該沒有心魔的問題。

談及優秀交易員的特質，Job 賈乞敗要求他的交易團隊首先要有打不死的硬頸精神，其次則是堅守資金控管。針對資金控管，他甚至打趣地講：「在不違法的前提上，我希望違反資金控管的人應該要切小指！」不過，這當然是開玩笑的話，在他的團隊裡，從未發生違反資金控管的事件，因為每個交易員的每日停損及連續最大停損金額都已經設置在電腦中，一旦策略發生過度損失，會立即停止交易。

「硬頸精神」和「資金控管」這兩件事情最重要，其餘的特質與技術都可以慢慢來培養。

停損＋風控，穩定獲利來源

當年在臺灣市場經歷了幾次爆倉，Job 賈乞敗於 2006 年轉到國際市場交易，那時商品市場正進入大多頭，他第一個交易的國外商品是黃豆粉。為什麼是黃豆粉？因為當時 Job 賈乞敗已經沒錢了，而黃豆粉的保證金最小。

黃豆粉當時看起來跌無可跌，他一買就遇到乾旱，垂直上升的走勢，再加上他初步領略的加碼法，讓 Job 賈乞敗第一次知道，原來加碼再配合好行情可以創造這麼大的利潤！此時談起，他似乎還隱約記得當時的興奮，雖然最後並沒能留下賺到的錢，不過 Job 賈乞敗就在那時候開始鑽研資金控管。

另一次難忘的行情是 2008 年日圓的操作，從 1、200 萬開始，短短十個交易日就翻到了千萬並獲利出場，當時他心想，「這次終於成功了！」（編按：關於加減碼的細節點位，請參閱《2012 正宗多空：法意群俠台股攻略》Part 3／法意出版）

若要講到最難忘的交易，那是交易美國十年債時，槓桿太大所致的險關，「說真的，我交易到心臟停止跳動。」（編按：請參閱《暗黑操盤手的告白》／法意出版）

但這些令人印象深刻的經驗只說明了一件事——「停損關」沒有過！當一個人真正把停損限制在安全的水位時，通常日停損應該會在 2% 以下，甚至平均只有 1%，這時你的心應該不會有太大的波動。

那些令人興奮的故事，或許都是用了太大的槓桿所創造出來的神話。不過對於大部分的交易者來說，或許有人永遠都過不了停損這關，但這關過不了，在交易這方面，永遠都是不及格的學生。只有遵守資金控管、建立系統的人，才能創造穩定的獲利。

Job 賈乞敗認為，只要嚴格風控，然後不斷地研發新的策略，自然會有持續的獲利。所以，他是不看獲利的，獲利只是風控而來的結果。

那麼該如何嚴格執行風險控管？ Job 賈乞敗提供了自己的方法：「就是嚴格要求自己一天不要虧損超過 2% 的本金，並儘量找到幾個不錯的策略做投資組合。」很簡單的一句話，但是爆倉過的人就會知道這句話有多重要！

選擇策略的標準：「平均年獲利／連續最大虧損」大於 2

整體來講，期貨交易系統包含交易策略、資金控管兩部分，除了交易策略有時需要一些創意外，資金控管則包含投資組合及停損，它的原則都已經相當明確。

在交易策略的選擇上，Job 賈乞敗則認為需要大量的試驗才有機會找到好的策略。他舉例，團隊裡的交易員可以每個星期、每個月都做出至少一個策略，很多人會認為該先統計機率計算出有利的勝算再交易，但是 Job 賈乞敗則持相反意見，經驗告訴他，「唯有利用

大量的策略去試誤，才有可能找到適合自己的策略。」交易策略的建立經常是個突發奇想，它沒有什麼規則可循，反而是大量的試驗比較有機會找到。

一般來說，評判量化策略的好壞主要有三方面：策略穩定性、回報率、資金容量。Job 賈乞敗認為，交易策略的穩定，要靠長久訓練出來的眼光來判斷。為什麼要堅持用這個系統？那是因為投資者相信它能持續獲利。所以，以他自己的經驗說明，他選擇策略的標準是：「平均年獲利／連續最大虧損」要大於 2。

若談及策略的市場胃納量，Job 賈乞敗主要研發波段單，因為它的胃納量最大，單一策略至少都有千口以上的量。若像其他的策略，如高頻策略或許只有幾口的量。既然他是以基金運作為目標，所以主要研發重點會放在「中低頻的期貨策略」及「股票價值型投資策略」。目前 Job 賈乞敗評估，其策略的胃納量，若包含臺灣、大陸及國際，至少有新臺幣 500 億以上，這還是保守估計。

談及穩定獲利的方法，Job 賈乞敗建議投資者，在還沒獲利前，只用小臺下單，在大量嘗試之後，總是能找到一些看起來能獲利的策略，如果能連續半年以上穩定獲利，就可以考慮放大資金規模。他強調：「自己若當初就有完成這件事，至少可以少賠好幾百萬。

臺灣市場因為近年來的波動率太小，造成他的當沖空單策略近兩年都已經被消滅掉了，但是簡單的通道突破做多再加上停損還是能

夠獲利。

另外，他也建議可以注意【法意 PHIGROUP】部落格（http://phigroup.pixnet.net/blog）每天公布的法人留倉單，這些圖仍具有很大的參考性。Job 賈乞敗透露，光透過法意每天在部落格公布的那些圖就讓他個人獲利至少數百萬以上，他也提醒讀者該認真解讀它們。

選擇市場，比選擇系統更重要

近年來，Job 賈乞敗把他全數的策略都轉為全自動的程式交易，那麼，他如何評估與比較程式交易系統呢？

Job 賈乞敗說：「那還是看一個眼光。例如我相信在臺灣，做多比做空簡單，於是我在臺灣不做當沖空單，基本上這幾年，由於波動率太小，另外大盤主要還是長期上漲，所以當沖空單很難獲利。」他直言，有效性看的是市場的現象，所以不是策略出了問題，而是市場改變了。

「選擇市場比選擇系統更重要，所以一定要走到國際！」Job 賈乞敗指出：「舉例來說，很多策略在美國不能獲利，但你搬來臺灣可以賺，搬到大陸賺更多。那麼你為何一定要堅持在某些市場，就像臺商早期為什麼要把工廠搬到大陸？因為市場改變了，策略就一定要改變。所以我不會說系統的優劣，我們要跳到更高的層次來看，不然會把自己困死。一切都是波動率的問題，投資要達到不同的境

界，一定要參透波動率的問題，一旦參透，你可以同時了解期貨及選擇權交易的祕密。」

歐債危機前，Job 賈乞敗曾經很懷疑外資的做法，當時外資重壓期貨萬口空單，但臺股不斷緩步上漲，他只好把他的 50 口空單全數止損平倉，結果幾天後臺股大跌千點。結果不僅該賺的沒賺到，還倒賠在最差的點位。從此之後，Job 賈乞敗再也不和法人的萬口空對作。「我剛剛說過，臺灣不賺錢的策略搬到中國能賺錢，中國 95％都是散戶，你說哪裡比較好做呢？」

前進大陸市場，逐鹿中原第一部曲

展望未來，對於兩岸市場的前景，Job 賈乞敗倒是認為有機會就儘量去大陸市場吧！他並讚許大陸期貨市場可說是世界少有的期貨黃金十年，甚至大陸當地人自己認為是黃金 20 年。

就像當初美國期貨市場在 1980 年代出現了不少英雄，像是馬丁·舒華茲（Martin Schwartz）、提出海龜交易法則的丹尼斯（Richard Dennis）、索羅斯（George Soros）等交易好手，當時美國也舉辦不少交易大賽。十年前臺灣也有許多交易大賽，現在則是輪到大陸舉辦，獎金都是數百萬臺幣起跳。

Job 賈乞敗目前參與的團隊在大陸得過五個大賽冠軍，於是有機會在大陸參與基金的運作。他以全美交易冠軍馬丁·舒華茲為例指出：

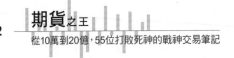

「舒華茲也有類似經歷，他得到全美交易冠軍，因此成立了他自己的基金，儘管後來因為他一人管理的資金過於巨大，因而壓力太大重病住院，但至少他曾經擁有過。」

記取舒華茲的教訓，Job賈乞敗的團隊採用全量化、多交易員、多市場、多策略，同時跨股票與期貨市場交易，目的是對沖風險，並創造穩定的績效。Job賈乞敗強調：「交易市場的演進都是一樣的，想要有成就，必然要搭上一個時代的浪潮。大陸的實體機會在消失中，就像現在的臺商要到大陸開工廠已經沒有機會了，但另一方面，金融業則在加速開放中。以大陸過去的市場經驗觀察，大陸的產業若不做則已，一做就會用比別人快十倍的速度加緊快跑。」

他認為目前在大陸的金融市場仍是三國演義的第一回合——「群雄割據，眾諸侯逐鹿中原，鹿死誰手尚未知曉。」若等到三國鼎立後就沒機會了。

最後，他奉勸投資者們，嚴格的資金控管和紀律才能保證活著。Job賈乞敗將自己的破產風險限制在接近 0 的程度。每個人最後不一定都可以找到自己的聖杯，但只要找到了，Job賈乞敗拍胸脯保證，賺錢的速度會比你想像的還要快很多！

所以，千萬不要躁進、不要逆天而行、活著才是最重要的事！

許一個願，種一棵樹
期貨基金交易平臺的推手

吳啟銘：我在臺灣種下大樹，讓枝葉散到全球曬太陽！

期 貨 王 者　File 03

◆ **吳啟銘** ◆

學歷：淡江大學機械系畢業，加拿大皇家大學高階企管碩士。

經歷：群益期貨（股）自營部副總、臺灣期交所交易委員會委員、復華證券經理

現任：康和期貨經理事業股份有限公司總經理

交易格言：要有規律的生活，才會有紀律的行為，才有效率的結果！

身為臺灣第一檔本土期貨基金的催生者，吳啟銘本身的投資生涯相當傳奇。雖然目前身家逼近九位數，但是你一定想不到，他也曾經挫敗，經歷過四次破產，甚至賠光身家。但是，他也勇於奮起，積極四處打工，不斷累積重新站起來的籌碼。

從股市到期貨，從營業員走向平臺的創建者，吳啟銘目前是康和期貨經理事業股份有限公司的總經理，他是怎麼辦到的？如何藉由期貨將自己的身家翻了好幾倍，更從四處招募資金的苦行者，成為營業員口中的天使？

啟蒙早，從操作股票開始

吳啟銘年約 40 歲，正值三少四壯。其實，他的投資生涯，早從 17 歲就開始了。正當同年齡的男孩子，還在四處打撞球、流連在泡沫紅茶店、電動間時，他已經在幫媽媽解讀報紙、廣播裡面的投資資訊，當家庭裡的投資軍師。

在 1990 年代，臺灣股市上萬點，除了大家樂等賭博之外，股市可說是全民運動。「那時候根本不知道股票在漲什麼，隨便買、隨便賺！」吳啟銘有次接受某雜誌專訪，談到那年的投資經驗。

在股市熱絡的當下，吳啟銘將家人的 20 餘萬資金，操作到 100 多萬，那年他只有 17 歲。不過知道臺股榮衰歷史的人都知道，隔年臺股腰斬再腰斬，從雲端跌落人間，迄今仍未回到當年的高點。當時，

吳啟銘也未能倖免，100 餘萬的資金賠到只剩下 50 萬，可以說是紙上富貴一場。

五專畢業後，他負笈北上，賃居在臺北郊區小鎮的半山腰。他一點都不服輸，想再度投入股市，但得先有子彈。於是他拚命打工，努力攢錢，想早點累積到一筆資金，可以馬上投入股市。

為了達成這樣的理想，他做過工廠、粗工、發傳單、民歌餐廳歌手……各式各樣的工作都嘗試過。這樣密集的打工，讓他在大二下學期先累積到約 15 萬的資金，馬上投入股市。在念大學的那幾年，每天早上準時到號子報到，目不轉睛地盯盤。當年與同學集資湊了一筆錢，每天在股海沉浮。

對於吳啟銘來說，那段日子是養成的歲月，人生退無可退，帶著「就算輸光了又如何」的狠勁殺進殺出。念大學的日子就是「看盤、上課、打工、研究」四件事依序循環。在那段兼具學生與投資者兩種身分的日子裡，他曾經賠光兩次，原因與大多數賠錢的投資客類似──心魔未除，老是覺得捨不得賣，股票漲了，想說會不會漲更多；跌了，想說會不會漲回來。這樣的心情糾葛，讓當時的吳啟銘，賠多於賺，直至大四時才有起色。

思索這段歲月，對照後來自己較為成熟的投資原則，吳啟銘認為：「我早年就是個散戶，雖然每天記錄與思索量價關係，但是卻是捨本逐末，一聽到市場消息便急於進場，並不深究該股票為何會漲？

為何會跌？後來看得多，學得也多，便回歸基本，從基本面、技術面到市場消息，三方面相互配合運用，才得以止跌回升，慢慢賺回自己的第一桶金。」

換跑道，用臺指期翻身

在退伍之後，吳啟銘回到南部，進入證券公司當營業員，正式投入專業投資者的行列。1997 年的亞洲金融風暴，臺灣也受到波及，在這種頹勢下，吳啟銘不斷地想進場攤平虧損，無奈情勢比人強，除了賠光自己手上的資金，也連帶影響了客戶的收益。

這時候，臺股指數期貨（臺指期）才剛上路，他心想，大盤頹勢已成，不如換個跑道，來試試看可以反手作空的臺指期，也許未嘗是個轉機也說不定。

就是這樣一個動心起念，讓他在之後半年多的時間，將賠進股市的資金全數連本帶利地賺回來，還得到數倍的獲利。追根究底，除了當時政府開放外資進入，臺股巨幅震盪，熱錢進軍股市，另外，總統大選、911 事件……多空交織而來，臺股歷經上沖下洗，另外期貨這樣多空皆可作的特性，讓吳啟銘迅速翻身，甚至還獲頒期貨交易所的「萬口俱樂部」榮譽會員。

1998 年，臺灣證券交易所發行臺指期，當年臺股跌破 6000，許多證券營業員因為手上被套牢的股票而煩惱不堪，吳啟銘也不例外。

因為臺指期多空皆可作的特性，吸引了他。在多頭的時候，臺指期跟股票都可看漲；空頭時，股票只能用融券看跌，限制也多，相對的，臺指期則沒有限制。

訂策略，控停損，定性定量嚴守紀律

最早的操作，因為捉不到臺指期的特性，吳啟銘被「電」慘了。可能小賺好幾次，賺的機率也高，但是一次大賠就全部回去了。但後來他愈來愈得心應手，學會用紀律來克服人性。

首先，吳啟銘會先用分 K 線來觀察走勢，判斷該作空還是作多。這與操作股票的技術分析類似，並搭配軟體回測過去一段時間的大盤走勢。其次，因為期貨交易需要用趨勢判斷來提升勝率，另外則嚴控停損來降低賠率。吳啟銘舉例，大致上他會採用兩種停損方式，一種是價格停損，比如賠到 5% 就平倉；另一種可以用時間停損，例如這口單只留一段預設時間，一超過時間，無論賺賠都平倉。吳啟銘認為，只有設好停損點，才是控制期貨投資風險的最佳方法。

另外，擬定策略也是期貨投資的重要步驟。他會在開盤前就先擬定好當天的投資策略，停損要設多少？設多久時間停損？或者整體盤勢不如一開始想像，該怎麼處理？走多的話，如何處理？反向走勢，又該如何處理？

期貨投資非常受個人情緒影響，盤勢瞬息萬變，只要沉不住氣，

便容易有失誤產生。所以，在開盤前先擬定好策略，這也是一種避險的方法，無論盤中怎麼走，你都有錦囊妙計可以應對。

吳啟銘一直強調「定性」及「定量」的重要。除了定好自己的心性，也要看定基本面、財務面。另外，定量則指資金量，做好了資金管理，也就是走出成功的期貨操作的第一步。

中國市場大，發展欠天時地利

談到現在熱門的中國期貨市場，吳啟銘有自己的觀察。「無論世界上哪個市場，都分為分兩個階段，第一個階段從封閉到壟斷，早期臺灣就是如此，早年封閉市場，記得省屬三商銀的股價都要都一、兩千元。以前的第一波行情，約略在 1990 年代左右，從封閉轉到壟斷，市場會開放到稍微多一點人的手上。哪怕這段從封閉到壟斷短短的能量傳輸，股市就可以上萬點，之後就走向崩盤。臺灣股市上萬點後就下來了。反觀中國市場，其實跟臺灣很類似，現在他們正處於封閉到壟斷，處於旭日高昇的時期。」

吳啟銘回憶起幾年前的情境，他帶著幾個班底，勇闖中國市場。除了開發市場，也將在臺灣期貨經營的觀念與作法帶過去。他回顧起來，苦樂參半，「一過去幾天，每天見幾個客戶，東奔西跑，時間實在不夠用，市場太大了！」

幾年前吳啟銘對於中國市場的盤算，認為自己有團隊、有資金、

有技術，在中國操作會相當賺錢。之後，既然賺錢後有實績，就會有單量，這時就可以去參加中國期貨商辦的期貨比賽，等到拿下名次，累積名聲後，等於量質兼備就可以在中國市場開課程，培訓班底，與更多的中國期貨商、券商連結。

事實上，他也做到了，但是後來他仍毅然決然地回臺灣發展，發起臺灣第一檔本土的期貨基金。對於這樣的規劃轉變，吳啟銘有自己的想法。

他認為，無論在哪裡做生意，都是要天時、地利、人和三方面配合。相對臺灣市場來看，中國市場野性十足，充滿爆發力，是個待開發的森林。但是前往中國，臺灣的團隊本身就缺乏地利之便。

他舉例，在上海當地好的地段，一年房租可能就要人民幣 80 萬元，再加上人事費用、水電、設備等管銷，其實一年下來的淨利所剩無幾。所以吳啟銘的團隊到後來才轉型為投資公司，直接在當地買房地產，除了當辦公室外，也兼營房地產投資。除了缺乏硬體的地利之外，在中國市場做生意，還要面對陌生的法令、官僚、同行的競爭……所以，「地利」這條件，是站在中國那方的。

再者，整體趨勢不會永遠站在我們這邊。在粗獷拓荒的時代裡，臺灣的團隊現在占有天時，我們溫度高，中國的溫度低，所以會有能量流轉，對中國來說，臺灣過去的團隊具有吸引力跟向心力，但是這個溫度會慢慢平衡，兩岸的差距也會逐漸縮小，像最近幾年，

中國的期貨好手怪傑也愈來愈多。

「到頭來，天時不會永遠都站在我們這邊，又沒有地利，只剩『人和』會很辛苦。」吳啟銘談起自己的經驗，十分感慨。

在天庭吃蟠桃，建立自己的平臺

基於這樣的考量，吳啟銘決定將重心移回臺灣，在臺灣發行「康和多空成長期貨信託基金」，自己成立公募的期貨基金，在臺灣建立平臺。如此一來，由臺灣面向世界，操作中國、世界各地的期貨。

「能夠到天庭上面吃蟠桃，你不吃，卻到人間吃唐僧肉？」這是他的比喻。與其殺進叢林，與眾多競爭者刀戈相見，血濺五步地拚命，到頭來只能吃幾口唐僧肉，何不自己成立平臺，走在雲端吃蟠桃呢？

吳啟銘認為，在臺灣這裡養團隊、建立基本面、構建平臺，才可以把臺灣當成中心，根扎在這邊，才會被看得起。「不過，當在臺灣扎根，要能夠讓大樹長大，枝葉長到中國，曬到對岸的太陽，樹才長得高！」如此分享。

他也感性地說，這樣做的目的，其實不是為了自己，而是為了整個世代。「不然臺灣的期貨好手很可憐，要到處衝鋒闖天下，香港、新加坡、中國都要去。有這麼好的身手，應該生長在山上玩涼涼的雲，吸涼涼的露水，怎麼會在路邊當行道樹，給人庇蔭呢？」

善用兵書之道，讓各方蒙利

吳啟銘自認是個「修兵法的人」。他坦言，在第四次破產時，曾去夜市路邊攤買了一本《孫子兵法》，他認為，一本書可以流傳兩千多年，可以解決每個時代人的問題，一定有它的價值。所以就慢慢研究，每年看一次，每次的心得感想都不同。看完這 6,000 字，吳啟銘悟出自己的投資哲學，就是「道」。

每個人對「道」都有不一樣的解釋，吳啟銘對它的詮釋很簡單——道，就是對大家都有利的那條路。「如果我今天做這件事，對我有利，而對你不利，我不去做；若對你有利，對我不利，我也很難配合。」這同時也是他回臺灣發起期貨基金的初衷，可以讓各方蒙利，成為眾人的平臺。

吳啟銘大學就讀機械系，他說自己是個學模具的人，講究量產。「模具就是一個過程，比如說用鋼板做成鋼杯，若用手工，要三個月時間，不但產量稀少，上市販售的價格一定很高，也不知道誰會買。但是若用模具做就不一樣了，一小時可以生產幾百個，這樣才有用！這就是 Business Model。」他用模具當例子，淺白地解釋量產觀念。建構基金平臺，也就是量產，脫離了一兩個人單打獨鬥的階段，而是用團隊量產，創造更大的利基。

循環反省，達致更佳品質

在交易心得方面，他引用戴明（W. E. Deming）的 PDCA 循環。他認為，PLAN、DO、CHECK、ACTION 一樣也可以應用在投資上。從一開始的策略到執行、品檢、行動，無數次地循環下去，品質就會愈來愈好，投資也是一樣的道理，同時這也是一個反省的過程，也是一個優秀交易者的唯一特質——能夠反省！

早年吳啟銘無論是操作股票或期貨，遇到牛市賺很多錢，他笑著說：「賺很多錢，賺到不好意思，雖然表面會謙虛一下，內心還是會很自戀。」不過，隨著他年齡漸長，思慮成熟後，想法也不太一樣。金融操作的曲線不會永遠持續往上，會有高低起伏的循環出現，雖然在最閃亮的那一刻你被市場看見，捧為明日之星，但這樣的狀態不會一直繼續下去，若讓群眾以為這是永恆的向上，你會很辛苦。

所以，對於個人交易者來說，一年 12 個月應該要有三個月重新盤整的時間；十年裡總要停下一兩年來學新的技術與觀念。就團隊來說，偶爾還是要停下腳步，團隊裡面的人要互相提醒，先不要預設立場、先不要下斷言，大家聚首先發散意見，之後再收斂歸納，才會有更好的出發。

有規律，才有好紀律

　　他也奉勸讀者，若想要有好的結果，一定要奉行規律的生活。「要有規律的生活，才會有紀律的行為，才有效率的結果！」這可說是他從事投資生涯 20 餘年來的重要生活方針。他一直認為，如果一個人連生活作息都無法規律，在工作或投資上要談到紀律，無異是奢求！要先有規律，才能結晶成紀律，做出來的結果才會有效率。這是不變的道理。

　　操作期貨這麼久，從單純的投資者、營業員到專業經理人，現在已經是個期貨基金的催生者，他會怎麼看待自己的期貨生涯？他用一句話作為總結：「生活與生命的差別是──生活就是反覆再反覆，生命就是蛻變再蛻變。」

　　這也是他想與眾多讀者分享的。蝴蝶會怎麼蛻變？首先要作繭自縛，再破繭而出。先困住自己，再力求解決困境，再羽化重生，你的操作之路才會更加燦爛美麗。

特　別　企　畫

言程序演講實錄

金錢從狂躁的人流到寧靜的人

金錢從狂躁的人
流到寧靜的人

2013 年 10 月 27 日，由七禾網期貨中國和永安期貨聯合主辦
的「言程序冠軍報告會」在杭州舉辦，以下內容是言程序演講
的整理。

時／2013.10.27
地／杭州
主辦／七禾網－期貨中國＋永安期貨
講師／言程序

感謝大家對我們的支持，目前大陸市場程式交易與主觀交易相
較，程式交易的比例已經慢慢提升。但是我很敬佩主觀交易
的投資朋友，為什麼我會轉做程式交易？因為我在主觀交易上面虧
得一塌糊塗，怎麼看怎麼錯。但是我發現，雖然我無法百分之百的

預測行情，但是我卻能百分之百的控制虧損。若能限制我的風險，在這個市場上我就可以活下來。所以我開始做程式交易時的第一件事情，就是控制風險。

團隊的比賽帳戶投報率會這麼高（如圖1），是因為「這是比賽」，比賽期間總要拿出看家本領，不過若大家有機會回頭看一下我的數據，我在比賽期間的帳戶，還是把風險控制得很低。若能控制風險，時間一長必定能夠有所報酬，將我們與投資者們的財富倍增。

我們曾經提過一個觀念：如果想賺錢，那麼必須先「不想賺錢」，我們進入這個市場，目的是什麼？為了就是要「離開這個市場」，如果我們進入這個市場只是為了賺錢，那麼你奮鬥了一整天，不如你去搞實體產業、去從事其他的工作。因為在交易這個市場你愈想賺錢，你就愈賺不到錢。

圖1　言程序交易團隊獲得「程式化組」冠軍的帳戶

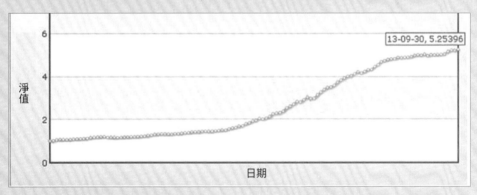

複利計算，半年投報率 421.12%，最大回撤 3.35%

其實我跟許多獲獎選手提過，言程序團隊的排名並不是一直居於榜首，我們起先是從 50 名左右慢慢地往上爬，最終拿到冠軍。前十名的得主，其實他們也都有很好的理念和實踐，只是天時，才讓我們得到那麼好的名次。

比賽過程中有一位強勁的選手，曾經一度位居第一，但由於他在最後階段想要大幅領先，於是加大了隔夜倉位，結果行情背道而馳，淨值便大幅回落，雖然最終他也還拿到了不錯的名次，但已經跟冠軍無緣了。其實，如果他當初沒有急著重倉，相信今天的冠軍也許就是他，也可能是在座的各位！所以交易這件事情，必須將「風險控制」放在第一位。

其實我們今年參加過很多比賽，但全中國期貨大賽的冠軍，我們是第一次拿到！但是各位可以看看我們其他的參賽紀錄，我們都是名列前茅，原因無他，就是我們可以控制風險。我希望，每年都可以在這個臺上與各位分享理念，這才是真正的贏家！

如果你冷靜地做期貨，只要有行情，就能獲利

有時候我有種感觸：當我們不想賺錢的時候，我們是客觀地站在遠處觀看，所有的方向都很清楚；但是當我們想賺錢的時候，我們就變得跟大眾一樣，隨波逐流，看不清方向！程式交易雖然只是一個投資工具，但是它的確讓我們冷靜下來，如何在正確的時機進出

市場，我們運用程式交易證明它在這個市場上是可以獲利的。

舉例來說，我們來看幾個帳戶，2013 年 10 月 21 號，是這段期間比較有行情的一個時間點，股指漲了 48 點，我們 600 萬資金的帳戶獲利 14 萬；400 萬資金的帳戶，獲利了 14 萬（如圖 2）；300 萬資金的帳戶，獲利了 9 萬；200 萬資金的帳戶，獲利了 8 萬；100 萬資金的帳戶，獲利了 10 萬。我要表示什麼呢？

圖2　2013.10.21 交易日報

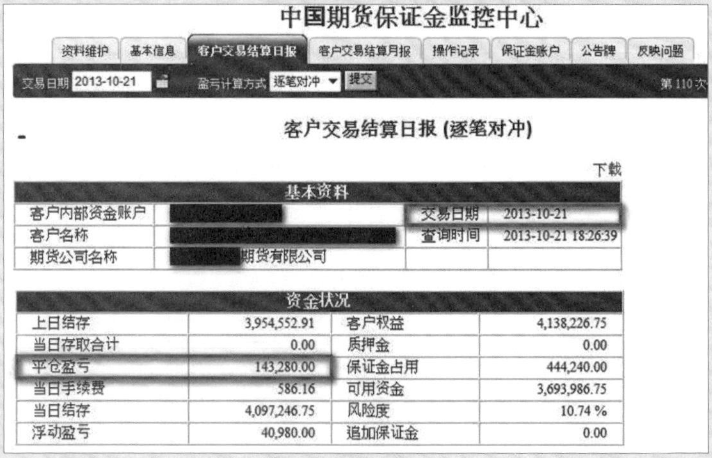

我們再接著往下看，10 月 25 號的時候跌了 43 點，我們 600 萬的帳戶獲利了 7 萬；400 萬的帳戶獲利了 7 萬（如圖 3）；100 萬的帳戶獲利了 3 萬。這又顯示了什麼？

圖3　2013.10.25 交易日報

中國期貨保證金監控中心

| 資料維護 | 基本信息 | 客戶交易結算日報 | 客戶交易結算月報 | 操作記錄 | 保證金賬戶 | 公告牌 | 反映問題 |

交易日期 2013-10-25　盈虧計算方式 逐筆對沖 ▼ 提交　　　第 134 次

客戶交易結算日報 (逐筆對沖)

下載

基本資料

客戶內部資金賬戶		交易日期	2013-10-25
客戶名稱		查詢時間	2013-10-25 17:20:06
期貨公司名稱	期貨有限公司		

資金狀況

上日結存	4,044,376.71	客戶權益	4,148,750.00
當日存取合計	0.00	質押金	0.00
平倉盈虧	78,360.00	保證金占用	212,220.00
當日手續費	206.71	可用資金	3,936,530.00
當日結存	4,122,530.00	風險度	5.12 %
浮動盈虧	26,220.00	追加保證金	0.00

這顯示了：如果你冷靜地做期貨，只要有行情，就能獲利。獲利無法一步登天，無法在一天內獲利 10％、20％，這個我做不到。在控制風險的前提下，你可拿取該有的獲利，無論多、空，不管今天建多倉、建空倉，我的目標是「如果有行情就能夠獲利」。2013 年以來的獲利令人滿意，但是我們仍不滿足。

程式交易的優勢：不看淨值，先看回撤

大家即使是在同一個時間點進場交易，但是最後結果卻都不一樣。我先釐清一個觀念：掌管大資金來說，程式交易並無法讓投資者有倍數的獲利，若能夠年報酬有 20％ 到 50％ 的獲利，就要心滿意足了。

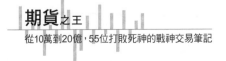

會先設置風險，進而才有獲利。一些大行情出現後，是由主觀交易者先發現，程式交易並不如主觀交易那樣敏感，所以無法當下重倉賺取強大的獲利。這樣看來，它的好處在哪裡？

好處在於：程式交易的是多市場、多商品、多標的；整天 24 小時不斷地交易。從程式交易來看，你得先把自己歸零，拋開一切，將原本做主觀（手動）交易的一些預期報酬拋諸腦後。因為程式交易只能聽從預定策略所發出來的指令全自動執行。雖然人比程式聰明，但是程式交易的優勢在於它有紀律，能夠多商品、多標的、甚至能夠跨市場，這才是程式交易的真正用意。由於當時比賽注重的是淨值跟回撤，因此測算的結果最有優勢、最有效率的方式就是做一手股指，所以我們就採用一手股指交易參賽，得到了良好的獲利。

整體來講，我們更看重的是回撤，用風險可控的角度去換取應有的報酬，這也是我們參賽的目的——讓大家知道言程序交易團隊的交易的行為和理念。我們先看風險，因為風險我們可以控制。比賽時間愈長對我們愈有利，因為時間愈長，行情就就會出現，獲利就愈好。

大道致簡：先不要想賺更多的錢

關於程式交易，我送大家四個字「大道至簡」。程式交易是用過去的歷史經驗融入策略中，化成參數。於是它的績效會非常漂亮。

但是實際在交易時，拿策略直接交易，好像沒有預期的那麼好，為什麼呢？

在現實交易時，你是否一定要回測到一條完美無缺的曲線才敢去做交易？（最後反而有些人會走火入魔），因為你不曉得怎麼產生這個策略的。舉例來說，我能用數學模型可以讓歷史經驗沒有一天出現虧損，但是這個模型一進入市場就不如預期──因為我們是在對過去做最佳化。

滿足過去的歷史經驗，大量的歷史數據統計，做出策略。最後會發現，均線也是可以獲利的，雖然回撤很大。另外如果小於 1 倍槓桿的本金來做一手股指，很少會被市場吞噬。但是有太多人拿一手股指的錢（13% 的保證金）在做一手股指，這不是投資，這是賭博！

我們在做交易時，即使只有 500 萬、600 萬的帳戶，我們都不會作滿倉。因為我們很清楚地知道程式的底線，也很了解在賺什麼錢。正因為行情的不可預測，所以我們只能限制風險。言程序交易團隊以程式交易的方式運作，也許報酬率不符合主觀交易的預期，但我們所期待的是穩健。

因為在我看來市場都是屬於無效率的，採用程式的投資人是相輔相成，「大道至簡」的策略，可以運用到各個市場上面。我在大陸用的策略，其實在國外早就在應用，只是獲利較少。所以能夠「大道至簡」，就可以克服很多問題，策略的生命週期也會較長。所以

若你想進行程式交易，我建議，先不要想賺更多的錢，要先去想「如何能夠讓這個策略的生命周期拉長」，這樣你對未來的行情才有信心。如此一來，「沒有不好的策略，只有不符合市場的策略！」

有很多人抱怨說，前幾年的策略到今年不靈光了，無法獲利。原因是因為大陸市場沒有遇過盤整行情。以趨勢的交易策略而言，就專心於趨勢，遇到盤整讓它的虧損控制在一定的限度，期待下一次的行情到來。這個策略並不是失效，而是沒遇到適合的市場。也許今年震盪行情的趨勢賺不了，只要能想辦法活下去，總有機會到來；若是沒辦法活下去，就算最後你看對了，身上沒錢也是無法交易的！

捫心自問：你的報酬率有多少？

圖 4 是滬深 300 指數從 2011 年 5 月 31 日到 2013 年的 6 月 1 日的收盤價的連線。指數最高來到了 3100，然後開始走跌，最低則到 2200。我很清楚地記得，在 2012 年的 3、4 月份時，它一度像溜滑梯般下滑。所以大家開玩笑地說是「清明節到中國金融交易所掃墓去了」。這兩年間下挫 30％。我常常會在這時候想一個問題，「這兩年跌了 30％，捫心自問自己的報酬率有多少？」很多基金公司的基金經理人，但只要掌管基金的跌幅約莫等於 30％，其表現就好像市場一樣，是不會被罵的；如果基金的績效是負 15％，即使投資人還是虧錢的，則基金經理人卻要加薪的，因為他的表現比市場還好。

這個概念在兩年前我的感受非常深，而且很匪夷所思（市場現況是：很多基金公司有時甚至上一檔基金的績效是虧的，投資人卻束手無策）。用這個例子，對照下面我將要說明的──我們實際交易的情況。

圖 4　滬深 300 指數（2011.05.31-2013.06.01）

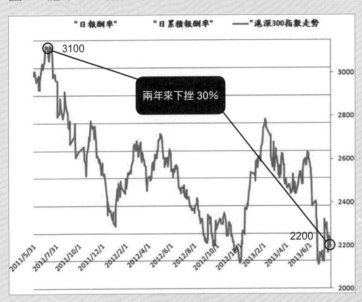

請看看我們的交易紀錄

　　在座各位一定是有做交易的經驗，也擁有自己交易的理念。但是我再強調一次，沒有人能夠預測未來行情，就算看得很準，也會有機率不準。若自己的交易理念可以配合我們的方法，虧錢的機率將

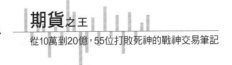

大大降低,提升活下來的機會。

可以參考圖 5 這張我們的交易紀錄圖表。時間從 2011 年的 5 月 31 日到 2013 年的 9 月 30 日。我們團隊的成績是平均每年獲利 40%。從這張圖可以看到,程式交易不是神,它也是有賺有賠,甚至細心的人還會發現,虧的天數好像比賺的天數還多,有可能是賺一天、虧幾天。但是為什麼整體曲線還是呈現 45 度線上升?

從圖 5 可知,我們每日獲利可以達到 12%,還有好幾次 10%、大於 6% 的也不少。而虧損幾乎都落在 2%,最多沒有超過 4%。因為限制住風險,我們去想的就是「如何把錢留下來」。這張圖會隨著我們的交易繼續更新下去。

圖 5　言程序交易團隊交易紀錄(2011.05.31-2013.09.30)

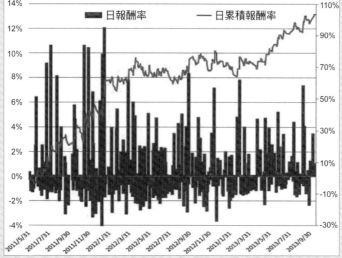

橫軸是日期;右邊的縱軸是日累計報酬率(單利計算);左邊的縱軸是每日報酬率。

以圖6對照圖5來看,若依照淨值(複利概念)來看,就是達到2.4。其中,2011-2012年交易的商品為股指,僅做日內交易;2013年起交易的商品為股指、商品期貨,涵蓋日內、隔夜、價差等交易策略。

圖6　言程序交易團隊交易紀錄(2011.05.31-2013.09.30)

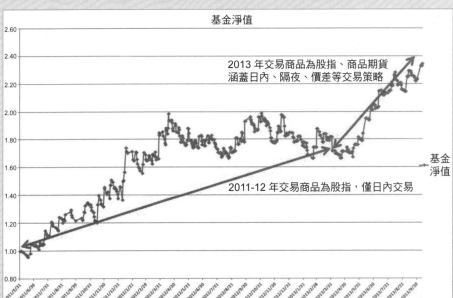

　　以圖6來看,有讀者會說:「你們將近有一年沒有賺錢!」當然,我們不會掩蓋掉這一個事實。我說明一下2011年到2012年的狀況。那一年裡,我們僅做日內交易,因為當時對大陸市場的不了解,日內交易可以完全限制住風險。日內交易就是在每日下午3點15分之前全部平倉,所以可以完全控制風險的。但是到了2012年的年末就

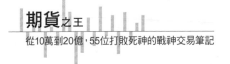

開始發覺行情好像單邊市變少了，震盪行情變多了……

有些人認為是因為程式交易的緣故，但是這是歷史的演化過程，我們在台灣遇過這樣的演變。如果以後大陸開放法人進來後，行情會更加不同；期權發展之後，行情也會更加不一樣！

我的重點不是在講述這條在這段期間不賺不虧的曲線，而是在談「如何克服」這條線。也許這是很多人交易時會遇到類似的瓶頸。只要控制好風險便能克服瓶頸，讓這條曲線不要下墜真的不難！哪怕盤整一年，也不會虧掉前一年所賺的獲利，頂多是在震盪行情中來來、回回罷了。

但是如果要讓曲線再次上揚，接下來要做的，就是不斷開發新的策略。如果你的策略一成不變，做程式交易實際上是討不到便宜的（其實主觀交易也是一樣）。先前，我們用的策略沒有超過三個，其他的都在模擬。但是從 2013 年開始，我們已經準備好很多策略，也觀察過一段時間。目前已經納入股指、商品期貨，日內、隔夜，還有價差的交易策略。從圖 5 上來看，很明顯地可以看到，後面的曲線一直往上走。

制訂好的策略後，再加上資金管控，就可以面對各種行情。好的方法配合好的資金控管，獲利的概率是最高的；好的方法，配合不好的資金控管，是會虧損的；不好的方法，配合不好的資金控管，結果終會破產！實際的案例，在眼前不斷地發生……

先用四個前提，建立你的交易原則

目前看到的績效曲線，即使我們現在已經得到了冠軍殊榮，都不會改變的交易原則，我們的交易，有以下四個前提。

前提一：請設定好你的本金

先假設一個情境，若我能做 100 萬，但是先用十分之一的本金測試一手股指。上週五下跌 48 點，你若運氣好看對行情一天就能賺 48 點，取整數 50 點，每一點 300 元，獲利就是 15,000 元，投報率高達 15%。這時便會帶來預期心理，感覺明天我若下 10 手是會準了。可是，明天只要看錯 5 點就好，虧的錢就跟昨天賺的錢是一樣的。

程式交易相對於主觀交易較不聰明，它只會按照人設定的條件進出場。行情不可預期，所以先設定好規則。

以我們做隔夜例子來說，若要留倉，會用一倍槓桿做一手股指隔夜。當然這樣的資金規模做隔夜就只做一手，可能有的讀者認為這樣的資金使用效率也太低了，但是依經驗來看，我們就是這樣活下來的，也是這樣得到實際的報酬。

前提二：用單利計算報酬率

如果用複利計算報酬率，唯二可以用複利的投資法就是「銀行存款」與「國債」，這是無風險的利率。我舉一個簡單的例子，一年有 250 個交易日，每天就賺 1%，我相信在座的投資人都能認為一定

辦得到。但是若按照這個概念，你是不是可以每天獲利？我打個比方來說，我只要每天賺 1％，一年 250 個交易日，一年之後可以翻 12 倍；兩年就是 144 倍；三年變 1700 多倍。按這個道理，我應該就變成「巴程序」，因為我是巴菲特的第二代，就不是言程序了，可是我沒辦法做到這樣。

在很多投資時間裡，在最高淨值時，可能選擇重倉；或者是行情預測錯誤，在那時回撤下來，投報率很容易大起大落。所以應用單利去賺報酬，用原始的規模來計算，賺到的錢就提出來。假設每年做 1,000 萬，到了年中就算本金來到了 1,500 萬，還是維持 1,000 萬的交易規模，如同取出 500 萬利潤。這樣一來才能確保我在一定的模型裡面得到該有的報酬。如果之後的行情震盪虧損連連，若在那個時間上重倉，部位較大，那就損失大了，也無法維持該有的利潤。

前提三：每日平均停損總資金，要在 2％內

我的虧損，控制在 2％左右。粗淺地計算，若連續 10 次虧損，也才 20％，我還有八成的資金可供運用。說起來平凡無奇，但是這是程式交易最重要的一件事。

以前我做主觀交易時，可能是我資質遲鈍，自己在做的時候，若看錯行情就想要晚點出場，希望行情能再回來；當我真正看錯到不行的時候，心態上就從投機轉成投資，希望可以看長線，這真是消極的做法！

所以我現在每天最多虧本金 2％。假設擁有 100 萬資金，一天虧損的限額則為 2 萬元。假設今天運氣不好，一開盤就虧了 2 萬元，過去的我會想「也許下午還是可能有行情，也可能再補救一下」，但現在的我會認為「今天不是我的日子」。市場一直都在，市場絕對不會比我傻。所以如果一早開盤就虧了兩萬了，我建議先離開這個市場，出去轉轉，散步、休息都好，也許隔天回來會更好。

　　之前我跟汪斌（編按：中國知名的操盤手，短線交易高手。網路上的暱稱為「風林火山」）聊過，我很欣賞他的一句話：「其實每個高手的概念都一樣，風控首要！」

　　這也是程式交易的特性：滿足條件就先出場。只要碰到兩萬的虧損門檻，程式就停止交易，讓下次的行情還我公道。我常常看到市場裡面有些投資人，我打趣地說，他們真的不下單會手癢，一直想要下單。一直做、一直做……結果手續費都被虧走了；很多人認為行情會回來，不斷地加倉，加到後來真的都虧光了。

　　許多投資的理念大同小異，只是看你用什麼樣的工具來實踐這樣的理念。以「力行停損」這樣的觀念來說，許多厲害的投資高手，是用謹遵這樣的紀律，看錯了就跑，而許多投資者無法克服得失心，我也一樣，所以我讓程式來代替我執行這個看似簡單的紀律。

前提四：限制下單的手數

　　我舉例說明，從最簡單的角度看，每個投資者都有自己的一套方

法——虧多少錢我就離開。策略也是一樣，我們會訂出停損的價格，假設這這個價格只讓你虧 5,000 元，虧損總額限制在 2 萬元，那我就可以限制下單的手數。這就是程式交易的策略。

用這樣的想法可以歸納：並不是策略很好，或想法很好，你就一直去執行。單就程式交易而言，市場的行情不可預期，我不知道我會連續虧損 5 次，所以我要設定「讓自己保留還有足夠的資金交易」，若將電腦關機、插頭拔掉，交易就不再是程式，而變成人為操作。

回歸主題，要限制下單的手數。假設我有 100 萬元的資金，我可以容忍虧損 2 萬元，每次虧了 5,000 元，所以我可以下 4 手。而這 4 手，我會建議投資者發展成 4 種不同的策略，哪怕參數不一樣也好，總之不希望一次進、一次出，我希望可以分批進出。無論是做趨勢或者做逆勢，都可以做出投資組合，先從一手開始做，然後做到四手，也許要歷經一點時間，但是相信我，這會很值得的！

一開始是單策略，後來要發展到多策略。遇到大趨勢如同加碼策略，遇到震盪只進一兩手，如同減倉策略。至於何者為震盪行情？何者為趨勢行情？並沒有人可以預期，在行情沒有走完之前，誰都不知道是震盪還是趨勢，只有走完才會知分曉。所以我只好先限制我的風險，我並不知道今天到底是不是震盪，但是虧損擺在眼前，我就先出場，期待下一次的行情波動來臨。

執行，比策略更重要

若可以把握以上四點，再套用自己的方法，我相信不會虧大錢。你必須從這個角度去思考：「要賺錢，先要求不賠錢；要賠錢，則要求賠小錢，不賠大錢；只要活在市場上夠久，就是贏家！」

進行任何的交易策略、掌管任何的資金或基金，都用這個角度去思索，限制好風險之後，只要市場有行情出現，對我們就是有利的。對我們的團隊來說，可能有時候偶爾對行情不甚清楚，但是我們的曲線持續往上，因為團隊擁有很多的策略，也有不同的思維。如果所有的策略都是自己開發的，一定得去跟別人交流一下。策略來自單一來源的話，盲點也會比較多，需要納入其他人的思考，才會有幫助。

團隊不好找，但是團隊很重要。尤其我認為，執行跟策略要分開。若我身兼策略研發者與執行者，坐在電腦前面執行時，一定會臨時改變策略，失去紀律。怎麼說呢？以我為例，我一定會覺得這個策略怎麼這樣差勁？我都能看出來可能的跌勢，怎麼還沒有信號呢？到後來禁不住手癢，自己就竄改策略了。

另一方面一樣的策略給不一樣的人操作，結果還是不同。重倉交易的最大的風險，在於即使有90%的程式預測是正確的，也有10%的機會產生重大的虧損。前陣子我們跟本次比賽程式交易前 10 名的選手交流的時候，我聽到其中最多的一個問題是「我們沒有控制好風險，不然一定會有更好的名次……」

把你的破產風險控制在接近零

我給大家看一個數字統計，圖7是大陸某支基金的淨值走勢，其單位淨值從 2011 年開始到 2012 年的 4 月，大概一年又四個月，這條曲線淨值從 1 直到 4，當中其實有點回落，但總體來看這條曲線非常好。從一開始的 1,000 萬，到最高點共是 4,000 萬，才一年半的時間就翻了 4 倍，大家都很看好它。

但是從 2013 年 5 月開始，這支基金的淨值在一個月的時間裡，淨值竟然從 4 回到 1，縮水了 75％，故事背景在 2012 年的上半年，由於農產品大漲，其實只要跟隨加倉，我相信做到 4 的人大有人在，只是資金規模大小不同而已。但是到了 2013 年 5 月，短短一個月的時間，資金全部回落下來了。

圖7　某支基金的淨值走勢（2012.04-2013.06）

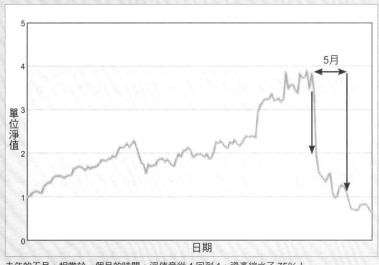

去年的五月，相當於一個月的時間，淨值竟從 4 回到 1，資產縮水了 75％！

5 月 23 號，大陸某個媒體曾經為此採訪過這支基金：「自五月初開始，國內的期貨市場出現了一波暴跌行情，在這一波行情中我們損失很嚴重。我們把超過 50％的倉位放在豆粕和油脂的多單上，今年以來在農產品價格大漲的行情中，我們獲利非常豐厚，最高浮盈超過 100％。不過經過最近的這一波暴跌，前期的盈利基本上已經回吐得差不多了。說明我們看錯了方向，我們將會把這些多單進行平倉。平倉之後我們可能會暫時觀望一段時間，暫時也不考慮做空其他標的。」

這支基金的例子證明，如果今天我們沒有控制好風險，我相信下次也會犯同樣的錯誤。在市場上，誰不虧錢？我們也一樣會虧錢，只是我們最後是活下來的一方而已！

這一篇報導出來之後，我們在《期貨日報》上發表了一篇文章：「世界上最痛苦的事，就是你對自己所在乎的人、事、物無能為力；但更痛苦的是，你發現毀滅這一切竟然是自己！」我有過這樣的經歷，我發現虧錢了，結果是我自己造成的！因為我不相信，想要等一下、想要忍一下、想要賺得更多……往往莫非定律都是相反的，而且糟的還會更糟，如同一片塗果醬的麵包，不小心掉到地上，結果都是塗果醬的那一面著地。

嚴格的資金控管和紀律才能夠保證你活著，讓你把破產的風險控制在接近零，所以千萬千萬不要逆天而行。

有團隊才能打仗

言程序交易團隊是一個團隊，從以前到現在到未來都不會改變。我們相信這樣的理念──只有團隊才能執行大型的資金運作。所以很多時候面對各媒體的專訪，我都會用「言程序交易團隊」當作主詞，因為一個人做不了所有的事情。我感謝我後面團隊的支持，如果沒有他們，我在飛機上、在任何地方，電腦還是要跑、策略還是要研究的！

所以剛剛就有朋友問我，要怎麼組織團隊？其實並不難，用我們的例子來看，第一，先做分享。你要先擁有一群好友來做固定的分享交易理念，一旦可以持續三年，留下來的人就是你要找的人。做團隊，不如先找對的人！因為團隊這個概念，每個人都要分工合作，才能夠穩定所有的收益曲線，今天你風控沒有做好，就算策略再好也沒有用。

所以策略往往是組成團隊的最後階段，因為策略是人為制訂的，它一定會有失效的一天，從來沒有一個策略可以永遠獲利，若真有這樣的道理，投資者根本不需要新增其他策略，甚至我可以大膽地說，如果你從去年以前的策略都沒有改變，今年的交易一定做不好，也許會賺錢，但是只會賺一點點。

建立系統的重要性

其次，我要跟大家分享「建立系統」的重要性。何謂系統？無論是消息、籌碼、技術都可以歸納在中。當我還是一個高中生的時候，我是從技術分析開始學習。現在我都建議大家開始研究成交量、未平倉量，這就屬於籌碼。在沒有建立系統之前，都只是賭大小而已。

再來驗證一件大家普遍所「認同」的事情。打開教科書，書上會告訴你：「均線以上做多，均線以下做空」、「KD 值 80 以上是超買，因此 KD 值 80 時應該要做空，KD 值 20 時應該要做多；若運用在股指上，倒過來反向交易卻是能獲利的……常常 KD 值已過了 80，指數卻還繼續往上漲。」這些書上傳遞的理論，都需要我們再去驗證。

我用程式交易來「驗證」這件事情只有兩、三分鐘，難一點可能一個晚上也可以完成。為什麼要驗證？因為既然你將思維建構在程式上，就必須去驗證這件事情。驗證後才知道，普遍大家都認同的事情其實是虧錢的！在這個市場上有 80% 以上的投資者是虧錢的，也就是說有八成的人做相同的事情。事實上是，剩下的 20% 人賺走了市場上 80% 的錢。所以我很認同一句話──人多的地方不要去！

本金、系統，缺一不可。有了系統，沒有資金，那麼千萬不要去借錢來交易。建議大家先慢慢累積第一桶金，再來做投資，一步一步來，不要躁進。有些人先看到自己的策略不錯，於是借錢來投資，結果這一個月也許表現得沒有那麼好，但是因為有資金的壓力，或

其他種種的壓力，會導致你交易品質不好，最終導向虧損。

有多少能力，就做多少事，不要超過你自己的極限。很多人有做 100 萬的能力， 操作 1,000 萬時，他卻做得一塌糊塗！並不是他的策略不好，而是本身心理素質的問題。

若按照我前面提的幾個重點去做，你會發現你找到 90％的策略都是不能用的。不過，也不要歎氣，因為它可以幫你省掉了 90％的虧損道路。

你追求的是更高的勝率？還是更穩定的獲利？

有一個故事我提出來跟大家分享：小明跟小華，他們都有自己的交易系統，每年的報酬都有 20％。有一天，小明覺得不滿足，他覺得一定可以找一個勝率更高的師父，報酬率就會更高。半年後，他找到了，也學到了這個技術，同時勝率也達到了 40％。

後來，他心想，既然勝率可以到 40％，想必也可以再更高。他又花了一年多的時間尋找拜師，找到後又花了三年時間學習。之後，他仍不滿足，想再次提升勝率，希望勝率可以百分之百，那報酬一定就更高了！於是他再花了十年的時間，終於找到一個傳說中勝率百分之百的高手。他千辛萬苦跋山涉水，在深山裡找到了小王。但小明有點失望，因為小王的住處非常簡陋，擁有百分之百勝率的高手怎麼會住在這裡呢？小王回答他：「你看這裡沒水、沒電，我根

本就無法交易，沒有虧損，我的勝率當然百分之百！」

而至於小華，這些年都做些什麼事呢？小華維持每年穩定的複利20％，他變成「華倫巴菲特」了。

停損 10 點，年獲利 50% 的密碼

上面的故事告訴我們什麼？很多人會問，賺多少錢的策略才叫好策略？勝率多少的策略才是好策略？其實只要你了解它，最終能夠獲利就是好的策略。這個策略是好的，哪怕最終只賺一塊錢，它結果還是獲利的。最怕的是，你找到（買到）一個你根本不了解的黑盒子，然後你卻認為它是最好的。

圖 8　買進持有績效（2010.04.16-2013.04.10）

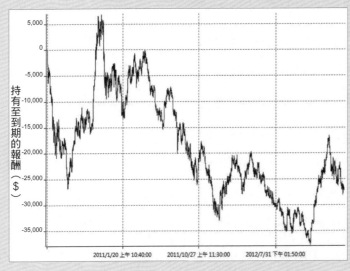

雖然有 90% 的策略是不能用的，但讓我避開了 90% 的虧損道路。有 9% 是看似可以用但不能用的，這是許多人下大注的葬身之地。只有活着的人，才能發現那 1% 的聖杯。

我認為它不是聖杯，但卻我們交易到現在，可以獲利的關鍵點。圖 8 是自 2010 年 4 月 16 號股指開始以來買進持有績效。從圖表上可看出買一手股指自今約莫虧 27,000 左右！

我們制定一個策略，每天「開盤價買進一手股指，收盤價平倉，停損點設 10 點，一天只做一次」，若盤中跌下來，比開盤價跌 10 點，我就停損；那它一直漲，它沒有跌破我設的 10 點的點位，我就一直持有。最後，它的績效圖（如圖 9）這樣，若不看過程，最後你會發現它是賺的。哪怕只是賺兩萬，它還是賺。

圖 9　策略一：每天建多倉會賺錢嗎？

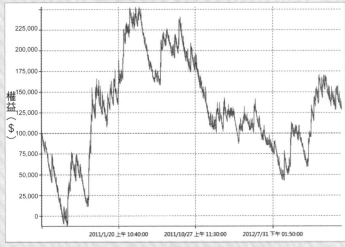

開盤價買進一手股指，收盤價平倉，停損點 10 點，績效獲利約莫 25,000。

如果做多的策略可以賺錢，那做空呢？每天開盤賣出一手股指，收盤價平倉，風險依舊設定 10 個點，只要它不要觸碰到停損點，我就一路持有。有人問：「如果它今天上漲 15 點，你停損了，然後行情又跌掉 50 點，那不是很慘？」這個錢不是策略該賺的，不是你的日子就「下次再做」。

　　這樣操作下來，曲線會長得像圖 10。因為前兩年行情跌多漲少，而且一路跌，所以獲利很豐厚。我們寫出這樣簡單的策略，一定可以獲利，但是若是自己主觀交易，我一定做不到，因為要我一天只交易一次是不可能的事。我想突顯的概念是說，這樣的策略套用到某些國外商品也是如此的表現。當我設置好程式後，有波動就賺得到錢，大多數的商品其實都是用止盈止損這樣的策略來獲利。

圖 10 策略二：每天建空倉會賺錢嗎？

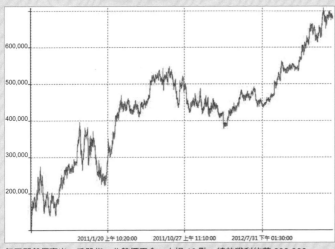

2011/1/20 上午 10:20:00　　2011/10/27 上午 11:10:00　　2012/7/31 下午 01:30:00

每天開盤價賣出一手股指，收盤價平倉。止損 10 點，績效獲利約莫 600,000。

有人也會有疑惑：「既然買一手股指，做多能獲利，做空也能獲利，那這樣子兩個策略加在一起利潤可以疊加嗎？」曲線會長得像圖11，而且你會發現，曲線的波動性相對比較穩，因為如果行情整天在上下10點內震盪，一多一空手上就沒有倉位了。而突破上下10點的區間，漲10個點以上買進，因為此時空單停損；跌10個點賣出，因為此時多單停損。這個道理不難理解，這是個典型突破的區間策略。我可以濾掉上下10個點的震盪不做。策略從這邊開始發展，大道至簡，其實我們是在賺停損的錢。

圖11 把這兩個策略合在一起，會變成？

每天以開盤價為準，開盤價+10點以上買進；開盤價-10點以下賣出。收盤價平倉，一手股指，績效曲線如圖。

這個策略也可以再加上停損點，績效會更好。當然在這裡是沒有計算交易的成本，只是要凸顯一個概念。其實對於行情來說，我們

寫策略遵從「大道至簡」的原則。這個方法可再研發出很多通道型的策略，比如最簡單的策略是一條均線，上下加兩條帶寬。因為風險控制得好，只要求在趨勢行情裡能抓得到利潤。若按照這樣的概念，這個市場我一年至少可以獲利 50%。

圖 12 突破策略加停損

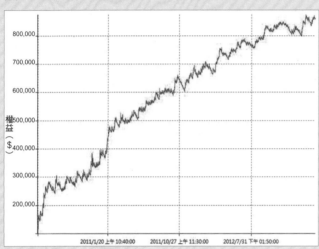

每天以開盤價為準，開盤價 +10 點以上買進；開盤價 -10 點以下賣出。收盤價平倉，停損 10 點，一手股指，績效曲線如圖。

該賺的要全賺，不該賺的不要賺

接下來，我想談談獲利的定義。我認為，該賺的錢要全賺到，哪怕你只是少賺一毛錢，都算是虧錢。另一方面，不該賺的錢，賺不到是應該，但若是你真的賺到它，也並不是好運，反而對於投資者來說，會帶來不好的觀念影響，因為這次你賺到不該賺的，你就會覺得這樣

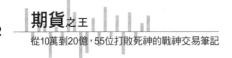

期貨之王
從10萬到20億，55位打敗死神的戰神交易筆記

的錯誤法則是對的。好運總不會一直持續，下次就會虧錢了！

因此，每一個策略加停損十分重要，我認為，我們賺的是停損的錢。因為你不知道行情怎麼走，所以跟它對賭，在「莫非定律」裡一定有一次會賭到錯誤的地方，而那一次很有可能讓你破產。

此外，「有花堪折直須折」的概念——持續保有自己的利潤，給自己設定一個止盈的金額，獲利回吐到了這個金額就暫停交易。

很多人開發出一個策略後，會覺得這個策略天衣無縫。若是該策略的運氣不好，一開始就虧損，跌了之後，操作者可能選擇持續地交易，期待該策略轉虧為盈。我認為這時候可以先設定這個策略的停損金額。設好停損後，一旦虧損到停損金額就暫停交易，買個保險。不交易總比虧錢好，如果這個策略是好的，績效自然會過前高。

同時，這個策略一旦暫停交易可能表示它暫時不符合這個市場，也可能是最佳化的結果，也或許是模擬參數太多的原因，也可能它是一個應該要被替換的策略……所以才需要給自己一個停損金額，冷靜一下，可以過濾掉很多不良的客觀因素，再出發時會更好。這個觀念非常重要。

我們自己在做交易，無論是掌管的資金大小，從一個策略到多個策略，每個策略都有停損設置，每天、每月、每季、每年都有停損點。全部設置完成後，你就可以知道你最多可以虧多少錢。這觀念看起來很簡單，但是實際上運作起來卻很難，進一步說，單一策略時很

簡單，但是在策略疊加時，在多策略、多標的，甚至是跨市場的時候，監控就很不簡單，但卻非常重要。

用多策略去取代加碼

做主觀交易時，會有一個加碼的觀念，很多主觀交易者的加碼，是在點位回落了之後再加，成本比較低，因為操作者認為這個方向是對的。

但是我們是做程式交易，我並不建議加碼，若有能力做兩手以上，我建議做兩種不同的策略。假設今天是個大趨勢，那就相當於做加碼，因為突破策略不管突破哪個點位，你都會進場；如果在震盪行情當中自然策略不會全部進場。所以我的概念會用多策略取代加碼。

從 10 萬到 1,000 萬，從單一標的、到多標的、到跨市場，策略從單一到組合，投資工具從電腦取代人腦。前幾年，沒有人想做投資，因為只要買房就有好幾倍的利潤。現在既然你到了這個市場，就必須尊重市場。

我們團隊的執行，是要做多策略、多標的、跨市場。按照這個概念，我們把交易分了許多層級，其實到了第三級，大概就已經超出了一個人主觀思考的範疇了（如圖 13）。

圖 13　實戰交易歷程

Lv6. 多市場多策略

Lv5. 多市場單策略

Lv4. 多商品多策略

Lv3. 多商品單策略（單市場）

Lv2. 單商品多策略（單市場）

Lv1. 單商品單策略（單市場）

世界九大指數的操作表現

我們團隊現在操作包含世界九大指數（那斯達克、標普、日經、香港恆生、澳洲雪梨、法國巴黎、德國法蘭克福、歐洲藍籌、歐洲債券），而我們交易的大部分都是指數。為什麼我們會以股指為主，商品為輔？因為商品不動則已，一動就大起大落，較容易有人為、天災影響等因素。

另一個原因，也是我們有風險控管的考量，我們將資金有效運用。但也不是每個指數都做，而是要做那些有行情的，有波動的指數。

所有的準備都是為了——快

也許大家對高頻交易策略很有興趣，我大致簡單說明一下。程式交易就好比是做科展，優劣由評審去決定。高頻交易就好比在賽跑、游泳，你做什麼，我也做什麼，大家都做一樣的事情，是賺或是賠，比的是什麼？比快罷了！

電影《功夫》裡有句名言：「天下武功，無堅不破，唯快不破！」快，才是王道，這句話也可應證在高頻的交易上。高頻交易的關鍵是「Time is Money」（時間就是金錢），一秒鐘有 1000 毫秒，你可以做什麼？大陸股指的報價是 0.5 秒切片報價，在一眨眼的瞬間，也許你已經失去了數次的交易機會。

我們是用極快的頻率去抓取最微小的變動量，每次只攫取微小的獲利。你需要用電腦輔助，需要用程式去運算，我們用大量的統計運算來抓住如此頻繁的交易，我們稱之為高頻交易。

在高頻交易裡，有幾個簡單的概念我先釐清，「眼見不一定為憑」，我們每次做交易時，交易所先報價給期貨商，等報價到了用戶端的時候已經慢了，這時用戶端再報價出去買賣，是不一定成交的。

期貨之王
從10萬到20億，55位打敗死神的戰神交易筆記

在實際交易時，當成交後，將成交的資訊給期貨商，期貨商整理之後透過用戶端送到用戶的眼前。看到了報價，我去執行買賣下單，那我要送指令給期貨商，期貨商再給交易所，交易所完成成交報告後，再反向送回給期貨商，最後回給用戶。這個交易流程並不是那麼簡單，那是一連串不間斷的流程。

在這個流程裡，若想執行高頻交易，一定要快！首先，必須在每個交易所旁邊放我的伺服器主機，這樣的物理距離交易最快，同時將程式編碼編輯在裡面。其次，在設備上，我們有多台多核心，高頻運算的主機，提高了交易的速度。我先滿足了這些條件以後才去從事交易。

再來是成本計算，以及了解交易商品的限制，股指一天不能超過1200 手，撤單不能超過 500 次。最後比誰的設備更新的更快。我們花的硬體設備的費用遠超出各位的想像。國外機構每年花在設備上的成本，至少都是數千萬、數億元起跳。

我們真正的交易時間在盤後

有人說，「程式交易好像很輕鬆，都不用做事，躺著賺就好了」，其實，對於我們來說，真正的交易時間是在盤後。我們花了大量的時間在盤後研究、模擬、做測試，盤中則交給程式，去讓它執行，維護它的穩定，不去更動它，這才叫程式交易。

「少看盤，多看書」是我們的宗旨。

並不是用程式交易就一定能夠獲利，照經驗來看，八成的程式交易者還是很險峻。我們不斷地進步，策略也不斷地改變，今天的策略跟明天的策略也許不一致，我們團隊每一次的調整，都能達到令人滿意的報酬。但我們仍不滿足。做交易不是慈善事業，有的人認為自己賺了錢，讓別人虧了錢不好。若來這裡賺錢還要內疚的話，那遲早會是輸家，不如早點退出市場。

最後我再說一件事情：交易的源頭是信念之戰。戰場不在交易市場，而在交易者的心田。金融交易界的金錢流轉，是從內心狂躁的人手中，最終流入到內心寧靜的人手裡。我實際的建議是：請將策略與執行分開，請一個有紀律的人來幫你執行策略。這也算是一個簡單的結尾。

謝謝大家。

如果想賺錢，那麼必須先不想賺錢。
在這個市場你愈想賺錢，你就愈賺不到錢。
只有不符合市場的策略，沒有差的策略；
不同的市場有不同的特性，
如何將合適的策略在合適的時間放在合適的市場才是重點。

——言程序交易團隊

PART II

中國期市
名人

中國期市黃金十年，正在拉開序幕
大將崛起，開始馳騁戰場。

Chapter 2

8高手，玩轉中國期市！

何　俊｜張　文　軍｜劉國禮｜李小軍
翟鵬飛｜張氏兄弟｜周　偉｜青　澤

兩萬元人民幣起家
靠短線翻賺上億

何俊：離開市場吧！除非你已準備承受最大程度的寂寞！

如果沒有人告訴我，我不會將眼前這個人與「短線天王」這個稱謂聯繫起來。他大概 40 歲左右，高個子，衣著低調，說話十分客氣，但俊朗的臉上散發出來難以掩飾的自信。

他就是何俊，期貨市場中的傳奇人物之一。在近 20 年的時間裡，他自己拚搏，從 2 萬元人民幣起家，將資金增長到數億之巨，並用自己的成功，引領了一種交易模式的興起。從以下的專訪，我們可以窺見這位短線天王的交易脈絡。

走上期貨投資之路

Q：讀者對成功者的個人經歷總是很感興趣，能否先簡介一下你是怎麼進入期貨市場的？

何俊：大學畢業後，我被分配到鄭州郵電設計院。當時因為有個大

◆ 何俊 ◆

做期貨的日子，我沒什麼太大感覺，唏哩糊塗，每天做交易，感覺很充實，時間過得很快，很緊張，很刺激，也很有樂趣。看著自己的成交量一天天擴大，資金量一天天增長，很有意思。然後突然一天，發現自己不想做了，做不成了，短線生涯突然結束了，也蠻有意思的。一段歲月就這麼結束了，也許我永遠都不會再炒單了。

學同學的親戚在做期貨，我覺得這個行業能賺錢，也開始嘗試。沒過多久，1995 年 10 月時我就離開公司，開始了專職期貨生涯。

Q：當時是拿著多少錢進入期貨市場？

何俊：那時候開始因為剛工作，根本就沒有積蓄。當時是自己拿出一些錢，又借了一些，一共湊了 16,000 元人民幣，就開始做了。

我是個閒不住的人，所以一開始就選擇了短線交易。那時候的交易模式和現在不太一樣，是透過電話下單。大家都坐在一個屋子裡，

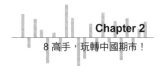

有一個下單員，你告訴他報價，他下到場內，下單員敲單。客戶能看到交易介面，也能看到成交回報，但不能自己下單。

Q：剛開始交易的情況如何呢？

何俊：很不好，一兩天就虧掉 6,000 元。當時一進去就滿倉了，然後來回砍倉，虧損得很快，不過，這也讓我之後的交易就變得謹慎了。這 1 萬元的帳戶始終沒有太大起色，最後以解散收場。

　　之後，一個朋友幫我介紹了一個 5 萬元的客戶。當時主要做鄭州的綠豆，由於當時的手續費很高，由於我是短線交易，雖然實際上的交易虧損不多，但本金在手續費的侵蝕下不斷降低。在本金剩下 3 萬多元的時候，客戶選擇了撤資，這次操作也結束了。

Q：也就是說，在這段時間裡你始終在虧錢，那麼靠什麼生活呢？

何俊：我離職的時候沒有錢，連住的地方都沒有。但我有個很要好的大學同學，我去他家住，沒有太大的生活壓力。

Q：你從什麼時候開始進入獲利狀態？

何俊：我還是很幸運，這個過程很短，只用了幾個月時間就轉變完成。

　　上一個客戶撤資後，有個關係不錯的同事主動借 2 萬元給我，那是他當時所有的積蓄。從操作那筆錢開始，我整體上就沒再虧過。

仔細算一下，從 1995 年 10 月辭職開始算，前期有波折的日子不到半年，到 1996 年過年時，我已經能夠靠交易養活自己，每個月能賺到幾千到 1 萬元。

雖然賺錢，但當時我還是非常謹慎，堅持兩手兩手交易（當時最小下單單位是兩手，如果是一手，一定會一手一手地做），這樣一直堅持了一年。到 1996 年底，我的資金從 2 萬增長到 30 多萬。到 1998 年已經有幾百萬了。

後來，自己在經紀公司之中逐漸有了名氣，因為那時候雖然許多人靠各種消息也能賺到錢，但真正靠自己從小滾到大的客戶很少。

何俊的短線交易祕訣

Q：市場上很多人稱呼你為「短線天王」，今天能否透露一下你短線交易的祕訣？

何俊：其實沒有所謂的「祕訣」，我可以用前兩年的白糖為例，講一下我是怎麼做的。

白糖市場中各方的力量都比較敏感，也就使得白糖行情比較活躍。在交易之前，我一般會先看 K 線圖，先看 5 分鐘線，再看日線，判斷當天上漲還是下跌的機率大。

例如，若我判斷當天上漲的機率大，在白糖價格處於上漲臨界點時，我就會開始嘗試下一些買單，主動推高價格，當把價格打破這

個阻力位時，往往會引發許多跟風盤，繼續推動價格上漲。在這種情況下，再觀察一下，如果價格繼續上漲，可以多持有一段時間，等覺得行情漲不動了，逐步平倉，或者覺得有達到目標利潤，也可以平倉。

比如阻力位突破後，跟風力量不是很強，並未出現買盤的湧現，往往意味著你做錯了，這個時候必須趕快跑，趁大家還沒反應過來時立刻砍倉出場。

我講的是擁有一定資金規模後的作法，實質上是有引導性的操作。但基本前提是必須有一個判斷，並提前下單，比那些等待突破後的人更早一步。因為我認為我可以推動價格突破這個關鍵點，如果我推不動，證明我看錯了，就要立刻離場。

小資金的時候，我的操作也是等突破後跟風操作，很容易進出。但是在規模做大之後，必須要有一定的判斷與嘗試，因為資金大了之後，進場容易，出場很難。

大資金就要承擔大資金的風險。例如，我認為一個價格關鍵點即將被擊穿，將快速跳水，就下了很多買單。但是，行情和我想的不一樣，雖然我把價位打下去了，但沒有成交量，沒有人追，等我想平的時候，上面的賣單是空的，沒有對手，流動性不足，這樣可能我有一半的單子砍在最高位，出現當日交易中的彈簧行情。正是因為擔心這種情況，多數的高手才會只參與活躍度最高的標的。整體

而言，這種短線交易方式風險較小，獲利能力較高。

Q：在炒手的眼中，各個標的有區別嗎？如果沒有區別，是否可以同時在多個標的中發現投資機會？

何俊：對我來說，所有標的對炒手來說都一樣，只是一個代碼。但同一天最好只做一個標的，因為各個標的特性不一樣，需要適應。適應了一個標的之後，換一個東西，你就不一定能賺錢。

身為炒手，你能賺到錢，很大原因就是你對某標的特性比別人更熟悉，而不僅僅是你知道它要漲要跌，你要學會解讀各種不同標的間的細節差異。

Q：在短線交易時，你使用的資金最高會有多少？

何俊：最多的時候在 2,000 萬左右，我並沒有認真計算過。很多時候，我會留 2,000 多萬的資金在帳戶上，不過很少用完，因為用完就沒辦法做了。

Q：據說，若以週為單位計算，你實現了連續 17 年獲利？

何俊：實際上我自己從來沒有統計過，只能說從 1996 年開始我的交易整體來說比較平穩，錢很順，沒有過大的虧損，資產一直處於不斷增長的狀態。

我覺得連續多少週不虧損的意義並不大，並不是說不虧錢就一定賺很多錢。一些人一年到頭虧，只賺兩次，也能賺大錢。

期貨炒手的養成訓練

Q：優秀的炒手可以培養出來嗎？

何俊：對於這一點我做過嘗試，自己出錢、出力從事炒手培訓，但實際效果很差，幾乎沒有一個能夠持續獲利。很多我覺得很簡單的道理，我講了很多遍，他們卻做不到，最後我的嘗試以失敗告終。

當然，我沒有成功，並不意味著其他人不能成功，也許是我的教授方法有問題。

Q：那麼，成為一名炒手究竟靠天分居多，還是靠後天的磨練？

何俊：其實，我覺得這和性格有很大關係，炒手實際上也分很多種，同樣都能賺錢，但有的人僅能糊口，也有的一個月獲利幾十萬，也有獲利幾百萬的。

我覺得一個人只要老實、本分、專心、身體夠好、能保持精力的集中、不胡思亂想，都可以透過炒單賺錢，但究竟能達到哪個級別，就要看天份了。

也就是說，想達到獲利並不是很難，看準機會，抓住機會，就能賺錢，但是，天分決定了獲利水準，比如「盤感」兩字，說起來容易，

要做到的話真不容易。要是強制提升自己的等級,反而可能帶來相反的效果。

難忘的交易事件

Q: 在你過往的交易生涯中,印象最為深刻的交易是哪一次?

何俊: 對於短線交易者來說,獲利就是積少成多,每天跟上班一樣,每天一點點,對每一筆交易我都沒有太深刻的印象。如果硬要說,就是虧錢最多的那次。大約在 1996 年,我在鄭州綠豆跌停時入場買進,本以為會和以往一樣,借盤中反彈時機獲利出場。但那天盤面直到收盤都沒有打開過,我的單子也被死死封住。那天是週末,等下週一我砍倉出場時,一下子虧了十幾萬,而我那時所有的資金才100 多萬。那次虧損讓我體會到刻骨之痛,但也讓我在今後的交易中再也沒有出現過這麼大比例的虧損。

轉型之路

Q: 您現在還在繼續交易嗎?採用什麼樣的交易模式呢?

何俊: 我已經一年多沒有交易了,但還沒有離開期貨市場,還在斷斷續續交易,不過,這對我來說更多的部分是成為了一種娛樂,打發點時間。

Q：也就是說，你現在還在交易，但將它完全當作一種消遣？

何俊：也不能這麼說，雖然是打發時間，但我還是很認真地對待自己的每一筆交易。不管怎麼說，交易都是個耗費精力的活動，要想賺錢，必須要用心，集中精力去做，如果不這樣，那一定賺不到錢。

Q：換句話說，你已經完成了炒手的轉型？

何俊：隨著年齡增長和精力的逐漸下降，我原本就在考慮轉型。2010 年中國期貨市場調整交易規則，日內交易成本大幅提高，更讓我堅定了退出短線交易的決心。

實際上，在這之前我一直有嘗試套利交易，從 2010 年開始我就將交易重心徹底轉換。相較於日內短線交易，套利要占用比較大的資金，但相對波動較小，不用一直盯著倉位。

Q：你做的是嚴格的同標的套利交易嗎？

何俊：主要是較嚴格的跨月套利，跨標的對沖有時也做，但不多。操作週期有時是一個月，有時幾天，關鍵是要把握住市場節奏。

Q：你做套利交易的入場依據是什麼？

何俊：我主要還是看圖形，買上漲機率大的，賣下跌機率大的，或者看價差規律。

Q：你的套利會設置停損點位嗎？怎麼確定出場點位？

何俊：我認為停損對套利來說更重要。我都是在想好停損點之後再開倉進場。如果虧損，立刻砍倉，至於獲利後何時出場則靈活很多，要視情況而定。套利交易的投報率一定沒有短線交易高，但卻是目前我喜歡的交易節奏。

回首交易生涯

Q：你怎麼看待身為期貨炒手的這段歲月？

何俊：現在回想，其實也沒什麼太大感覺，唏哩糊塗，每天做交易，感覺很充實，時間過得很快，很緊張，很刺激，也很有樂趣。看著自己的成交量一天天擴大，資金量一天天增長，很有意思。然後突然一天，發現自己不想炒了，做不成了，短線生涯突然結束了，也很有意思。一段歲月就這麼結束了，也許永遠都不會再炒單了。

Q：你怎麼看待未來中國期貨市場的發展？

何俊：國內的期貨市場發展剛開始，以後會更加熱烈，將來的交易量會大得非常驚人。

隨著市場結構的調整，以後靠短線賺錢會愈來愈難。但是，我也並不認為大型投顧公司一定能賺錢，規模愈大在很多時候也是一種劣勢。而資金愈大，進出成本愈高，長期來看，這種成本非常大，

所以愈小的資金，愈容易賺錢。更關鍵的是，投顧公司拿別人的錢做，一定無法和拿自己的錢做的人相比。當然，大型投顧公司一定也有贏家，但只是機率，不是必然的。

對新入市者的建議

Q：作為中國期貨市場早期的參與者和絕對的成功者，你對新人有什麼建議？

何俊：能不做期貨就別做。對我而言，這個市場最大的缺點，是把人生的興趣、生活樂趣都磨掉了。這個東西太刺激了，它能喚起你內心深處的所有血液，可以把一個正常人搞得不正常，生活中只剩下交易，除了交易什麼都不要，希望第二天馬上開盤，特別是如果參與國際期貨交易，連睡覺都不用想了。這個玩意兒太折磨人了。這是我自己最深的體會。

如果你一定要進入這個市場，就要有良好心態。如果賺錢是你的運氣，說明你正好適合這個市場；如果你虧損了，也很正常，畢竟這不是一個一般的市場。

十幾年的期貨生涯，基本上我的生活中也沒有任何愛好，只有交易。不過，我並不後悔，因為畢竟我有賺到錢，失去其他的樂趣也很正常。

如果在其他行業，你也賺不到這麼多錢。這個社會沒有錢，你就

站不住腳，而且一樣會有別的痛苦。

我想提醒新入市的人，你們不一定像我一樣這麼幸運能賺到錢。在我的投資生涯中，見到過很多人不但沒有賺到錢，還混得很慘，什麼都不想幹，天天耗在這上面。要明白，你的錢都是從別人的口袋掏出來的，你也很有可能是被掏錢的那個。

後記：炒手生活只是人生的一個階段

期貨日內短線交易者，或者說「炒手」，本身就代表著一種生活：枯燥、單調、重複、高度集中精神，每天處於長時間的高壓力狀態⋯⋯許多人在這種生活中日復一日地重複自己的日子，度過自己的生命，收割或多或少的財富。

對何俊來說，這種日子延續了 17 年。用白手起家來形容他在期貨市場的發展恰如其分，從萬到億，這種量級變化的背後，浸透了多少汗水，是不難想像的。

何俊告訴記者，作為一個炒手的日子裡，每天重複枯燥的生活，除了一些期貨公司籌辦的吃喝玩樂，基本上他沒有任何社交活動。外人看到的多是成功，卻很少注意成功背後的寂寞。

許多人說，寂寞的人容易老。特別是期貨炒手，是在用青春換取金錢，承受最大程度的寂寞，賺取盡可能多的錢，也就老得最快。何俊說，如果沒有良好的心態，很容易變老，卻不容易成功。

期貨交易者，特別是炒手的成功，究竟需要怎樣的因素？雖然沒有具體的列舉與分析，但何俊都提到了。首先是天分。雖然殘酷，但對一些人來說，天分不夠註定他無法成為成功的炒手。天分包括性格、心態、對數字的敏感、對變化的迅速反應、對寂寞的承受力。如果說何俊進入期貨市場是個偶然，那麼，他的天分卻使他的成功幾乎成為一種必然。

其次是身體。身體是一切革命的本錢，尤其是對短線交易者。何俊曾經堅持打羽毛球，保持身體的活力，讓久坐的身軀得到及時的放鬆。

還有，就是一種堅持，將簡單的操作模式一直堅持下去，讓一種獲利模式在堅持中達到極限。

什麼是成功？對期貨交易者而言，實現財富累積，達到財務自由，無疑是成功的標誌。但在成功過後，該怎麼走？

當財富累積到以億計時，交易本身就不是謀生的手段，而是一種慣性。「貪婪是人的天性。賺錢的，想賺的更多，受的壓力更大，想要更多更好，永遠沒有止境。」何俊認為，賺錢是一種樂趣，而樂趣本身即是一種財富。在歲月不允許他再持續原先的炒單生活之後，他選擇了轉型與休息。

從三次破產，口袋僅剩五元到個人成交量全中國第一

張文軍：交易，別指望上帝出現，能救你的只有你自己。

張文軍是一個善於思考、勇於探索、敢於冒險的人。無論是當初利用業餘時間與朋友一起合夥做服裝生意，還是在大連證券、期貨投資市場若干次的「捷足先登」，都體現了他是敢「第一個吃螃蟹」的人。採訪中他留給記者印象最深的一句話是──「我感覺到，這又是一次機會。他的經歷充分體現了他具備成為風險投資市場優秀操盤手的良好潛質，他日後的成功，絕不能只用「偶然」來解釋。

敢第一個吃螃蟹的人

Q：據我了解，2001 年北亞期貨的總交易金額在中國各經紀公司中

◆ 張文軍 ◆

1966 年生，大連人。1988 年畢業於大連外國語學院，先
在大連富麗華國際大酒店工作，1992 年初涉金融市場，開
始投資銀行債券。1993 年 4 月，進入大連首家國際期貨公
司，成為大連期貨業首批交易員之一，並從此走上期貨之
路。1996 年開始個人期貨投資，從期市賺進第一個 10 萬
元，到收益超過千萬元，他僅用了短短的五年時間（1997-
2001）。從 1999 年開始，其個人帳戶成交量連年位居大
商所第一名（2001 年達 300 多萬手）。

排名第一，其中，你個人的 300 多萬手交易量占很大份額。我還注
意到，從 1999 年開始，你已連續幾年個人交易量在大商所（大連商
品交易所）排名第一，而在你的資金投報率上，也留下了非常成功
的紀錄。作為期市聞名的操盤手，市場人士對你的期貨投資經歷很
感興趣，可以自我介紹一下嗎？

張文軍： 1988 年大學畢業後，我先到一家大酒店擔任業務，工作經
驗裡常常感到所學與從事職業間的落差，因此我並不安心。在那時
候，發生了一件令我終生難忘的事情，那就是我的父親看出我的心

思後，便送給我一句哲人的名言：「不要輕視行為，因為行為會形成習慣；不要輕視習慣，因為習慣會形成性格；不要輕視性格，因為性格會決定命運。」

這句名言對我的影響太大了，可以說，我的人生因而受益無窮。以後，在酒店工作的五年中，我學習到很多知識，有了許多收穫。晚上睡不著的時候，我常常回憶一天的工作過程，查看自己是否有什麼過失，想一想同事們的為人處事為什麼那樣妥當得體，那樣成熟？我還經常換個角度思考，我做得怎樣？與他人還有哪些差距？

隨著時間的推移，我逐漸養成了歸納、思考的習慣，這也許就是我心理上最明顯的特點吧！我認為，這個特點對我的人生非常重要。

工作一兩年後，為了賺點外快，我與朋友合夥經商。當時大連的服裝市場很熱絡，獲利空間很大，我們從廣州將服裝運往大連，一年下來竟賺了幾萬元人民幣。所以，我認為，成功離不開對機會的及時發現和把握。

1992 年，大連市五大銀行同時推出五家銀行債券，我認為機會來了，便積極認購。兩個月後債券上市，報酬相當豐厚，投入 5 萬元就淨賺了 5 萬多元。這次投資的成功，激起了我對投資金融市場的興趣，也使我開始思考是否要重新選擇職業。之後，我又相繼投資山東淄博、山東農藥等企業債券，其報酬也很可觀。

1993 年初，大連市建設銀行開始推出上海股票交易試點，名額限

50 人，我感覺這又是一次機會，便積極參與並成為大連股市最早「吃螃蟹」的人。當時上海股票行情跌宕起伏，風險很大。在接下來的幾個月交易中，我體驗到了股市的風險，投入的 5 萬元幾個月便虧損了 3 萬多元。

1993 年 4 月，大連首家大型國際期貨公司——大連萬發期貨公司成立。公司招募交易員，我再一次認為機會來了，這次我毅然辭掉酒店的工作去應徵。公司要從 1,500 個報名者中選出 120 人，幾輪考試下來，我幸運地被錄取了，從此走上了期貨之路。

經過嚴格培訓後，我開始了實際工作——開發客戶。這是一項很艱苦的工作，因為當時大家畢竟對期貨還很陌生，在人們心目中還沒有一點概念，感覺很「虛無飄渺」。我每天要談 20 到 30 個客戶，夏天 30 多度的高溫，還要穿西服打領帶滿街跑，很不容易。

皇天不負有心人。在試用期滿前的最後幾天，我終於開發到一個客戶，他投入2萬美金做期貨。從此，我便開始了期貨交易的實際操作。當時可以進行交易的標的有日本東京穀物交易所的大豆、紅小豆和小麥；前橋乾繭交易所的乾繭；還有香港的恒生指數、美國的標準普爾500指數（S & P 500），以及其他的商品期貨，包括大豆、小麥、牛腩、咖啡和橡膠等。我選擇了風險較小的日本紅小豆（靜盤，分小節報價）和當時風險比較小的恒生指數，操作一段時間之後，還算理想，幫我的客戶賺了10%左右的利潤。

百折不撓

日本經營管理大師松下幸之助先生登上著名的高野山時，曾有一番意味深長的感嘆，「現在這裡有公路、電車、纜車，很方便。但1,000 多年前，弘法大師在這麼偏遠的山上開路，必有無法想像的堅強信念。我們現在感觸不到弘法大師那時的心境，但我卻深感人信念的偉大，人生應當有自己的信念」。

張文軍也有他自己的信念，那就是他對從事期貨事業的摯愛。他的期貨投資之路並非一帆風順，更經歷了三次「破產」。

Q：看來你對風險市場的投資意識很強，是一個敢於面對風險去衝鋒陷陣的人。進入期市後，你一直就很順利嗎？

張文軍： 其實並不是這樣，相反的我卻經歷了很多磨難，我的帳戶曾三次「破產」，可以用「前途是光明的，道路是曲折的」這句話來形容。

1993 年 7 月，我們公司的一個新交易員成功開發出公司最大的一個客戶，客戶投資 1,000 萬人民幣，但在操作中成績不太理想，虧掉200 多萬。客戶希望更換交易員，找到公司的香港總顧問，總顧問幫他推薦了兩個人，很幸運，我是其中之一。

那段時間，我早上八點上班做日本盤，十點半開始做香港恒生指數，直到下午四點。然後，回家休息，晚上九點半再做美國盤的交易。

如此一來，我每天只能睡三、四個小時，非常辛苦，但感到很充實。

那位客戶喜歡做風險較大的標的，所以他選擇了當時風險最大的 S&P 500 指數。在我們兩個交易員和客戶的共同操作下，一段時間後帳戶的資金狀況有了轉機，賺回了 100 多萬。可是天公不作美，九月整個市場極度看漲，我們也做了很多買單，有天，開盤時行情先是上揚，但突然間盤面發生劇變。

是什麼原因呢？原來路透社發出一則消息——俄羅斯發生動亂。於是 S&P 500 快速暴跌 1500 多點。因為不能預測事情將如何發展，我們只好馬上停損。隨即由於俄羅斯總統葉爾欽出面談話，才讓形勢比較穩定，當天收盤時又強烈反彈了近 1000 點。但是我們的帳戶損失慘重，盤後結算，這一天虧了 300 多萬。這次交易，使我第一次真正體驗了金融投資市場的巨大風險。

同一時期我操作的小戶，也因投資策略不當而造成嚴重虧損。當時我做日本紅小豆，在一片看好聲中入市做多，日本方面也不斷公布利多消息。奇怪的是，行情不但不漲反而盤跌，因此保證金不斷地縮水。終於有一天，公司結算部通知我要追加保證金，我把通知告訴客戶，客戶表示實在無力追加。由於我們平時已建立了很深的友誼，我不想讓這個客戶就這樣「死」掉，於是就將自己的 3 萬元追加到其帳戶中。

但行情仍無改觀，繼續盤跌，結算部第二次發出通知，我又拿了

3 萬元追加到帳戶中。其後，行情又突然暴跌，當再次接到通知時，我把自己僅剩的 4 萬元積蓄全部追加。當時我多麼期盼著行情能有所改觀，並幻想著也許會有上帝出現。結果事與願違！最後只能被強行平倉。總共投入的 2 萬美金加上 10 萬人民幣，最後只剩下 1 萬 4 千多元人民幣。這是我從事期貨交易以來第一次破產。

從此之後，我真切地感受到期市的殘酷，為此我歸納了三條經驗：其一，停損是非常重要的。在往後的國際期貨交易中，我常常把停損單同時下到場內，時刻想到停損。其二，當好消息不「好」時（盤面不漲），千萬不要去做多，當壞消息不「壞」時，千萬不要追著賣。其三，永遠要靠自己來拯救自己，不要期盼「上帝」會救你。

過了一段時間後，大商所開始籌建並招募工作人員，同時，某家期貨公司也在招募管理人員，我感到這又是一次機會，便決定同時應徵而且最後同時被錄取。經過反覆考慮，我最終選擇了後者。

這一段期間，我參加了大商所首期交易員培訓班並獲得交易員資格。當時因為大商所剛剛成立，操作緩慢。於是，向來不甘寂寞的我又被星洋國際期貨公司聘為大連業務部經理，這個職位待遇優厚，底薪每月 3,000 元，工作內容是上午培訓交易員，下午帶著交易員去開發客戶。工作很快有了進展，有一位客戶投入 1 萬美金做香港恒生指數，由我來操作。

在這家公司裡，我結識了其香港總顧問翟先生。翟先生在香港期

市有20多年的從業經歷，累積了豐富的期貨投資經驗，從他那裡我學到了很多交易技巧，受益匪淺，這對我之後操作香港恒生指數時很有幫助。當時香港恒生指數風險加劇，主要是因為摩根士丹利看好港股，增持其投資組合中香港股票的部位。因此恒生指數從6600點一躍漲到12785點。我認為將有一波回檔，便果斷沽空。這段期間，我有一天的交易紀錄是一個非常成功的戰例：1萬美金的帳戶，我一天38個來回下了76手單子（每手5.5萬港元，一次只能做1手），一天下來淨賺4,000元美金。

Q：真不愧為「超級殺手」。你後來的短線、大單量操作手法，就是從這次交易後開始養成的習慣嗎？

張文軍：是的，這次經歷對我後來的影響很大。根據當時市場高風險的特點，我做單時非常小心，每進一次單，就與停損單一起同時下到場內。就在我們前面說到的那一天，我是一直關在交易室下單交易的，一整天幾乎沒有出來過。收盤時，一位交易員已經為我計算好當天的獲利狀況，當時有很多交易員也是一直在外頭看我是怎樣操作的。隨後，很多客戶都聞訊而至，希望我能幫他們操作。當時，我的成交量占公司總成交量的80%以上，而且一直到該公司因國家有關政策調整而停止營業為止，我都保持著這樣的紀錄。

　　當時做外盤，中國國內的交易商真正賺錢的人非常少。這主要是

由幾點原因所造成。首先，期貨是專業人士所從事的行業，境外對手身經百戰、閱歷豐富、技巧純熟，而我們卻剛剛起步；其次，是資訊取得上的劣勢。在國內做外盤，資訊不靈，消息嚴重落後，不能第一時間掌握基本面情況；其三，公司操作規範不良，有「吃點」的嫌疑。例如下市價單，回單時間有一分多鐘，因為在這一分鐘內，會產生很多價位，結果是，買單則成交價位相對較高，而賣單則成交價位相對較低，所以盈虧差異較大。

境外交易造成國家、個人資產大量流失，中國主管機關也發現了這種情況，因此決定停止境外期貨交易活動。由於政策原因，大連幾家做外盤期貨的公司便停止營運了。

當時停止境外期貨交易，我的態度非常明確：大力支持。現在，隨著中國期貨市場的規範發展，期貨人才的不斷成熟，特別是加入WTO後市場的需要，我認為，應該有計畫、有步驟地開放境外有投資價值的期貨商品的交易活動，如LME的銅和CBOT的大豆、小麥、玉米等標的，這也是現貨市場國際貿易活動迴避風險的需要。

Q：境外期貨不能做了，你對新的市場機會又有了什麼「感覺」？你已經有了一定的市場經驗，為什麼還會接連兩次「破產」呢？

張文軍：這個時候，正好大商所開始正式運行，但我發現國內期市交易不活躍，而股市交易卻異常熱絡。因此，我一邊做大商所的大

米期貨交易，一邊做股票，但把主要精力放在滬股交易上。那時，我是在聯通證券的大戶室做交易，但交易結果不太理想，股市暴跌損失慘重（因為當時股票大戶可以透支進行交易）。而操作大米期貨也沒順勢，持有空單，行情卻暴漲。兩面操作都很失敗，所以，我再次破產了，雖然大部分的損失是在股市發生的。

此時，我經歷了人生中最灰暗的低潮，由於再次輸光，因而引起家庭不和，結婚剛滿兩年的妻子對我下了最後通牒：「要我？還是要期貨？你再做期貨，我們就分手。」

但我怎能放棄我喜歡的事業呢？結果可想而知。這段時間是我人生最痛苦的時光。記得我有一天到市場去，口袋裡只有五元，心裡想著給父母買點什麼，可是幾次掏出來又都放了回去，為什麼？捨不得買。現在想想，還是很心酸。

正在此時，我以前認識的一位香港朋友打來電話，說他在浙江投資了一家期貨公司，打算做國內期貨商品，希望我去擔任業務總經理。我答應了。去杭州時，機票是我兩個姐姐幫忙買的，在臨上飛機的最後一刻，她們每人又拿出 1,000 元塞進我的口袋裡。大姐說：「窮家富路，拿著吧，多保重！」當時我的眼淚差點就流出來了。

到杭州後，公司的營運並不理想，由於公司的合夥人意見不統一，導致運作混亂，工作進展緩慢。因此，春節休假後我便不再回去了。

此後，大商所玉米交易行情熱絡，漲得很兇。我再次進入市場參

與交易，但由於當時玉米期貨價與現貨價比相對較高，在 1500 點時，我果斷地進入市場沽空，但行情沒有照我想像的那樣去跌，反而繼續暴漲，最高達到 2100 多點，這使我第三次賠光出局。

又一次的交易失敗，讓我認真的歸納和徹底的反思。我想，主要原因有三點：一是我對市場仍缺乏全面了解，特別是對基本面、政策面把握不夠，沒有抓準行情方向；二是交易經驗和技巧還不夠成熟，缺乏更多的磨練；三是資金管理有問題。

厚積薄發，苦盡甘來

儘管張文軍對自己後來的成功輕描淡寫，但從 1995 年開始，他就開始走上成功的征程。他不僅期貨做得較順手，而且，據朋友們說，2000 年他在上證 B 股市場賺了好幾根漲停，張文軍來自實戰洗禮過的交易策略和技巧，是其成功的基礎。

Q：經過三次「破產」後，就好像技術分析圖表上的頭肩底，你該向上突破了吧？

張文軍：第三次個人投資的失敗，使我懷疑，我當初的選擇是否正確？我是否適合這個行業，我應不應該繼續做下去？

也許我的運氣並不是那樣壞，每一次陷入絕境時都有朋友拉我一把。此時一位做二級代理的朋友又找我過去幫忙。我去了後，其客

戶的帳面虧損有了改善，他為了感謝我，把他母親的 2 萬元期貨帳戶交給我做。我從姐姐那裡又借了 5,000 元加入帳戶，共同承擔風險，收益也均分，並以 5,000 元作為風險上限。

我知道這可能是我最後的機會，因此我加倍勤奮，每天晚上都用一兩個小時來分析行情，歸納白天所做的交易，並制訂隔天的交易計畫。當時我真有點膽怯，就是不敢再輸，賺點小錢就快跑。過了一段時間後帳戶再次呈現虧損，個人資金從 5,000 元賠到 2,000 元，我心裡非常害怕，有一種上斷頭臺的感覺。

記得那天是週五，我停止了交易，閉門思過，找輸的原因。到下個星期一我突然有了感覺，三天的思過我好像悟出很多東西，自信的我又回來了，當天淨賺 7,000 元，一下子起死回生。緊接著在這個星期裡淨賺 4 萬多元，使帳戶資金達到 6.5 萬元。我跟朋友說，你的資金賺了一倍，期市風險大，見好就收吧。他同意並撤出 4 萬元，剩下的 2.5 萬元歸我，這是 1995 年初的事情。

我就用這 2.5 萬元做本，幾年後翻到了千萬元。其間，我發現賺第一個 10 萬元非常艱難，用了我整整一年半的時間。之後用了半年的時間就賺到了 100 萬，再之後，資金絕對值的增長就快了。

1999 年年中，我到北亞期貨開戶，當時該公司的成交量排在全國100 名以外，半年後就躍居第 16 名，2000 年則躍居全國第二名，我個人的成交量為全國第一，2001 年個人成交量已突破 300 萬手。

Q：這麼說，你光繳納的手續費就遠遠超過 1,000 萬，這對期市是一個不小的貢獻。有人說，知識、文化、涵養與人品的綜合才能形成獨特的氣質。股神巴菲特（Warren Buffett）說，冷靜、理性和耐心是投資者重要的品性。你認為有道理嗎？

張文軍：都很有道理。期貨交易是一種高級的市場活動，沒有一定的文化素養，是難以成為一名成功的投資者的。我認為，一個成功的操盤手應具備自信、冷靜、理智、果斷、堅定、膽量和勇氣等特質，缺一不可。

Q：「價值投資之父」葛拉漢（Benjamin Grahan）說，操盤手交易理念的第一條是防範風險，第二條是記住第一條。在你的經歷中，一直都在與風險搏鬥，你的成功一定與你在實踐中歸納出的、完善而有系統的交易理念有關，而你的交易理念是什麼呢？

張文軍：「防範風險是第一位」的觀點一定沒錯，但防範風險並不是一句空話，它應體現在你的交易過程中。我的交易理念主要有以下幾條：

1. **選擇趨勢是交易成敗的關鍵**。或者換句話說，要清楚這個市場是多頭市場還是空頭市場。只有把握了市場的趨勢，順勢做，賺錢的可能性才更大。

2. **把握好停損**。即使你沒有交易經驗，做好停損也可以控制住風險。

假如你按習慣 20 點停損，而賺錢時儘可能賺取更多的點數，按對錯比率各 50% 算，最終結果你還是會賺錢。

3. **學會資金管理**。這在期貨投資中有重要意義，比如說，你看不準行情時，輕倉出擊，看準時重倉殺入。但投資者大多是愈賠愈加倉，賺錢時反而倉量較小。

4. **利多行情不漲時，決不能做多，反之，決不能追空。**

5. **超買的可以更超買，超賣的可以更超賣**。有些投資者太注重技術指標，不敢順著行情走，反而反向開倉，結果不但沒有賺錢卻輸了錢。

Q：選擇趨勢方向的前提是進行行情分析。你更注重圖表分析還是基本面分析？你對哪位交易大師的分析理論感興趣？

張文軍：技術分析、基本面分析都很重要，但在我的交易中，盤面感覺更重要。因為盤面可以表現出全部的資訊，技術面是靜止的、滯後的；盤面則是運動和變化的，更能體現出一些動態的東西。比如說，突發行情來臨，圖表不會提前告知你，這時盤面經驗更重要。突發行情風險相對大，但機會也大，更能體現出操盤水準，突發消息對市場影響如何，盤面表現會告訴你一切。在行情分析方面，我比較欣賞約翰・墨菲（John Murphy）的一句話——Keep it simple stupid（務求簡單）。比如說，行情突破昨天或上週高點時，不要輕

易沽空；反之，也不要輕易去買，這就是「簡單」的真理。

Q：中國已加入 WTO，期市將發生很多變化，你比較熟悉大豆交易，但對股指等金融期貨標的的上市，你也有所準備嗎？你對中國期貨市場的未來又怎樣看？

張文軍：中國期市雖然起步較晚，交易商品也相對較少，但還是有發展潛力的。這些年，中國期市是處在不斷規範、完善的發展過程中。雖然商品開發較謹慎，但從某種角度講，卻是正確的。我對這個市場的未來充滿信心，目前，我希望股指期貨等金融或其他商品期貨標的儘快上市，市場政策更加寬鬆，我喜歡挑戰，希望在期市更有用武之地。

樂當期市快槍手
白領上班族實現200倍獲利

劉國禮：貪婪是人性中最難克服的弱點，做期貨尤其要克服！

資本市場從不缺少傳奇，然而並不是所有的傳奇人物都那麼「高調」，對於他們的財富神話，往往僅限於在一個極其隱祕且狹小的圈子裡流傳。本文記者幾經波折，終於找到了當前在鄭州期貨圈中頗有名氣的「期市快槍手」劉國禮。

獲利模式讓資金快速滾動

Q：你的業績和發展速度很少見，一定有一套完善並且科學的操作理念，能否跟大家分享？

劉國禮：其實也沒什麼，首先要做到「短、平、快」，例如剛開始做的話，我全憑小單量，砍倉要快。感覺對的，第一時間進去，感覺錯了，第一時間砍倉出來。因為我們沒有大的資金，都是靠原始資金累積，只能這樣來回滾動。

◆ 劉國禮 ◆

1977 年 11 月出生，2001 年畢業於鄭州糧食學院。2004
年 5 月進入期貨市場。用 2 萬元人民幣當作本金，在兩週
內虧完。又借了 2 萬元，到 2004 年年底又虧完。2007 年初，
再次借了 2 萬元專炒白糖期貨，截至 2013 年 3 月底，獲利
400 餘萬元，個人期貨投資實現了 200 多倍的收益。

能夠長期穩定地保持獲利，一定得有自己的操作模式。對我來說，
就是看對了，你能「下得了」單子，有些人看對了，一直在猶豫，
就錯過了機會。

Q：我們是否可以這樣理解：第一要有判斷能力，第二要有執行能力，
第三要實現兩者的完美結合？

劉國禮：可以這麼說，我的獲利模式裡還有一個重點就是資金管理。
我不會太貪，我的帳面數字始終保持在 20 萬人民幣，一有獲利就提
出來。並且提出來之後，放在我老婆的帳戶上，免得哪天衝動了，
又把錢轉到帳面上，去搏一把。因為有時候人很難克服自己的弱點。

賺錢者與賠錢者的差異

Q：你剛才反覆強調交易要守紀律、不要貪，這是否就是說要克服人性的弱點？

劉國禮：貪婪是人性中最難克服的弱點。做期貨尤其要克服這一弱點。另外，沒有自信是不行的，但要服從市場的走勢。心態平和、遇事冷靜，對選定的事情要有百折不撓的精神，這些是讓我能夠走到現在所具備的素質。

我剛開始做期貨的時候，賠錢很快，2 萬元的本金兩個星期就虧完了。當時我很不服氣，期貨市場這麼大，為什麼別人賺錢了，我們不能賺？

後來我想通了，其實在智商上我們每個人的差別並不大，主要是自己在精力和閱歷上沒有達到人家的那種程度，所以我們必須堅持下去。現在我把投資期貨作為一個職業，心態也沒什麼大起大落，就把它當作自己的工作而已。

有的人沒有堅持下來，一方面是資金問題，虧了以後，籌不到錢重新入市；另一方面，也許就是對自己與期貨失去信心。雖然剛入市的時候我一直虧錢，但我卻從中學到了東西，我一直是在進步的，所以對自己還能夠獲利抱有希望。

關於遵守紀律，這也是潛移默化的事情，每天堅持要做的事情，就能形成習慣性。例如每天規定自己過了五個點要砍倉，就要嚴格執行。

回首心路歷程

Q：能否講講你個人的成長過程？是怎樣步入期貨市場的？

劉國禮：我老家在農村，2001 年畢業於鄭州糧食學院。大學畢業後，我在西安一家民營的飼料公司工作，當時的待遇和工作環境還不錯，但其實我不是一個安於現狀的人。當時我一直在想，如果只靠每天掙的工資，什麼時候才能買房子、娶老婆？畢竟我有自己的理想，想給家人足夠的物質條件，讓他們幸福。

2004 年，我辭職跟同學合作飼料原料生意，那時跟客戶請款特別困難，有時候一個禮拜去了四次，錢都還沒要回來。同學說，做這種生意真不如做期貨，不必牽扯請款的問題。於是，經同學介紹後我就開始做期貨，沒想到兩個星期就把我的 2 萬元本錢虧完了。

那時，家鄉對我的傳言很多，有人說我在搞直銷，也有人說我在外面賭博。儘管如此，我有一個堅定的信念在支撐——如果成功了是一家人幸福，如果失敗了痛苦的是我自己。

至少再做十年

Q：你對現在的成績滿意嗎，以後有什麼計畫？

劉國禮：談不上滿意，虧錢的時候我會想著一天賺一兩千元就行了。

2006 年開始，我就開始不虧錢了，記得剛開始獲利的時候，每天能賺三四千元，還興奮得失眠。主要是知道自己找到賺錢的路了，有

賺錢的感覺了。

對於期貨投資，我目前只做白糖，主要是因為我一直都在研究白糖，做起來很順手。投資一定要做自己熟悉的領域。

我目前自己可以控制的帳戶資金在 20 到 50 萬左右，隨著以後的累積，也許會逐漸加大倉金，這是下一步我要突破的地方。

只要能夠保持獲利，我仍會繼續做期貨。如果不能持續獲利，也可能會投資其他事業。按照目前的情況，我至少還可以做十年。

我一般不會參加諸如比賽之類的外界活動，這會耽誤自己賺錢。對以後也沒想得太多，除了做期貨，主要就是帶帶孩子，陪家人出外旅遊。平常的業餘嗜好就是打桌球，雖然每天操盤的時間很短，但對身體來說卻是高負擔的勞動，所以必須得運動。打桌球講究速度和反應，這跟我的操盤風格很像。

期貨之王
從10萬到20億，55位打敗死神的戰神交易筆記

想獲得更巨大的成功
就必須相信團隊力量

李小軍：一個優秀交易員，必須固守自己的交易體系，像鱷魚般等待。

李小軍曾以「初級炒單」這個網路暱稱揚名期市，他從上大學時便鍾愛期貨，夢想成為一名基金經理人。畢業後，他任職於資訊軟體公司，繼而辭職專職投資期貨，朝著自己的夢想前進。他說，期市投資沒有祕密，「天道酬勤」在期市同樣適用，他說，做事情需要有規劃，有步驟，才不至於臨事慌亂，也才能夠在殘酷的期市中生存。

磨利鋒芒，鑄自身完美

在李小軍的期貨投資生涯裡，比旁人更多一份可貴的經歷。在軟體公司寫程式的時候，他廣泛接觸期貨投資者，有成功者，也不乏失敗者。賺錢的說賺錢很容易，虧損的說做期貨很難，兩者對期市的描述截然不同，有如天堂和地獄。

◆ 李小軍 ◆

李小軍曾首創「1～3」鍵交易系統，開啟
大陸期貨圈內「1～3」鍵炒單方法的道路；
他一入市便找到獲利之道，入市不足一年參
加某網站實盤大賽即奪得桂冠，被稱為「天
才」；他將自己的交易理念教授於人，撰寫
交易文章，那些條理清晰、文筆雋秀的文章
至今仍在流傳，被奉為短線實戰經典。

　　他作為傾聽和旁觀者，在其中徘徊穿行。這段經歷讓他看清了成
功者和失敗者的區別，思考他們的交易理念、行為習慣有哪些不同。
從 2001 年工作至 2007 年專職期貨投資，幾年的時間，他在期貨市
場中悉心地學習和累積。

　　初入期市，他選擇短線操作，短時間內便取得傲人成績，「那時
候，我希望像獵豹一樣快」，在資金量並不大的情況下，他的成交
量達到數千至上萬張，常常一天就交易數十至上百個來回。「初級
炒單」的名號因此而來。

　　「炒單」即期貨交易中的超級短線，是以分秒計算交易者開平倉
的時間，交易者往往根據多空雙方單量、1 分鐘 K 線來判斷進場，

虧損 1 ～ 2 點則立刻平倉離場，獲利 1 ～ 2 點也會平倉離場。「炒單」運用相對簡單的交易理念，交易者掌握一定技巧，通過反覆的練習達到入場即能獲得收益；減少虧損次數，聚集每次的微小利潤，聚沙成塔，實現穩定獲利。

在交易手續費成本較低時，超級短線有極大的生存空間，李小軍憑藉扎實的交易理念、期貨知識基礎，相對輕鬆地成為了期貨投資的成功者。

「剛做交易什麼也不懂時，就聽說過要『砍倉』，我牢記這一點，錯了就砍，從不幻想。」交易第一個月，他通過堅決執行停損竟也獲得了一定的收益。李小軍在交易之前，著手開發炒手平臺，並設計開發了「1 ～ 3」鍵交易系統，交易者可以透過設置 1、3 鍵，快速買賣，迅速地提高了交易速度，對於炒單「如虎添翼」。作為設計者，他熟悉交易系統，更坦言「很幸運」，工作中，他和同事拜訪了很多高水準的炒手，得以看到他們是怎麼做交易的，而他們更告訴了李小軍正確的交易理念，讓他從事期貨投資沒有走任何彎路。

從快到慢的交易心境轉換

「怎樣才能賺錢？如何思考期貨交易？這些重要的問題就是對交易的認識。」李小軍說：「以前我是努力做到像獵豹那樣快，現在是希望自己要做到像鱷魚那樣等。獵豹很快，但是也很辛苦──高

速奔跑、容易受傷；鱷魚只需要靜靜地在水裡等待獵物到來，反正遷徙的牛羚一定得穿越河流，一個需要速度快，一個需要耐心等。」

但是等待也有原則，「鱷魚絕不會離水到岸上捕殺，沒有必要，也會致命，因為烈日會把牠曬乾。而鱷魚一定要待在河岸坡度比較平緩的河段，因為只有這樣的河段才會被牛羚選作渡河地點。」

如同做交易，交易者必須待在自己的交易體系之內，等待符合體系的交易機會，什麼樣的行情你可以參與？哪些行情波動是屬於自己的交易機會？什麼樣的行情波動不是你的機會，要迴避？你的交易體系都會告訴你。交易者必須構建自己的交易體系，他說：「這應該是一種理念，一種思維。」交易體系其實就是交易者能力範圍的具體體現。

而構建自己的交易體系，包括交易者本人，要從自己的性格特徵、交易模式、反應能力、資金規模等多方考慮，要讓自己能夠從容、擅長地運用它。在李小軍最初進行交易的時候，他就做好了嚴密的規劃，在心態上給予自己最輕鬆的位置，「每筆一手單子，每天停損 200 元，並堅決執行，這樣會讓我先知道一年後的最壞情形，心理上就沒有什麼負擔」。

期市沒有神話，不進則退

「學習期貨沒有捷徑，要有規劃、有步驟地學習。」在期市打拚

期貨之王
從10萬到20億，55位打敗死神的戰神交易筆記

多年，李小軍認為，交易者學習交易，其實也是一個逐漸讓自己的行為習慣與市場波動相適應的過程，「客觀來說，我不知道是否有人可以在行情啟動的那一刻，就知道它會在什麼時間、或是什麼價格結束，我只是跟隨著。」許多經典書籍反覆講述著交易理念，重要的是投資者要把這些理念當成信念，當成職業交易者必遵守、奉行的人生信條，而不要等到被反向證明時，才真正接受。

投資者高估自己的能力，在自己應有的交易體系之外做單，跟市場比武、貪婪、賭徒心理，最終會因為各種問題，被市場消滅。對於期市的看法，李小軍認為不應該把市場當成賭場，而應該尊重市場，了解自己的能力，構建自己的交易體系。

李小軍透過炒單實現穩定獲利後，開始學習日內波段、趨勢，再到隔夜波段、趨勢，不斷進取，在收益獲得大幅增加的同時，自身層次也得以不斷提高。李小軍說：「行情走勢發展是需要一步步觀察的，豐富的交易手法，是為了在行情發展的過程中，透過一些交易策略的配合，讓資金曲線更加平滑地向上。」

李小軍說：「許多人把期貨市場當成賭場，猜漲猜跌，或者貪婪，什麼錢都想賺，但都會失敗。期貨市場是槓桿機制，會放大人性弱點和優點，尊重市場，就會贏得一切。期市和其他行業是一樣的，沒有神話，沒有天才和祕訣，要想成功，同樣需要刻苦勤奮。」2011年，李小軍創立了「交易之家」網路論壇，透過論壇交流，他

希望宣導一種積極向上的、樸素健康的交易文化。

籌謀未來，以團隊啟航

目前，中國期貨市場創新發展步伐加快，許多優秀期貨投資者認為，未來將是期貨行業、期貨基金發展的黃金時期。李小軍也抱持同樣的看法。在他的身邊，一個科學管理、交易模式完善、運用嚴格交易理念為基石的團隊已初現雛形。

在他的團隊中，運用主觀交易和程式交易相結合的方式，採用多種交易策略和模式，實現管理帳戶的獲利。「我們力爭追求收益曲線的平滑上升」，通過實戰測試、最佳化運用，僅僅半年時間，其所管理的部分帳戶都獲得 10％以上，甚至九倍以上的收益，「這有可能是一種模式幾個人同時使用，選擇不同或相同的標的，也可能有其他的原因，所以我認為獲利的高低並不重要，重要的是團隊成員能夠嚴格按照制訂的交易計畫進行，這就是成功。」他的目的在於測試、最佳化交易模式，也使團隊成員構建與自己適應的交易體系，在交易模式、策略運用等各個方面實現最佳的合作。

他認為，未來期貨市場的發展令人期待，市場的容量會愈來愈大，目前要做的，是掌握好規模與推進的步伐。他認為，市場上對於投資的認識還有一定程度的誤會，「許多人投資期貨，一味追求高投報率，只看片面的東西，而不對交易做全面、系統化的了解。懷揣

期貨之王
從10萬到20億，55位打敗死神的戰神交易筆記

著撈一把就走的夢想的人還很多。」而他認為，期貨基金意味著一份責任，要對投資人負責，而且是長期要做到這一點。李小軍說他更傾向於建立一種機制。

團隊就像樂隊，放大每個人的優勢

熟悉李小軍的朋友說，他並不希望自己成為團隊中絕對的主導者，擁有絕對的權威性。在他心目中，一個投資團隊應該像樂隊那樣，大家有各自擅長演奏的樂器，一起演奏同樣的樂譜，各自的音色都因為有別的樂器映襯而變得更美，而且合奏出來的曲子也比獨奏更有感染力，更壯闊。

「團隊的意義在於放大每個人的優勢，使每個人的長處疊加起來，變成更大的優勢，而不是僅僅利用團隊去彌補各自的缺點。團隊中的每個成員都應該具備最基本的交易素質，比如說正確的交易理念、停損過關、執行力強等。這樣才能產生 1 ＋ 1 大於 2 的效果。」他說：「最重要的是團隊成員之間的關係，不僅僅是同事，更不是上下級，而是朋友，是生活中的朋友，那種可以相伴一生的朋友，每個人都可以暢所欲言，堅持自己，更沒有所謂的絕對權威，需要的是相互提醒，幫助被提醒者保持在最清醒的狀態就是了。」

目前，在李小軍團隊的工作中，成員分別選擇運用不同的交易模式，選擇不同的標的，根據不同的交易策略和方法，都能夠嚴格地

執行交易計畫，他說：「當今世界最好的投資公司，無疑是由巴菲特帶領的團隊，巴菲特最幸運的是遇到了一位合作夥伴蒙格（Charles Thomas Munger），蒙格非常低調地在巴菲特的身後，公開場合的發言常常只有『Warren 說得很對，我沒什麼要補充的』一句話。但巴菲特對蒙格的評價極高，認為他是獨一無二的，沒有誰可以和他歸為一類。巴菲特在這個夥伴的陪伴和提醒下，從不做超出自己能力範圍的事情，只投資於自己熟悉的領域，也正因此獲得巨大成功。他們的團隊中有的在一起工作已經半個世紀了，都是很好的朋友，也都還保持著良好的工作狀態，公司業績還在穩步上升，這都是值得我們學習的。」

　　在目前中國期市加快發展腳步的時期，許多個人投資者正在從一名單打獨鬥的個體，轉型成為一名團隊的領頭者，如果說，個人投資者需要的是勤奮、規劃和努力，那麼對於團隊的領頭雁，則需要一種理性的思考和遠見，對未來有長遠的規劃，能夠不躁進、有規劃、有步驟地帶領團隊成長，關於這一點，李小軍已走在路上。他表示：「期貨基金是一項事業，要確保這項事業能夠長久存續進行下去，還有許多工作要做，我們目前正在努力實踐。」

學交易先學過三關：
停損關、經驗關、獲利關

翟鵬飛：只有比普羅大眾更守戒律的人，才能靠期貨成功

在鄭州商品交易所的大樓裡，有一位年輕人，每天上午八點半，他都會準時趕到自己的辦公室，觀測行情，等開市後，入市交易。他還會為了追蹤某個國際市場，堅持工作到深夜，不知疲倦。專業、敬業、毫不懈怠，這是他的工作狀態，也是他對待期貨的態度。他說：「時代是在不斷變化的，我始終都有一種危機感。只有不斷地學習，才能跟得上時代的步伐。期貨市場能使人更加完美，曾經，我僅為了生計進入期貨市場，而今，我把期貨當作一項事業來追求。」

他，是翟鵬飛。從事期貨交易近六年，他從最初僅投資 1 萬元人民幣進行期貨交易，至今資金投報率已逾百分之數萬。在此期間，他期貨保證金帳戶權益最高時達到 500 多萬元，而截至目前，其資金投報率仍舊保持穩步上升的態勢；他曾參加「炒客論壇」實盤比

◆ 翟鵬飛 ◆

1980 年代出生，大學畢業後由證券市場進入期貨市場，最終走上穩定獲利之路，資產從入市時 1 萬元增加到如今數百萬元。

他熱愛期貨交易，從不放鬆進步和學習，他說期貨交易能修正一個人的人性弱點，只有比眾人更完美的人才能在期貨交易中獲得成功，「我會不斷朝著更完美的方向努力」。

賽，榮獲第二名；他亦從最初進行期貨短線交易，日交易量數以萬計，到目前成功轉型做期貨波段交易，並持續獲利；他更將自己數年來的期貨交易實戰經驗，轉化為標準化的交易體系，建立了自己的交易系統，實現穩定獲利。六年時光儼然已使他蛻變為一名專業、成熟的期貨資金管理人。

絕處逢生時，柳暗花明又一村

翟鵬飛進入期貨市場之前是一名證券業務經理。當時證券市場十分不景氣，客戶難以開發，他半年之內僅有微薄的底薪和屈指可數

的抽成，生活拮据。最艱難的時候，他的生活甚至難以為繼。「有什麼辦法能快速挽回虧損呢？我想到了期貨。」

翟鵬飛初入期貨市場的前期仍舊一直虧損，這對他的生活無疑是雪上加霜。父母因為擔心期貨的風險性，曾極力勸阻他，母親為此甚至流下眼淚。無奈之下，翟鵬飛離開了期市，又回到了證券公司。在這之後的幾個月裡，他每天都在不斷思考，自己為什麼會虧損？他反覆研究自己做過的交易，研究 K 線圖，終於有了收穫——「當我有獲利的時候，都在於期貨價格突破的時候，當均線、價格、成交量合力產生作用，價格朝同一個方向發展的力量極強。」他茅塞頓開的說：「遠離市場一段時間，觀看思考，會有不一樣的體會。」

於是，翟鵬飛決定再一次進軍期市。他找到三個朋友，湊足 1 萬元，懷揣著夢想和希望「準備一搏」。「第一天，賺了 500 元，我們非常高興，分了錢，分別交了房租和水電費。第二天，又賺了 500 元，我們聚集在一起，難得地暢飲一番。」提起往事，翟鵬飛記憶猶新。

早期的失敗，讓他領悟很多——期貨市場是一個濃縮的人生平臺，最能反映出人性。貪婪、恐懼、執行力弱都會使人失敗。他認為，「在期貨市場中，始終有一個法則，這個法則就是人性的規律，萬變不離其宗！若想獲得交易上的成功，就必須抓住這個規律。但『該怎麼做』幾乎是難以量化的，成熟的交易者都各有各的方法，但要

想成為一名高水準的交易者，就要不斷修正自己的弱點，不斷學習，才能盡可能把握其中微妙的規律。」

從「期貨炒手」到「策略狙擊手」

「最初進入期貨市場，為了快速獲利，我選擇短線交易，交易時間以分秒計算。策略則幾乎完全採用突破法，抓取價格突破時的巨大利潤。」也正是掌握了這種交易技巧，翟鵬飛快速獲得了高收益。「我會在突破時幾乎滿倉入場交易，許多朋友覺得這或許是沒有進行嚴格的資金管理，但我認為，在價格轉向的瞬間，風險和利潤是完全不構成比例的，利潤高於風險的可能性極大。此時可以大膽地入市，並充分發揮資金的效率。」

短線交易獲得的成功，讓翟鵬飛速積累了人生的第一桶金，也讓年輕的他成名於網路江湖，並隨著名氣的擴大，他身邊聚集了一批短線交易愛好者，經其指點都受益匪淺，甚至部分短線交易者還實現了穩定的獲利。

「隨著資金量的變大，短線交易給市場帶來的衝擊，讓我的資金無法順利進出，所以我漸漸轉換了交易策略，由短線轉為中長線交易，算是未雨綢繆吧。」

經過兩年的努力，他已成功轉型為趨勢交易者，並募集了自己的基金——磐石投資基金。「起初非常不適應，因為我已經形成了自己的一套交易策略，並且能夠獲利，交易策略一旦形成就很難改變。

轉型初期，由於交易習慣的問題，資金不斷面臨虧損，鮮有獲利，內心的不自信漸漸萌發。但是我知道，必須克服這個關卡，才能在交易上有更大的突破。我加緊了學習，反覆研究，最終成功轉換了交易策略，並渡過了那一段心理不適期。」

目前翟鵬飛的磐石基金運作穩健，收益曲線上升較為平穩。「做趨勢，我是比較貪心的人，不會斤斤計較於小波段的獲利，更多時候會著眼於大的波段，如今我對待倉位，只要持倉是獲利的，我就會替這個持倉尋找堅持的理由，直到價格刺穿成本的時候，我才會平倉離場。我認為，此時已沒有任何理由繼續持有頭寸，如果非要找個理由，只能是僥倖心理。」

為了耐心等待一個外盤交易機會的入場點，翟鵬飛曾經從下午四點一直等到晚上十點，最終因入場點未出現，而放棄交易回家休息。他說：「這有點像狙擊手，沒有機會的時候，我就一直等待，在一個地點久久等待，當時機成熟，我便毫不猶豫立刻入場。」

交易成功需過三關

在期貨交易中，最重要的也是老生常談的就是停損。翟鵬飛認為，交易成功需過三關：第一關是有停損觀念；第二關是要有一定的交易經驗，才能在盤面中找到好的進場機會；第三關是有拿獲利單子的能力。「慶幸的是，我的停損觀念『與生俱來』。」他笑著說：「當初和朋友湊足 1 萬元，再入期貨市場時，我們想『也許這就是最後

一搏」。所以，當交易時，一旦持倉方向和市場走勢相反達到一兩個點位，就立刻平倉出場。幾乎是被逼的情況下，我順利度過停損關，直到如今已形成一種習慣，每當持倉面臨損失，我身上的每個毛細孔都極不舒服，彷彿有個聲音告訴我，『立即行動，處置持倉』，風險意識已融入我的生命。無論採用何種交易策略，停損都是最重要的。」

雖然度過停損關不容易，而害怕獲利，也是非常不可取的。「實際上，對於初入市的投資者來說，拿獲利單子的壓力遠大於拿虧損單子的壓力，這也是新入市者做交易經常失敗的地方，一般的投資者有獲利就趕緊跑，而一旦虧損套住卻大膽死扛。」對此，翟鵬飛認為，這是正常人性的表現，即使成熟的投資者也會經常犯此種錯誤。「2010年的棉花行情，其實是難得一遇，我在很好的價位持有多單，可是漲勢進行了三天之後，就忍耐不住了，平倉離場，結果錯失了極好的獲利機會。」他坦言：「平倉的時候最能反映出一個人的人性弱點，貪婪和恐懼或許都會為你帶來損失，關鍵是你怎麼克服。」

2007年一次鋅期貨的交易讓翟鵬飛記憶猶新。「從週一開始，ZN0711的合約就開始出現跌停，週二又一次跌停，週三再一次跌停，週四按規定停牌。當時，我分析各個方面，判斷週五一定會有一波大反彈，我整整思考了一晚，決定週五多單買入。很遺憾，第二天開盤後，行情非常平靜，我慢慢鬆懈下來，甚至開始嘗試性地持有

空頭頭寸。」

「可是災難突然降臨，ZN0711 的價格瞬間拉高，一瞬間已經過百，我嚇呆了，理性也不復存在，只能寄託它價格到頂下跌，心中只有一個念頭，繼續持有，等待方向掉轉，然而價格不斷上漲，沒給我任何機會。我毫無辦法，只能眼睜睜看著虧損不斷擴大，直到首席風險官打電話給我，提醒我的帳戶已達到風險警示水準，我才漸漸冷靜。唯一自救的辦法就是立刻平倉，我看了一下損失，幾乎達到權益的一半，我在力度最猛烈的一個大反彈中，平倉離場。

「然後，我馬上反手持有多頭頭寸，順應著價格趨勢，不斷地調整倉位，幸運的是，幾個回合下來，虧損已經止住。」這次經歷讓翟鵬飛感觸很深，他強調，進行期貨交易，絕對不能有僥倖心理，要嚴格執行交易計畫。

對於未來的發展，翟鵬飛認為，中國期貨市場的發展會愈來愈成熟，期市需要大量高素質的專業期貨交易人才。目前，他正在逐步壯大自己的實力，積極地準備為未來的期貨 CTA 發展。

「期貨交易其實是一件刺激但很愉悅的事情。」他說：「如果有機會再讓我選擇一次職業，我依然會選擇做一名期貨交易員，因為期貨交易能修正一個人的人性弱點，只有比普羅大眾更守戒律的人才能在期貨交易中獲得成功，在期貨市場我不僅收穫了金錢，也讓自己對人生、對生活有了更深層次的理解。」

七條好漢齊心操
締造期市「兄弟連」傳奇

張家兄弟連：交易只有堅持還不夠，勇敢去做才有用。

他們是兄弟七人，專職期貨投資，並且各個「技藝非凡」，獲利能力頗佳。

期貨，對於很多人來說，有一層神祕面紗。兇險、難以掌握是人們常有的看法，這也是令許多人「談期色變」的原因。而且，從交易是一門藝術的角度看，期貨投資實戰更像傳統的古老行業，要由師傅的言傳身教，一對一的傳授，才有可能帶出一個出色的徒弟。沒有師傅帶進門，一般人很難進入這個行業，而即使進入，也很難真正找到獲利的方法。

從大哥開始，複製穩健獲利之道

一個人除非經歷異於常人的磨難和艱辛，加上不斷堅持和努力，才有可能在某一天徹悟，領會期貨投資的本質，但是，這也只是可

◆ 張家兄弟連 ◆

幾年前，憑藉自己的能力，張明偉一張單子打天下，之後，他帶領親弟弟張全偉、表弟小輝、小付進入期貨市場，幾年過去，他們從當年的身無分文起步，一路打拚，賺得了自己人生的第一桶金，在大都市裡安家落戶。

能而已。不過，七兄弟的入行是那麼自然和順暢，因為他們有一個大哥——張明偉。

「大哥很嚴厲，二哥溫和許多；大哥做事情喜歡低調，二哥為人很謙虛，而且心態很好，似乎從來不為虧損煩惱……」23 歲的小付是這個團隊年紀最小的一位，入市僅一年，從連續虧損到逐漸獲利，他說：「大哥給了我 1 萬元人民幣，我開始起步，始終牢記停損，雖然沒有完全掌握獲利方法，但始終也沒有將錢虧完，現在能夠不虧損了，只是獲利還不穩定，不過慢慢來，我相信我可以的。」

「現在的行情對於新手來說，練習效果不好，但只要遇到大的行

情，他應該能很快成熟起來。」二哥張全偉緩緩地說：「我的三弟、四弟都是經過了一波大的行情，才逐漸穩定獲利。就如同一個人的技術水準一定要經過『牛市』和『熊市』的雙重檢驗，才能夠真正成熟。三弟吳光輝最初幾個月都在虧損，但是經過 2010 年的牛市之後，他也開始穩定獲利，並且資金翻了幾十倍。」

大哥張明偉進入期市六年多，資產已從 6,000 元上升到目前的近千萬元。2011 年，中國期貨市場交易手續費居高不下，他卻未受阻滯，迎來期貨事業的又一個高峰，該年度資金收益達到 500%。從 2008 年開始，張明偉便開始幫助身邊的期貨投資愛好者。他說：「期貨交易是一門藝術，靠自己摸索，可能要走很多彎路，花費很長的時間，我想把自己的經驗告訴他們。」

「我們現在的交易方法都一樣，看均線組合、K 線、圖形走勢、平臺突破等，但是要結合自己的優缺點，不斷練習，尋找適合自己的方法。尤其是要注意、要學習正確的期貨投資理念，跟已經獲利的老師學習，學到的才是正確的方法，才有可能獲利。反之，如果跟的師傅都在虧損，你怎麼學會賺錢？」二哥張全偉說。

「實踐後證明，成功的交易是可以複製的。只要有正確的方法，勤奮努力，結合自己的性格，找到適合自己的獲利之道，就能夠走上穩定獲利之路。」張明偉告訴記者：「比如二弟張全偉，性格沉穩，他可以抓住大級別的行情，而三弟小輝性格謹慎，他喜歡在細

微的行情中發現機會。但是穩定獲利都是一定的，在行情波動大的時候，張全偉常常會有一天 30%、50% 的獲利，有時候甚至一天翻一倍，一個月帳戶資金會翻幾倍。我的表弟們也都在 2010 年的大行情中有所斬獲，小輝弟弟 2013 年準確把握塑膠行性，帳戶資金翻了幾十倍。」

短線起家轉做趨勢，堅持的背後就是勇敢去做

因為能夠穩定獲利，也能夠有效地控制風險，目前，兄弟幾個很少有大的虧損。「停損關是一定要過的。」幾個兄弟同時表示，這也是最難練習的。長期的交易，已經使他們養成了一種習慣，反手很快，這也是做短線的必殺技。「進行期貨交易首先需要做到學會停損，許多人往往做不到，不停損就連本金都沒有了，人們所說的風險也正源於此。」張明偉說，過了停損關，心理素質更需要不斷培養，要不斷去提升自己的心理境界，這需要個人的修行。「我從 2006 年入市，經歷過爆倉，退出市場，但我最終又進來了，並且站穩了腳跟。這不僅是長期經驗、盤感的累積，更要靠堅持和認真。」

張明偉從開始交易至今，每天堅持復盤、讀書研究、分析行情、制訂交易計畫，並在隔日交易中嚴格執行。他的人生信條是：如果有夢想，就要去追逐，就要去實現，要堅持，而不管別人怎麼看、怎麼理解。「我在初入市時不斷虧損，朋友都勸我離開期市，但就

算再艱難，我也沒有想過放棄。」張明偉說，堅持是一切夢想實現的法寶，堅持的背後是勇於去做，如果你想要做什麼，一定要去做。

幾年的交易使張明偉愈發淡定，「我曾經希望一步青雲，但是現在我明白，有時候，要慢下來，到一個頂峰之後，回撤一點，穩一點，把自己看得更清，才能夠走得更遠」。而在交易中，他的體會是，以前捨不得砍倉，而現在可以輕易地做到，進而更容易控制風險。

「我從短線起家，6,000 元入市，做短線是為了快速獲利，但是想做大做強，一定要轉變交易思路。而操作大資金，也要轉變交易方法。現在，我已漸漸從短線轉為波段，獲利也比較穩定。」張明偉說。在大哥的帶動下，兄弟幾人一方面保持自己的交易風格，穩定獲利，一方面轉變交易思路，從短線轉為波段、趨勢。相信隨著時間的推進，他們的交易方法和心理素質會愈來愈成熟，進而取得更好的獲利成績。

目前，兄弟七人一起在期貨市場打拚。他們同在一處做盤，每天收盤開盤前都會交流一下當天的交易方法、行情走勢，分析外盤內盤的影響，有行情的時候，他們還會互相交換心得。閒暇之餘，兄弟幾人會一起去打球，在籃球場上，他們配合默契，英姿颯爽。

「期貨可以使人快速致富，也能快速毀掉一個人的夢想。未來中國期貨市場將愈來愈成熟，投資機會也會愈來愈多，暴利或許將成為歷史，多門路投資將成為趨勢，我們會以更專業的思考參與期貨交易。」張明偉信心百倍。

僧侶般淡泊的
程式交易者

周偉：交易就像打電玩，你必須享受過程。

跟一些憑藉大賽出名又很快歸於沉寂的操盤手不同，周偉的輝煌戰績並非始於比賽，目前也仍在延續。過去九年間，除了2011年外，其餘年份他管理帳戶的投報率都在 100% 以上。

程式交易的「信徒」

從不看基本面，根據技術指標設計模型進行交易，從進入期貨殿堂之初，周偉就是程式交易的忠實信徒。

「一開始我的系統主要就是趨勢策略，特點就是善於捕捉大趨勢，市場上只要有大級別的行情我基本上都能抓住。這也是過去幾年我的資金實現 100 倍增長的重要原因。」對於從 30 萬元人民幣到 3,000 萬元的傳奇，周偉笑說：「我運氣好，抓到了金融危機的大行情，但這種機會是可遇不可求的，不能當成常態。」

◆ 周偉 ◆

從 2008 年 9 月到 2013 年 2 月，他創造了從 30 萬元到 3000 萬元的傳奇。1998 年從股市轉戰期市，2008 年在一次實盤大賽中脫穎而出，從此名氣扶搖直上。他是職業投資人周偉，合順投資總經理。

　　機會從來都只青睞有準備的人。在機會來臨前，周偉已經蓄積很久的能量。「1994 年我在金山的萬國證券做股票時，我看到一本介紹期貨的書，後面有一個章節專門介紹國外一些成功的交易員，其中提到了理查・丹尼斯（Richard Dennis）和艾迪・塞柯塔（Ed Seykota）。他們倆都是使用自創的交易系統在期貨交易中取得了巨大的成功。」憶及當初偶然撞入期貨市場，周偉說自己當時被電到了。

　　「我對這個案例很有感觸，後來我就一直在尋找一些數據，也想自己設計一個模型來做單。」說做就做。1995 年，趁著投資股票的空檔，周偉設計了自己的第一套交易模型，此後不斷利用期貨市場上的數據來測試和做模擬交易。1998 年，周偉覺得這個模型差不多可以用於實戰了，就向朋友借了 2.5 萬元去杭州武林門的金達期貨開戶。

其間的交易起起伏伏，2002 年，周偉遭遇了交易生涯中最大的滑鐵盧。「當時我違反自己的系統信號，跟著消息面做單，導致巨大的虧損。」周偉說，從此他知道了交易中紀律的重要性。後來他逐漸把半自動化的系統交易改成了電腦全自動下單。

「現在交易時，我只要在旁邊盯著就可以了，以便出現突發情況時可以手動干預一下。」此後每天的交易時間中，周偉多了幾分怡然自得，有時間看看書，喝喝茶，逛逛各大期貨論壇或在網路上看看電影。

交易模式：從帳戶管理到產品化

2012 年對於周偉來說是重要的一年——「合順投資」成立了，周偉籌劃了一個三個人的團隊。除了他，還有一個財務和一個操作人員。「我們計畫在 2013 年下半年蒐集手頭客戶的資金，再吸納一些外部資金，推出一個期貨基金產品。」周偉表示，目前公司負責交易的只有他一個人，以後公司業務做大以後，會考慮吸納一些程式交易的高手進來。

「做帳戶管理和做產品還是有一些差別的，產品對於風控和波動率的控制更加嚴格。」周偉表示，做帳戶管理，多大的回撤可接受，主要由客戶來個性化配置。

「一般新客戶我都建議他們設置 20％或 30％的風險度。如果賺

到 100％的獲利後把本金全部取出來，之後再把這個風險度的限制擴大。」周偉認為，風險和獲利本來就是孿生兄弟，如果你一點都不想冒險，就很難取得高獲利。

這就比如操作大資金和小資金。市場上有時會出現一些很明顯的賺錢機會，但因為其交易量不夠大，大資金是做不了的，而且大資金進出都需要滑點，有時後市場突變的話，滑點是比較驚人的。

2013年年初，中國東航金融和匯添富合作推出了一檔期貨基金「精英一號」，周偉偉是三個投資顧問之一。「一段時間做下來後，我覺得它和做自己的資金沒什麼差別。」周偉介紹說，東航的資產管理部給每個投資顧問設定了一個資金停損線（20％），在這個額度以內允許自己選擇交易機會。

「一般來說，像我這種風險可控，獲利穩定的人，可能更適合於管理期貨基金產品。」周偉表示，在這方面程式交易員的優勢更加明顯一點。有些做基本面的，或者做主觀交易的交易員，他們也許短時間內會創造驚人的投報率，但他們的資金曲線圖上的回撤巨大，可能更適合於做自有資金。

對於即將推出的產品是採用「有限合夥」還是「基金專戶」的形式，周偉認為，兩者各有其優劣，有限合夥對交易員來說比較自由一點，容易創造高獲利，缺點是投資者要交一些稅，而且產品的流動性不高。基金專戶的優勢是投資者的所得免稅，但大大小小的限制比較多。他說：「小規模操作的話，可能有限合夥更適合一點，

如果以後想做大，就得考慮基金專戶這種模式。」

「10 年或 20 年以後，人們在談到『合順投資』時候，第一個反應就是程式交易，這樣我會很欣慰的。」談到未來，周偉如此描繪。

策略研發：從單一的趨勢策略到組合策略

「我以前的趨勢交易模型是把價格和幾個自創的指標結合在一起設計出來的，策略的思路來源是『海龜』。」周偉指出，後來伴隨著管理資金規模的日益增大和投資人的不同需求，根據市場波動和運作特徵，我又開發了一套更適合於震盪市場的策略。

畢竟，在市場呈現明朗的趨勢時，趨勢系統能賺大錢，但趨勢系統也存在明顯的缺點：一是可能在一年大多數時間內不怎麼賺錢，二是可能會出現相對較大的回撤。這些是很多投資人不能容忍的。

「加入震盪策略後，就能有效地熨平了收益曲線的波動。」周偉說，目前趨勢和震盪這兩個策略，在四個週期（15 分鐘、60 分鐘、日線和週線）上同時使用，效果還不錯。

從幾萬元的資金時重倉追求暴利，到如今資金量大了追求穩定，這是很多優秀操盤手成長的必經之路。「在交易標的上，2004 年只有 2 萬多元資金的時候，我只做橡膠這個商品，後來資金到 10 萬元的時候增加一個標的，20 萬元又增加一個，隨著資金的增長，交易的標的也愈來愈多。」周偉介紹說，他目前大概交易 20 個標的，選擇的依據就是標的的成交量和持倉量。

有些程式交易者認為，每個策略都有生命週期，策略應該定期新陳代謝。當管理的帳戶在某段時間一直處於原地徘徊，或是連續回撤時怎麼處理？是否還要一如既往地執行系統信號？對此，周偉認為：「帳戶收益停滯不前甚至出現回撤是正常現象，不能頻繁地對策略進行調整甚至淘汰，要看市場變動和策略的表現而定。比如你的策略較長時間沒有獲利了，就要重新檢視，分析是什麼原因造成的。如果一套趨勢系統在一個大級別的趨勢中沒有賺錢，則說明這個系統一定是有問題的。」

我只是個一心一意「做期貨的」

「做期貨的」是周偉的網路暱稱，平實的名字一如他樸實無華的為人。「軍人般的紀律，僧侶般的淡泊，詩人般的想像，商人般的精明。」是他在通訊軟體 QQ 的簽名檔中對自己的評價。

「之所以叫『做期貨的』，是想強調我是做期貨而不是炒期貨。」周偉坦言他不大喜歡「炒」字，感覺投機味道太濃。而且，像他這樣做程式交易的，可以把期貨交易作為一個長期的個人事業。另外，叫「做期貨的」，只是想和大家強調，是只做期貨，而不是做股票或基金。

跟周偉聊天，總有一種雲淡風輕的感覺。對老莊思想有濃厚興趣的他，特別喜歡安靜，除了看看書、在家帶女兒，他的生活非常簡單。採訪中，無論記者問什麼問題，他的回答永遠是簡潔明瞭，言語

樸素。然而，在他溫和的外表下面，蘊含著一顆對期貨的狂熱之心。

「我可能是你見過的最瘋狂的期貨交易員，除了房子，我全部的個人資產都投入在期貨市場上。我覺得把資金放在自己的交易帳戶裡，每天看著是最安全的。但這並不意味著要把這些錢全部拿去冒險。」周偉說，目前他把自有資金按照好幾個不同的交易策略、不同的風險／報酬結構，分別投入不同的期貨交易帳戶上。相對來說，激進一點的帳戶，預期的投資報酬率要高於其他幾個帳戶，當然，資金回撤率也要高一點。最保守的帳戶，一定是使用負槓桿，要求單筆虧損率控制在0.1%之內，整整一年使用下來，投報率也還不錯。

「當然，我並不鼓勵大家學我這樣把全部資產都放在期貨市場這一個籃子裡。畢竟，期貨交易這一行的『成才率』很低，在沒成功之前要吃很多苦，有些人就是吃了苦也不一定能成功，所以，我從來都不鼓勵身邊的人從事期貨交易。」周偉說。

從一開始想藉由做期貨把股票上的虧損賺回來，到後來對期貨愈來愈上癮，周偉說：「期貨交易以前對我來說就是一個謀生方式，無所謂幸福不幸福；現在期貨交易對我來說更像是一個電玩遊戲，感覺比較好玩，我享受遊戲的過程，結果（金錢）只是這個過程的副產品。」周偉解釋說，程式交易和電玩遊戲最本質的相似之處在於：對程式交易員來說，任何的標的，不管橡膠、螺紋還是股指，都是電腦符號。另外，電玩遊戲不涉及金錢，而對程式交易來說，期貨交易的過程比結果（錢）更重要。

從成功投資個體到團隊

期貨投資者應打開胸懷，引入其他行業以及多學科的智慧，走向更加科學、穩健的投資獲利之路。

作為一名資深的期貨投資人，中國期市名人青澤在一場名為「交易靠什麼取勝？」的演講中談到，傳統的交易智慧認為，成功的期貨投資者應具備的三個要素包括：操盤技術、資金管理和心態。成功的投資者一方面要在紛繁複雜的市場變化面前具備能夠迅速把握市場大勢、抓住機會做出買賣決策的技能和眼光，另一方面還要做好期貨交易中的風險管理。

因為期貨既是一門贏的藝術、進攻的藝術，同時也是管理風險和控制風險過程中，輸的藝術、撤退的藝術。此外，還要重視投資心態，一個成功期貨交易者的最高境界，並不只是戰勝市場，更是一個了解自我、超越自我、戰勝自我的過程。

青澤認為，從對傳統交易智慧的分析中可以看出，上述理念適用於個體投資者，其期貨投資素質的修煉都可能會受到人為非理性一面的制約干擾，是一條比較「懸」的成功之路。他認為，應當借助經濟學、心理學、生理學和管理學等多學科的理論和工具，剖析、分解優秀交易者的投資心理以及行為特點，打造以優秀交易員為核心的投資團隊，走上長期穩定獲利的交易之路。

期 貨 王 者 info

◆ 青澤 ◆

青澤，哲學碩士，1992 年畢業於北京師範大學。1993 年涉足股票市場，1994 年進入中國期貨市場。在中國國內期貨市場交易經驗豐富，經歷了十多年期貨投機生涯。曾創造出一夜狂賺 690 萬元的神話，也多次體驗過期貨交易爆倉的慘痛。

PART III

中國期貨
實盤大賽
戰場點將錄

中國國內每年都會舉辦期貨實盤大賽，分由各大媒體以及大型期貨商所主辦。這並不是辦家家酒，而是由參賽者各自募資投入競賽。以往的最低門檻約為 5 萬到 10 萬元，1 萬多人參與，總資金高達近 80 億元，相當激烈！其中，以金額與操盤方式，分為重量級組、輕量級組、程式交易組……。

每年在大賽裡都會有一批優秀的交易人才脫穎而出，成為市場中的明星人物。參賽者在賽中展現各式操盤手法，趨勢、短線、中長線、當沖、隔夜、程式……並有熟悉各類標的好手出沒。無論老將、新秀，莫不為此大賽磨刀霍霍。

Chapter 3

第六屆中國期貨
實盤交易大賽

馮成毅｜楊　湛｜陳法強｜汪　斌｜毛宏發｜宋詩穎
逯智勇｜崔西更｜陳　揚｜沙塵暴｜趙曉東｜汪星敏

滬銅大王
短、平、快獲利密碼

馮成毅：銅價的每一筆波動，都已了然我胸

不管是主動還是被動，也無論是商業演出還是友情演出，在中國《期貨日報》舉辦的「第六屆中國期貨實盤交易大賽」這部人民幣 75 億（相當於新台幣 372 億）巨資打造的恢弘期貨大片中，馮成毅無疑扮演了最佳男主角。

「第一個月，我並沒有注意到他；第二個月，我認為他只交易銅，而銅，未必一直有機會；第三個月，我仍然沒有放棄超越他……到了第四個月，我才意識到馮先生在銅的交易上已臻化境。」該屆大賽的一位參賽者如此評價馮成毅。

為期近四個月的比賽，馮成毅只交易一個標的──上海期銅，並以對銅價走勢的精準掌握，奪取大賽總冠軍，市場人士因此稱他為「滬銅大王」。在期貨市場「隱居」20 年的馮成毅，也因此寫下市場傳說。

◆ 馮成毅 ◆

第六屆中國期貨實盤交易大賽重量級組冠軍,四、五月度冠軍,以對銅價走勢的精確掌握,被市場人士稱為「滬銅大王」。
專注、術業有專攻,20 年如一日,銅價的 K 線圖已經深深地刻在他的腦海裡。

◆ 總單位淨值曲線圖 ◆

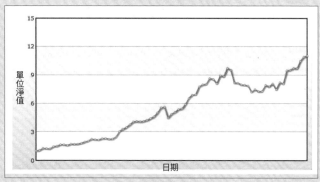

◆ 標的盈虧對比圖 ◆

眼中無盤、心中有盤

1993 年，馮成毅的期貨生涯在深圳「有色金屬交易所」起步，或許是因為這層關係，20 年來他只專注於「銅」這一個交易標的。除非是遇到休市日，否則馮成毅白天盯國內銅，晚上盯外盤銅，很少有在凌晨一點以前就寢的。20 年如一日，可以說，銅價的 K 線圖已經深深地刻在他的腦海裡。

有朋友揭露，馮成毅時常會「不看盤就下單」。馮成毅解釋說，盯盤是基本功，就像紮馬步，「我盯盤已經盯了 20 年了」，也許正是這個扎實的基本功，使得馮成毅可以「眼中無盤而心中有盤」，達到人盤合一的境界，對每一筆價格波動的含義與後市變化皆了然於胸。

> 66 所謂的短、平、快交易，即是把內外盤連貫起來，銅價的每一筆跳動，在我的眼裡都是一個點，把每個點串起來連成線，就是所謂的趨勢。 99

「70% 的勤奮＋ 20% 的天賦＋ 10% 的運氣」，是馮成毅邁向成功的方程式。「要獲得超越常人的成功，必然要付出超越常人的代價」，他認為，術業有專攻，如果你 20 年全心全意地專注一件事，一定會有所成就！

馮成毅是一位獨行俠，基本上不與同行接觸交流、討論行情。他認為期貨交易是一個孤獨的工作，妻子知道他有時貌似平靜的坐著，但其實內心正在翻江倒海地進行多空的搏殺。朋友說他「愛想行情」，孤獨地進行行情推演。

多年來的專注，讓馮成毅對行情練就出本能反應，「就像有第六感一樣，如果單子出現大失誤，自己身體就會出現諸如睡夢中突然驚醒、煩躁不安或皮膚乾澀的不適反應」，可說是痴人自有天佑！

個人經歷成就堅毅性格

在一個非常偶然的機緣，僅僅是因為一句話，馮成毅從此踏進魔幻般的期貨世界。「期貨交易是個不求人的工作！」父親的一位朋友這麼告訴馮成毅，當時，馮成毅剛剛大學畢業。

「不求人」三個字，對於生性孤傲的馮成毅來說，無疑產生了吸引力。從 1993 年入行以來，到 1996 年賺到第一個 100 萬人民幣，再到 1998 年賺到第一個 1,000 萬，馮成毅的期貨人生，走得似乎比絕大多數期貨人都還要順遂。然而，期貨市場不會放棄折磨人的本質，27 歲即手握千萬籌碼的馮成毅難免年少輕狂，很快的，千萬籌碼又還給了市場。

「那一次幾乎把我擊垮了！」遭遇如此巨大挫折的馮成毅，選擇回到父母身邊療傷，甚至考慮是不是要放棄期貨交易。

「從哪裡跌倒就從哪裡爬起來！如果你就此放棄，今後無論你做什麼，你的頭將永遠抬不起來。」此時，父親一如往常的給了馮成毅溫暖又堅實的告誡。

事實上，家境不錯的馮成毅，早在 14 歲時就被嚴父「流放」到中國東北的一個小村落，在冰天雪地、生活條件艱苦的環境下，馮成毅度過了三年高中時光，也因此培養了他堅強的毅力、獨立的性格和越挫越勇的精神。「我是一個擊不倒的鬥士！」馮成毅這麼告訴自己。

最終，馮成毅重新回到了市場。儘管磨難並未就此遠離，但再也沒能把馮成毅擊倒。直到 2003 年，在入行十年之後，馮成毅才感覺自己的交易進入了一個新的境界。

短、平、快的交易與資金管理

在參加比賽的四個月時間裡，馮成毅展現出高超的短線行情管控能力——精準的隔夜單，以及極高超的日內交易底子。

> 66 Q：你這種交易模式是一成不變？還是結合行情特點而有所選擇的？
>
> 馮：一般來說，在不同行情下，我的交易模式就會有所變化，例如像 2009 年那樣的趨勢性行情，我就會持有一部分的長線單。
>
> Q：日內交易是為了迴避隔夜單的風險？還是為了提

高資金效率？

馮：更多的考量是為了提高資金效率。 99

以上這段看似輕描淡寫的描述，透露出馮成毅極強的解盤功力
——內外盤連貫起來，銅價的每一筆跳動，在他的眼裡都是一個小
點，把每個小點串起來就是「趨勢」。

比賽期間，馮成毅也出現幾次持倉方向與次日行情走勢相反的情
況，不論是選擇果斷地平倉反手，或選擇追加保證金扛幾天，事後
都證明，他的選擇皆是正確的。

「選擇的依據，還是要基於你對市場的判斷，是真的反向了？還
是市場上出現了噪音？」馮成毅雖然只交易銅，但並不只是盯著銅
看，全球經濟、美元指數、匯率、原油等，他都在看，任何風吹草
動對銅價會產生多大程度的影響，都在他的推演判斷之中。

「資金管理」是馮成毅實現穩定獲利的另一個保障。不停地賺錢，
不停的出金（把錢從期權交易的虛擬帳戶匯到實體帳戶），維持期
貨交易帳戶內一定的資金額度，馮成毅堅持這麼做已經有好幾年了。
「兩軍對壘，哪位將領會不留預備隊？」馮成毅說。

很多期貨交易者都希望抓住一波翻倍行情，把 500 萬變成 1,000
萬，但結果往往是讓原有的資金縮水成 200 萬。其實，用 500 萬賺
五次 20%，更容易實現目標。「累積小勝，即為大勝，有利於讓你
保持平和的交易心態。」馮成毅認為，一定要做最安全的交易。

醫師操盤手
專精抓趨勢、中長線布局

憑藉 630.26% 收益率的優秀成績，楊湛成為中國《期貨日報》所舉辦的第六屆期貨大賽重量級組冠軍。楊湛擁有自己的投資公司，目前是一位職業投資人，談起自己的投資經歷，他說，純粹是機緣巧合。

「學生時代，在南京大學學醫的期間，我認識了一些商學院的朋友，在他們的影響下，我對投資開始產生濃厚的興趣。」楊湛告訴《期貨日報》的記者，1998 年他開始進入股票市場，剛開始做股票的時候順風順水，短短兩年的時間，就從 2 萬元賺到了 20 萬元。

從 2001 年開始，股市進入了長達五年的大熊市，楊湛也慘遭滑鐵盧。「在市場下跌的時候，我一直捨不得割肉，錯失了停損的時機，導致在 2005 年，我的股票資產從 28 萬元縮水到了 5 萬元，這是我投資生涯中最大的一次教訓，從那次以後，我就告訴自己，風險控

◆ 楊湛 ◆

重量級組冠軍,收益率 630.26%,擅長趨勢交易。優勢交易標的是橡膠、PTA、銅、糖。擁有 14 年股票、5 年期貨交易經驗,以中長線投資、抓趨勢為主,目前管理資金規模約 5,000 萬人民幣。

◆ 總單位淨值曲線圖 ◆

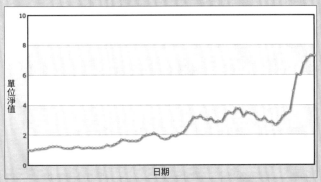

◆ 標的盈虧對比圖 ◆

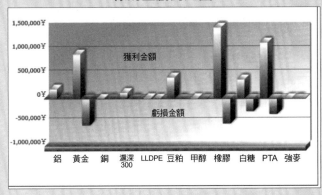

管永遠是第一順位。」

　　不過很快的，楊湛就等到了新的投資機會。2006 年，股市迎來了一波大牛市，在精準把握這波大趨勢後，2007 年底，已經在股票市場打滾多年的楊湛，意識到接下來市場將面臨大幅度的調整，於是他逐步將資金撤離股票市場，轉向有做空機制的期貨市場與一些實業投資。

　　「以前總聽別人說期貨市場風險大，所以當初只拿了 10 萬元試水溫，一開始做的標的是玉米。」楊湛告訴《期貨日報》記者，在剛開始進行期貨交易的幾年中，他曾出現過兩次大的資金回撤，兩次回撤均達到總資金的 30%，這讓他愈來愈意識到控制風險的重要性。

> **66** 只要有七成以上把握，我就會重倉出擊。判斷出錯，立即停損，停損幅度為保證金的 5% ～ 10%。**99**

　　在調整心態後，楊湛摸索出一套期貨投資策略。2008 年至 2012 年這段期間，新的策略讓他總資金獲利超過 800%。

期貨要獲利，正確率至少要 60%

　　「我對進場點的要求很高，一般會選擇一個比較好的價位做多、做空，在有七成以上把握的情況下，才會重倉出擊。如果判斷出錯，

立即停損，停損幅度為保證金的 5% ～ 10%。在有獲利的情況下，我會拿出獲利的部分做停損，不斷加倉。」楊湛說，在連續獲利和連續虧損的情況下，要保持冷靜的頭腦，嚴格按照科學分析的方法來操作，不能被帳面獲利或虧損所影響。

他說，期貨交易中會運用到心理學、哲學和經濟學，為此他曾經專門研究了王陽明的心學，掌握交易背後的交易群體心理，這對交易成功大有裨益。

同時，楊湛還提到，要提高交易的正確率，這對一個期貨操盤手來說非常重要，因為正確率愈高，收益就會愈高。「期貨投資要獲利，至少要達到 60% 的正確率，如果將每筆投資的正確率提高 10%，獲利就能以倍數翻揚。」

在期貨投資中愈來愈成熟的楊湛，在 2010 年做了大膽的決定，他辭去醫生的鐵飯碗，成立了自己的投資公司。

「我真的非常熱愛期貨交易，近幾年我的操盤手法和獲利能力也在不斷的提升。在別人眼裡看來，辭去穩定的工作是一件不可思議的事，但我需要更多的時間投入期貨交易。」談到今後的生涯規劃，楊湛說，中國期貨市場正朝著專業化和機構化的方向發展，期貨 CTA 業務正式上路後，他想做一名職業期貨基金經理人，幫助更多人理財，實現更多人的財富夢想。

敏感和審慎
是期貨致勝的基石

儘管投資經歷並不長，但在中國《期貨日報》舉辦的第六屆中國期貨實盤大賽中，來自浙江的投資者陳法強，最終以384.09%的投報率，名列重量級組第四名，繳出極佳的成績。對此，他坦言多少有些運氣的成分，不過，對於期貨交易的心得，陳法強認為「平和的心態」和「嚴格的風控」才是成功的基石。

從開始做期貨到現在不過五年，陳法強半開玩笑的說，自己還是個新手。不過在此之前，他已經在股票市場上取得相當不錯的成績。在2001年的一波股市殺跌中，靠著手中並不寬裕的積蓄，憑藉對相關行情的理解把握，陳法強重倉入市抄底，後來靠著一些不被重視的績優股，他斬獲頗豐，也著實體驗了押寶投資的樂趣。

自此之後，那些價值被低估的產業和相關領域的股票，成了陳法強的最愛。耐心的等待和穩健的操作使他的本金在幾年間翻了數倍，

◆ 陳法強 ◆

第六屆期貨大賽重量級組第四名，投報率334.09%。擅長利用基本面分析，配合量價指標來選擇機會標的，持續「試單」來探索市場主力價位，然後輕倉介入，等待加碼時機。

◆ 總單位淨值曲線圖 ◆

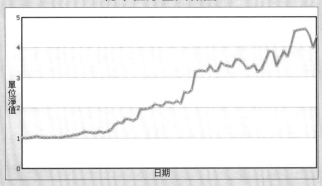

◆ 標的盈虧對比圖 ◆

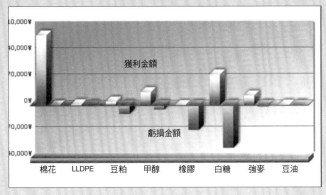

2007 年已經達到百萬。值得一提的是，此時的陳法強還是一家大型國營企業的中階主管，投資股票只是他的業餘興趣。

追求暴富之人，終會被市場淘汰

「在 2007 年的大牛市中，那些好的、便宜的股票愈來愈少，自己不由得就放眼股票以外的市場了。」陳法強告訴《期貨日報》記者，他做股票時對期貨市場也稍有了解，覺得兩個市場相近，可以嘗試做做看。不過這一試，卻讓他栽了個大跟斗，至今都記憶猶新。

2008 年初，中國白糖期貨出現了一波大跌行情，價格從年初的一噸 4,800 多元，一路下跌至 3,500 元。「當時周圍做期貨的朋友都說快到底了。」陳法強回憶說，加上自己入市不久，缺乏經驗，覺得這是個好機會，於是懵懵懂懂的就跟著進場摸底去了。誰知道，沒有最低只有更低，「鄭糖」價格僅僅是小幅反彈後就繼續下跌。本來是想抓住跌深反彈的機會，結果每天的帳戶資金卻在不斷地縮水，為了攤平成本，他還陸續買進多單。時至今日，陳法強還記得當時逆勢做多承受的心理壓力。「儘管自己有一部分的資金還在股市，但多年來投資收入已有很大的比例被期貨上的虧損吃掉，最後撐不住了，只有忍痛砍倉出局。」

至於後來「鄭糖」有沒有反彈？巨額虧損有沒有轉盈？陳法強已經不記得了，但逆市而為，不重視風控的教訓卻讓他銘記在心。在

期市上吃了大敗仗後，陳法強調整投資比例，將大部分的資金放回股市，依靠打新股來獲得收益。在此同時，他開始潛心研究期貨市場。2008 年，陳法強辭去了原本的工作，成為一名職業投資者。

「那段時間，凡是業界推薦比較好的期貨投資培訓課程，基本上我是一個不漏地去聽。」陳法強說，培訓回來後自己再仔細揣摩，在門檻較低的標的上用小單子去做。這段期間他也嘗試過程式交易，也做過日內短線，雖然有賺有賠，但他還是感覺與當初做股票時養成的投資習慣有很大的差異，總而言之，做起來很「糾結」。

「2010 年底，自己終於對期貨市場有些開悟了，感覺也慢慢找回來了。」陳法強說，此後又碰上 2011 年新股屢次跌破發行價，這讓他下定決心將資金主攻期貨市場。不過，他也給自己訂下了鐵律，「做期貨不是為了追求暴富，錯過發財機會沒關係，損失一點沒關係，最重要的還是要能在市場中繼續交易下去，這是最後的底線。」

期貨如棋：波段交易，輕倉慎行

「結合之前在股市中的經驗，期貨上我堅持波段交易。」陳法強告訴記者，他主要是利用基本面訊息，配合量價指標來選擇機會標的，持續「試單」來探索市場主力價位，然後輕倉介入，等待加碼時機。此外，遇到回調，他會適當減倉，迴避風險，一旦市場轉向，就果斷離場，絕不戀棧。「就像下棋一樣，要講究布局，講究策略，不能唏

哩糊塗走一步算一步。」平時愛好象棋、圍棋的陳法強這樣想。

　　實盤賽期間，在察覺到棉花不同月份之間的價差有擴大的跡象後，陳法強先進行跨期套利，見好就收後繼續等待機會。此後，就在市場各方爭辯該年度「國家收儲政策」動向之際，陳法強已經開始用小單量做試探。在內外盤價差逐漸拉大時，他便開始放空「鄭棉」，後期隨著政策護盤傳聞的落空，市場的一波急跌讓他前期的空單布局獲利頗豐。

　　「在比賽的中後期，有朋友建議我做像『豆粕』等單邊標的，衝一衝比賽名次，然而，我還是更看重操作較為可靠的『強麥』標的。」陳法強解釋說，當時他注意到國內小麥期現價差偏離程度再擴大，同時全球農產品普漲預期也增強，因此他捨棄了一些高風險高收益的標的，選擇在「強麥」九月的合約上做多。儘管相對收益較差，但其穩定性保證了收益曲線沒有出現大的回撤。

　　他表示，重點標的價格相對於基本面是不是被高估？供需關係是不是支持這種價格運行趨勢？這些都是他的觀察重點。

　　「做期貨和企業管理差不多，就是依照計畫，有步驟地去執行，不要想著一夜致富，簡單穩定的複利投資，一樣能累積出可觀的收益。另外一定要控制好風險，要多方觀察，輕倉慎行。」對於過往的經驗，陳法強如此闡釋他的期貨投資哲學。

用盤感在短線交易
衝刺獲利

｜｜｜｜｜｜｜｜ 汪斌：盤感，就是簡單的智慧 ｜｜｜｜｜｜｜｜

簡單，是汪斌給人最深的印象。簡單的經歷，簡單的操作手法，以及簡單的獲利曲線。他參賽期間四個月的收益曲線，幾乎是一根 40 度向上的直線，看不到什麼回撤。

盤感養成：觀察分時走勢圖與買賣申報單

「基本上，我是靠『盤感』來操作。」對於如何取得這樣的成績，汪斌的回答很簡單。所謂的盤感，就是感覺所持有的標的要漲，就買進，感覺要跌，就賣出。如果五秒鐘之後，價格沒有按照自己的預期發展，立刻平倉出場。如果所持有的標的走勢和預期的一樣，則一直持有，直到該波的勢頭結束。

汪斌進一步說明，他持倉的時間很短，大多在 30 秒以內，長的話也不過一分鐘。他說的「勢」，不是長期走勢，而是短暫的市場人

◆ 汪斌 ◆

重量級組第五名，投報率 268.15%，主要依靠「盤感」進行日內短線操作，即感覺所持有的標的要漲，就買進；感覺要跌，就賣出。如果五秒鐘之後，價格沒有按照自己的預期發展，立刻平倉出場。

◆ 總單位淨值曲線圖 ◆

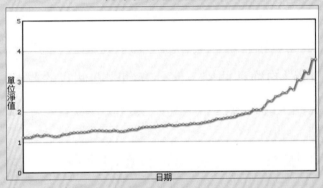

◆ 標的盈虧對比圖 ◆

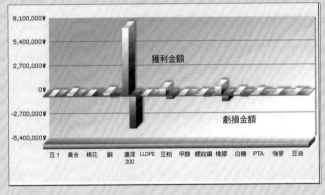

氣和資金流的變動。

由於只關注短時間的趨勢，汪斌通常不看基本面，多數時間也不關注技術指標，他做交易的依據，來自於對分時走勢圖的觀察，以及買賣申報單數量的變化。「例如，當股指期貨分時線還處於上升態勢，但申報單顯示『賣單開始大於買單』的時候，我就要根據經驗判斷，此時是否可以做空？」

汪斌認為，有些人天生就適合做短線操作，盤感來自於對走勢的直覺判斷，而這種判斷力，多半是天賦。他很幸運，屬於天生有這種能力的人。他指出，鍛鍊與學習只能提高已有的能力，而不能創造出能力。當然，後期的學習也可以鍛鍊出屬於自己的獲利模式。

從 2008 年因股市低迷而進入期貨市場以來，汪斌的期貨投資之路一直都很順暢，並維持著短線交易的策略，先後轉戰於「銅」、「天膠」和「股指期貨」等中國期貨標的。

期貨投資，要認識自己的優勢與劣勢

「相較於其他投資者，我的期貨投資生涯還算順利，幾乎沒有大起大落。」汪斌對《期貨日報》的記者說，除了 2010 年，由於中國監管部門提高手續費水平，市場流動性降低對他的操作策略造成影響，出現一段時間的持續虧損外，其他時期，他的投資幾乎都是有獲利的。他解釋說，短線交易往往是滿倉操作，對市場流動性的要

求較高。在流動性不佳的情況下，如果按照原有資金量操作，會出現成交價位不理想，甚至會出現沒有足夠對手盤的情況。2008 年下半年，在根據市場結構策略調整之後，他延續了自己的獲利之路。

盤感養成非偶然，簡單模式還是可以獲利

雖然期貨交易要獲利對他來說並不難，但從汪斌的投資經歷來看，在期貨市場的成功絕非偶然。機械科系畢業的他，原本從事與本科系相關的工作，後來進入一家證券公司工作，從事過股票交易、權證操作和股指期貨模擬交易。特別是權證交易給予了他充足的日內短線交易經驗，他在期貨交易中的盤感也逐步形成。

身為一位日內短線交易者，汪斌對自己操作模式的優勢與劣勢有清晰的認識。「日內交易風險小，獲利快，但可容納的資金量不大。」他認為，這種模式可乘載資金的最大量在 500 萬元左右，再多則會對市場產生影響。由於這個原因，汪斌並沒有考慮加入資產管理業的隊伍，而打算以打理自有資金為主。「在這種簡單模式還能獲利的時候，未來我也將繼續這種生活。」

隔夜波段趨勢交易
打造致勝系統

毛宏發：你必須深刻的認識市場本質，
要懂得消息，也要善於休息

有些人天生就適合做期貨，有些人則需要更多的後天努力，毛宏發顯然是屬於前者。極度的自律、極強的執行力、極高的韌性和極大的耐力，這些優秀操盤手必備的素質，幫助毛宏發在幾年間的資金規模，從幾百元人民幣，一步一步擴張到幾千萬元。也就是這些個人特質，使得他指導的帳戶，在中國《期貨日報》舉辦的第六屆中國期貨實盤大賽中，以 258.68% 的投報率位列重量級組第六名。

和很多投資者一樣，毛宏發進入期市也是偶然的。大學選擇資訊與統計科系就讀的他，畢業後在一家企業做了六年的統計工作，之後又在保險公司做了八年的業務員。2004 年，他看到好朋友徐舟波（現任合晟投資總經理）操作期貨，在半年內將 8 萬元變成 100 萬元，心生羨慕，便開始參與期貨市場。

◆ 毛宏發 ◆

由毛宏發所指導的帳戶，在第六屆中國期貨實盤交易大賽中獲得重量級組第六名，累計投報率 258.68%。「隔夜波段趨勢交易」的交易系統，是他在交易中致勝的祕密武器。將「高度市場化、規模化的金融衍生標的」作為投資首選目標，依據獨特的交易模型進行系統化的投資，以控制風險為首要目標，實現長期低風險下的獲利成長。

◆ 總單位淨值曲線圖 ◆

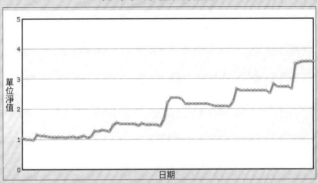

◆ 標的盈虧對比圖 ◆

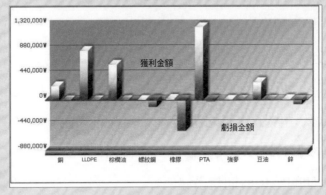

儘管受朋友「暴利」的影響入市，毛宏發卻沒有貿然躁進，也沒有被高獲利的預期沖昏頭腦，反而冷靜的以兩萬元人民幣的本金起步，並嚴格的自我管理，在沒有看到較高獲利前只能一手一手地做，這樣一做就是五年。

投資首選：高度市場化、規模化的金融衍生標的

　　「重點是我把虧損放在第一位，獲利放在第二位。我認為在期貨市場，比我優秀的人多不勝數，新手想要在這個市場撈錢，那誰虧錢？容易賺錢的地方，更容易虧錢！」提到剛起步的那五年，毛宏發謙虛而坦然，當時他就想：「如果兩萬元的本金虧光了，就說明自己不適合做期貨，從此也就不再碰期貨了。」

　　事後證明，他是適合吃這碗飯的。2009 年，他的操作手法已趨於穩定，並形塑了一套自己獨特的交易系統，於是他決定加大規模，走上專職交易之路，並於同年十一月加入合晟投資。

　　過去幾年，毛宏發管理的帳戶保持了穩定的獲利水準，即便在投資艱困的 2011 年，也表現不錯。同時，最大回撤率也在持續下降。數據顯示，他管理的帳戶在 2009 年的累計投報率為 165.77%，最大回撤率為 25.2%；2010 年的累計收益率為 63.05%，最大回撤率為 22.9%；2011 年的累計收益率為 90.07%，最大回撤率為 9.03%。

　　「收益穩定、回撤下降，是由於我對自己的交易系統跟隨市場變

化，不斷進行修正和完善。」毛宏發介紹，這個被他命名為「隔夜波段趨勢交易」的交易系統，側重心理層面的分析，是他在交易中致勝的祕密武器。

無論是平時交易，還是本次的期貨大賽，毛宏發都秉承這套交易系統的指導原則。該系統一般持倉二至五天，「選擇這樣的交易週期主要是自己的性格使然，一個是因為若做得太長，停損幅度也大，我受不了；而另一個是做得太短，我的敏感度不夠，不容易掌握。」

只賺該賺的錢，淡定的心態面對市場

雖然投資期貨多年，但毛宏發並未讀過任何一本關於技術分析方面的書，市場中常用的分析指標他基本上也不怎麼關注，他的交易系統完全是自己在實戰中摸索出來的，甚至有些指標還是市場上沒有的。對此，毛宏發有自己的一番看法。「我相信很多指標在沒有為大眾了解時，可能都很有用。但如果大家都在用，而這些指標還能穩定獲利，那誰在虧錢？所以指標是分析用的，具體操作時還是要自己去把握。」

在交易標的方面，毛宏發主要選擇一些比較活躍、成交量比較大的標的。「競爭愈充分的標的，愈符合我的交易系統。」

「懂得消息，善於休息」，是毛宏發在交易上的另一個特點。每次平倉後，他都嚴格根據自己的交易系統信號，有機會就繼續做，

沒機會就馬上休息。「市場看上去有很多賺錢的機會，總會因為各種原因也要失去一部分，很多看來是我的機會，實際上並不是我的。我賺我的錢，不是我的也絕不強求。」另一段對於市場中無時無刻不存在的「跳動」，毛宏發很淡定，也很堅定。他認為，日內短線交易模式適合反應敏捷的人做，中長線交易模式適合毅力超群的人做，而他更適合做波段交易。

行情會翻轉，等待面對

「凡是震盪行情，必然有做突破的人不斷虧損；凡是大幅單邊行情，必然有做震盪的人大幅虧損。當他們已經恐懼，不敢參與市場的時候，行情必然有所轉變，所以無論哪一種行情都不會持久。」毛宏發表示，要避免來回被洗很多次，自己就一個字——等，等別人被洗的次數多了，你再進去，撿到果實的機會就大得多。在行情出來前很難識別它是盤整或趨勢，但已經過去的行情，大家基本上都可以看出來，當其他人受不了時，你的機會就來了。

「市場其實是很殘酷的，本次實盤大賽只有 35% 的帳戶獲利，就充分說明了這點。」毛宏發強調，期貨交易主要是對人性的考驗，只要深刻地認識市場本質，你就會坦然去面對獲利與虧損。整體來說，期貨市場是博弈市場，沒有人會因為從眾而成功。」

控制規模，簡單為上
造就超短線狙擊者

剛走進這家位於中國鄭州的期貨營業部，一位「大男孩」便微笑著沖著記者打招呼。短褲涼鞋，眼睛大大，略顯靦腆，這就是記者將要採訪的「超短線狙擊者」。

他是中國《期貨日報》舉辦的第六屆全國期貨實盤交易大賽中以2663.71%的累計投報率獲得輕量級組總冠軍，也是「梁××」帳戶中的實際操作人宋詩穎。不過，在隨後的交談中，這位「中國八〇後」冠軍的學習、交易經歷，帶給記者全新的印象——堅韌、自律、睿智和謙虛。

獨特的資金管理——控制規模，讓自己沒機會虧大的

雖然在期貨市場的獲利頗豐，但宋詩穎依然謙虛地稱自己為「小戶」，不過，這並不是過度謙虛，因為他帳戶中的資金規模並不算大。

◆ 宋詩穎 ◆

第六屆中國期貨實盤交易大賽輕量級組總冠軍,「梁 XX」帳戶的實際操
作人,收益率 2663.71%,選擇「控制規模」的操作法。控制規模,即是「獲
利也出金,虧損也出金(提出金額)」。「我自己的持倉一般只有幾十秒鐘,
十幾分鐘的持倉已是比較長的了。操作的方法也不固定,不論突破還是區
間,只要符合自己的感覺就做!」

◆ 總單位淨值曲線圖 ◆

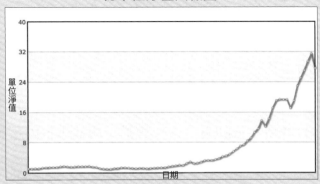

◆ 標的盈虧對比圖 ◆

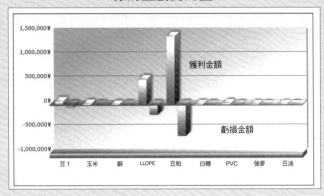

之所以如此，要從他獨特的資金管理方式說起。

與不少成功的交易者逐漸擴大資金規模，甚至進行「代客理財」相比，宋詩穎根據自己的操作特點，選擇了「控制規模」的做法，即「獲利也出金，虧損也出金」。《期貨日報》記者從宋詩穎的參賽期貨帳戶訊息中看到，儘管獲利不斷，但帳戶內的資金規模總是維持在較低的水平。宋詩穎說，他平時只操作一個帳戶，之所以將獲利的資金不斷地提出，是因為自己覺得難以再駕馭更大的資金量。而之所以在虧損時也大量出金，是為了給自己更多的時間反思，而不是孤注一擲。換言之，在遭遇低潮期時，讓自己沒有機會「虧大的」。

謹守「簡單至上」的交易模式

宋詩穎一直維持較低的帳戶資金規模，與他「日內超短線」的操作模式不無關係。事實上，這樣的操作模式也並不適合巨大的資金量，否則會帶來顯著的衝擊成本並加劇市場波動。宋詩穎告訴《期貨日報》記者，自己持倉的時間一般只有幾十秒，十幾分鐘的持倉已經算長時間了。他操作的方法也不固定，不論突破還是區間，只要符合自己的感覺就做。此外，在交易方向上也是多空不限，只是根據交易標的的不同，調整停損額度和下單量。在這樣的操作模式下，進出場時機的選擇全靠歷年來鍛鍊出的盤感。

與記者見過的一些期貨高手不同，宋詩穎似乎並不愛談論過多交

易中的哲理，「平實」是他性格中的一大特色。同時，你也很難把他歸為純粹的技術派。宋詩穎說，自己曾買過一本期貨市場技術分析的書籍，但只看了 20 多頁就晾在一邊。在他看來，如此複雜的技術分析和自己超短線的做法似乎有些格格不入。

簡單為主不考慮，達到驚人勝率

儘管沒有進行有系統的理論學習，但在為期四個月的期貨實盤交易大賽中，每天交易數十到上百來回的宋詩穎，交易勝率達到驚人的 93.83%，令絕大多數的選手望其項背。他認為，每次進場前，至少要有一個點的獲利預期，完全沒有把握時就不要介入。他的交易依據也比較簡單，主要是價格、成交量、持倉量、均線排列型態以及買賣盤數量等常規的指標，「愈簡單愈好，不用考慮太多」。作為超短線交易者，宋詩穎習慣在買賣盤將要「吃完」時「殺入」，而不等到 K 線已經走出型態。其中，對於活躍的標的，在某一價格的剩餘單量「破千」或者少於 500 手時便搶過去，而不活躍的標的則可以等到數十手時再進入。

值得注意的是，身在鄭州的宋詩穎並沒有選擇在鄭州上市的期貨標的來操作，而是以大連的塑料和豆粕等期貨標的為主。在其他一些「炒手」看來，系統速度對於超短線操作而言至關重要，放棄交易所離自己物理距離最近、進出場速度最快的標的，而選擇交易時

滯明顯延長的標的是有些不可思議的。但從宋詩穎操作的標的來看，速度，並非超短線交易的決勝因素。

對此，宋詩穎說，雖然自己的交易模式可以用於任何期貨標的，但他之所以只交易大連的標的，與自己在一開始就接觸這些標的有關。另外，他會根據以往的交易紀錄，避免參與自己不擅長、容易虧錢的標的，哪怕它們的行情再好。

沉澱半年，只看不做；累積毅力、用心、自律的逆轉能量

年紀輕輕便取得傲人的交易成績，顯示出宋詩穎卓然不群的交易天賦。但是，為了激發自己的潛能，宋詩穎與絕大多數成功的交易者一樣，經歷了十分痛苦的「練功期」。

2007 年 4 月，大學畢業不久的宋詩穎有幸結識到一位有經驗的期貨炒手，出於對期貨交易的興趣，宋詩穎常去這位炒手所在的期貨營業部進行觀摩。一個月後，興趣漸濃的宋詩穎開立了屬於自己的期貨交易帳戶。然而，他很快發現，複製別人的成功遠比自己想像中的困難得多。接下來，宋詩穎一虧就是兩年多，期間他嘗試了長線、短線、波段等各種模式，他自嘲地引用時下流行的說法，就是「怎麼做、怎麼虧」。

所幸，當時宋詩穎只是一手一手的下單，帳戶裡保持一定額度的現金，等賠到不足交易一手時再補足保證金，停損較為及時。

因此，在兩年多的虧損期裡，宋詩穎只虧了三、四萬元人民幣，這樣的虧損金額對於執著於期貨交易的投資者來說並不算多，還不至於徹底擊垮其信心和生活，這也是宋詩穎在後期還能東山再起的最重要原因。

儘管如此，當時手頭拮据的宋詩穎已難以承受更多的虧損，在接下來大約半年的時間裡，他都是只看不做，並從身邊高手隻字片語的談話中繼續探尋獲利的密碼，並對照自身的不足。

半年之後，宋詩穎決定再次出手，此時的他在交易方法和心態上已儲備了更多的能量，因而逐漸找到了自己的盤感，開始穩定獲利。

第六屆全國期貨實盤交易大賽是宋詩穎參加的第一次期貨交易大賽，首次參賽便輕鬆奪冠是他始料未及的。不過，謙虛的他還是從公開訊息中認真觀察了其他優秀選手的操作模式，甚至成了某些選手的粉絲。

對於之後的發展，宋詩穎說，最近幾年還是會保持既有的操作方法，等到資金量有了一定的規模，會逐漸朝波段和趨勢交易轉型。對於轉型的過程，他認為應當逐漸降低日內操作的頻率，而不是突然改變操作風格。

趨勢交易者
必須去精存蕪

逯智勇：控制犯錯成本，不能在秋天來臨前，
在夏天就讓自己熱死了！

投報率 1602.86%，逯智勇的「高分」非常亮眼。表面上看來，逯智勇的成績爆發於六、七月份，但事實上在此之前他已潛伏並等待了一段很長的時間。在中國《期貨日報》舉辦的該屆比賽眾多的獲獎選手中，逯智勇的交易思路顯得更加簡單明確，因為他是為數不多的一位趨勢交易者，他的韌性、理性讓記者留下深刻的印象。

執行趨勢交易的第一戒：控制犯錯

逯智勇在本次期貨大賽中取得的高獲利，主要來自於他對豆粕的操作，但要完全吃住該波豆粕的行情並不容易，保存實力並堅守趨勢是他致勝的關鍵。

開賽之初，和逯智勇一樣持有豆粕多單的選手並不少，但在之後豆粕期貨價格大幅度震盪回檔的過程中，許多選手慘遭「洗劫」，

◆ 逯智勇 ◆

第六屆中國期貨實盤交易大賽輕量級組亞軍，投報率1602.86%，同時也是一位擅於堅守的趨勢交易者。他指出，做趨勢交易就要去精存蕪，從大框架和宏觀週期判斷投資機會；判斷某標的是否相對於低估或者高估，如果有投資價值，就逐步建倉和持有。

◆ 總單位淨值曲線圖 ◆

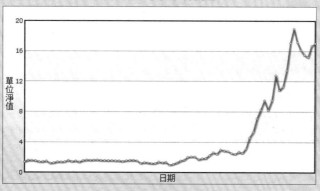

◆ 標的盈虧對比圖 ◆

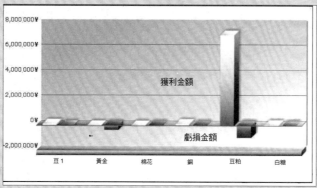

甚至有部分的選手由於損失過大，最終只能提前飲恨出局。

這段期間，逯智勇持有的豆粕多單也出現了浮虧，但他採取逐步減倉的操作，使收益率回撤幅度始終保持在較小的範圍內，這也保存了資金帳戶的「反擊力量」。而後豆粕價格止穩反彈，逯智勇更果斷地加倉，隨著六、七月份豆粕多頭行期的爆發，他的帳戶收益率也急速攀升，收穫頗豐。

「控制好犯錯的成本，不能在秋天來臨之前，夏天就讓自己熱死了！」逯智勇認為在趨勢交易的執行過程中，這點非常重要。

準確判斷行情，才能堅守趨勢

堅守趨勢的前提，是對行情的準確判斷。事實上，逯智勇從 2011 下半年就開始關注豆粕了。「該年度的美國和南美產區都出現了旱災造成減產，表面看來是偶然因素，其實這也是『偶然中的必然』，從大一點的週期來看，這個階段出現利多因素的機率是比較高的。」儘管很早就看對了方向，但一波行情中最佳的進場時機是很難把握到的。在 2012 年豆粕行情展開之前，逯智勇經歷了較長時間的低潮和蓄勢等待期。

雖然已經在比賽中取得了較高的收益，但逯智勇仍舊反省了自己的操作，並找到了瑕疵。由於五月中下旬豆粕期貨價出現了快速回檔，五月底他的帳戶收益率也隨之創了新低。此時他認為做空黃金

有機會，就趁機短線做空了一把黃金，但由於黃金的走勢反覆，反而再度讓他遭受損失。「本來該老老實實做農民的，但卻耐不住寂寞，閒著沒事進城偷了一把金，也沒偷成！」逯智勇這樣調侃自己當時的交易心理。

他對自己犯的錯誤有清醒的認識。「即使當時投機做對了，短期獲利會比較好，但是長期來說卻可能會因此受影響。小資金比較靈活，影響不大，但如果你的資金規模比較大，這種做法是不可取的！」

其實比賽只是職業生涯甚至是一波行情的一小部分，如何完善趨勢交易體系，怎樣才能在期貨交易的路上走得更遠，是逯智勇已經開始逐步思考的問題。

曲折經歷，鍛鍊出對期貨的全面認識

「雖有智慧，不如乘勢！」逯智勇把自己定位為趨勢行情的捕捉者和跟隨者，他的交易理念形成過程和他的個性、人生經歷，以及當時的市場環境密不可分。

1970 年代末出生的逯智勇畢業於上海交通大學理工科系，原本他可以在自己的專業領域中平穩發展，但由於不甘心安於現狀，十年前他毅然放棄了原來的工作，打算重新選擇人生方向。由於偶然間看到一則期貨公司的培訓廣告，從此他誤打誤撞進入了期貨業，第一份工作是期貨經紀人。「剛入行時很辛苦，連基本薪資都沒有，

印一盒名片都要自己墊錢，但我感覺這個行業挺有意思的。」

「那時候到各大樓掃街，走遍了各種有可能出現客戶的地方，最終找到了一個做銅貿易的機構客戶。」逯智勇這才開始真正踏入這個行業。

但不久後，逯智勇發現期貨交易更吸引人，「如果每天賺夠 500 元人民幣，一個月 20 個交易日就能賺 1 萬元，這樣的收入就能超越絕大多數同齡者成為高級白領了！」回想起當時的想法，逯智勇覺得自己還滿幼稚可笑的，「其實這種想法對交易思想來說是錯誤的。」

進入期貨行業後，逯智勇的職場發展並不穩定，從期貨公司到投資公司，再返回期貨公司後再到了現貨企業，他做過各種工作，做了各種嘗試，但這種看似曲折的經歷卻讓他更全面的認識期貨行業，並對市場的發展更有信心。期間逯智勇對期貨交易學習和研究的興趣也與日俱增。

從市場中形塑自己的交易理念，然後付諸實戰

「剛開始我看了各種交易方面的書籍，學了很多理念，但是一到真正交易時就發現完全是另外一回事，有時候會在一波明顯的趨勢行情中不停的做短線，或者賺了兩天的錢就立刻出場，有時候日內做空也做多，交易完全沒有章法可言。」可以說，逯智勇在交易初

期走了很多冤枉路。

「做短線每天都要做決策，重新決策的次數多了，出錯的機會也就多了。」在對交易思想的反思中，逯智勇開始學習並思考市場的長期規律，並逐漸認識到趨勢交易的價值。2006年初，逯智勇看到了羅杰斯（Jim Rogers）所寫的《熱門商品投資》一書，在那本書中，羅杰斯從商品的供應和需求的角度出發，深入分析了石油、黃金、鉛、糖、咖啡等商品的歷史和未來走勢。這本書開闊了逯智勇的思路，讓他認可並最終形成自己的趨勢交易方向，然後開始付諸實戰。

「剛開始是朦朧階段，對行情有自己的判斷，但是沒有堅定的信念，更談不上去做；慢慢有了信心，去做了，但之後在執行過程中，由於沒有完善的操作體系，讓我常常被行情迷惑。」實踐的過程是曲折艱難的，通過反覆驗證和歸納，逯智勇逐步形成了屬於自己的趨勢交易思路。

「做趨勢交易就要『去精存蕪』，從大框架和宏觀週期去判斷投資機會；判斷某標的是否相對被低估或者高估，如果有投資價值，我就會逐步建倉和持有；在建倉之前需要先解決兩個問題，一個是要對行情有深思熟慮的判斷，另一個是在看對的情況下要怎麼做？看錯的情況下要如何應變？你要有一套實際可行的執行體系。」這些年逯智勇敏銳地捕捉到了白糖、棉花和豆粕的趨勢性行情，並取得了不錯的收益。他的交易方法逐步完善，並在市場中得到了驗證。

掌控自己的方向，享受「在路上」的狀態

「投機的旅途上沒有捷徑可走，這是一個螺旋式上升的過程。投機者在摸索前進的路上，會遇到難以想像的艱難困苦。除了個人天分外，唯有時間才能幫助投機者學到和證明一些東西。」這句中國期貨名人青澤在《十年一夢》一書中寫下的話，歸納了眾多期貨交易員的成長路徑，此時用在逯智勇身上也十分恰當。

經過多年的累積，逯智勇擁有了可以在期貨投資領域進一步發展的資本，目前他已經成立了自己的投資公司——力道資本，他的目標是打造一家優秀的資產管理機構。在他看來，趨勢交易策略的特點，例如：操作相對簡單、容易複製、資金瓶頸小、決策者不需要天天盯盤等，和他的個性及事業發展目標非常契合。「通過制度約束和團隊合作，在行情判斷、建倉、持有階段會做得更好。」逯智勇希望未來建立相對穩健、能保持長期發展的運作模式。

期貨市場每天都在變化，節奏飛快。身在其中，需要付出大量的時間和精力，除了跑步、打球等一些健身運動，逯智勇的業餘生活比較簡單，他說自己更像一個匆匆趕路的創業者，平時沒有太多時間從事其他活動，偶爾他會和朋友一起駕車出遊，最遠的時候曾經從上海開車到海南，他很喜歡那種「在路上」的感覺，想走就走，看到美麗的風景又可以隨時停下來，自由但又能自己主動掌控方向，如同他所追求的人生狀態一樣。

扮演市場刺客的
短線交易者們

崔西更、陳揚、沙塵暴：日內加波段，短線三劍客的法寶

「刺客」的冷靜犀利、準確的進場點、超脫的態度，是期市交易者必備的幾個因素。「刺客」在生活中往往不太冷，但是在腥風血雨的期貨市場中交易，往往展露出殺手本色，突圍、占領、奪取，是他們唯一的生存法則。

如果每天為了盈虧患得患失，必然不能成功，淡泊和寧靜是每一個成功者最終的歸宿，而穩定，是期貨交易成功的前提。在衝鋒中，他們是充滿鬥志的舵手，是披荊斬棘的高手，屹立於山峰之巔，感受期貨脈動。

電影《極速秒殺》（The Mechanic）由傑森·史塔森飾演的那名殺手刺客身手不凡、槍法絕佳、聰明絕頂，他的每一次任務，都完成

◆ 崔西更 ◆

第六屆中國期貨實盤大賽輕量級組季軍，投報率 1037.57%。他不諱言的說：「其實短線交易者快進快出，也就是期貨市場的刺客，在市場中不斷殺戮，每一個倒下去的人都成就了我們。」

得高超、精彩，那怕是逃命，他也異於常人的鎮定。「其實短線交易者快進快出，也就是期貨市場的刺客，在市場中不斷殺戮，每一個倒下去的人都成就了我們，這是因為短線交易光是高額手續費就殺死了許多大戶。」第六屆中國期貨實盤大賽輕量級組季軍「小崔」如此比喻。

「小崔」本名崔西更，畢業於證券投資的專業科系，在接觸期貨四個月後便成功找到自己獲利的法寶。從事期貨投資近五年來，資金投報率一直呈現穩步上升的態勢。在中國《期貨日報》舉辦的第六屆中國期貨實盤大賽中，小崔以累計投報率 1037.57% 的成績，獲得輕量級組季軍。小崔尤其擅長日內短線操作，日內交易能獲得穩定巨幅的獲利，他從數月前開始嘗試轉型，練習波段交易，經過較

為痛苦的一段時期，順利實現轉型。

細觀他在期貨大賽期間的交易，「日內短線」是他穩定獲利的法寶，日投報率最高將近 80%，而成就他績效「飛躍」的，卻是一把黃金的空單。「這個單子我拿了幾天，當時經過對總體經濟情勢的判斷，並從圖形上分析，我確定黃金即將大跌，而且這是獲利單子，我毫不猶豫。」崔西更說，此舉奠定了勝局，這筆交易使「小崔」的投報率提升到近 200%，從那天以後，小崔便是大賽排行榜上的前幾名，並且沒有再下降過。六月份他更是一度勇奪該月份冠軍寶座，之後，還有一些隔夜交易，他也都獲得較大的收益，加上日內穩定的高獲利，最終使他的投報率達到巔峰。

在採訪中，記者了解到，波段交易其實就是這樣來的。短的波段，就是要把短線中賺錢的單子拿住，一般為幾天。對所有從短線轉為波段的投資者來說，拿準獲利的單子，的確能使交易收益快速提高。

「我一直在關注其他幾位投資者，他們都很厲害，判斷很準確。」言談中，崔西更對自己的成績沒有過多的自傲，反而多次提到他對其他投資者的欣賞和肯定，似乎仍在思索如何透過學習來提升自己。

「朋友說我的性格比較急躁，急躁的另一個好處就是極快。」在期貨交易中，必須細膩修正他性格中急躁的一面，只讓「快」發揮到極致。期貨短線交易和短跑很像，需要的是爆發力，極具爆發力的崔西更性格爽朗，言談中他妙語如珠，極具智慧。

◆ 陳揚 ◆

第六屆中國期貨實盤大賽輕量級組第六名，收益率562.78%。他表示：「期貨市場是一個高風險的投資市場，風險控制是增加獲利的必要條件，能減少一點風險，就增加贏的機會。此外，對於交易獲利，我會把獲利部分抽出，儘量避免把賺到的錢再放回市場。」

「揚仔」本名陳揚，從事期貨交易四年，穩定、準確是他與眾不同的地方。中國《期貨日報》舉辦的第六屆中國期貨實盤大賽開賽以來，「揚仔」一路穩紮穩打，名次從 1,000 多名逐漸提前，到了最後一個月，再度衝刺，名次直逼前十名，最後兩週，穩居前十，最終，以第六名作收，收益率達到 562.78%。根據統計數據，「揚仔」的日內交易勝率達到 93%，幾乎他的每一次進場都獲利出場。如此高的勝率是他的資金收益得以穩定上升的要素，四個月的大賽比拚期間，揚仔的獲利曲線呈現標準的 45 度角，且回撤極小。

對於如此高的準確率和穩定獲利能力，揚仔說：「要嘛不做，要嘛就做最好。」這或許和他的性格有一定的關係，生活中，他自己即是一個追求精益求精的人，「朋友說我很謹慎，對於交易獲利，我會把獲利的部分抽出，儘量避免把賺到的錢再放回市場。對於風

險屬於極度厭惡者。」將「穩」和「準」發揮到極致，成就了揚仔穩步上升的期貨投資之路。

進入期市四年來，他在日內交易上下過苦功，將日內交易技法練習、運用得出神入化，「對於準確，我是這樣理解的——根據量價配合，圖形走勢，現在做盤時，我基本上可以做到一進場就獲利。」也許這就是慣常所說的「盤感」，一種最飄忽不定的感覺，而一旦具備，便成為你的交易利器。

從事期貨投資將近四年的陳揚，在期貨投資市場算是後起之秀，「他性格沉穩，行事穩健，屬於有容乃大的類型。」他的合夥人如此描述，「在交易中，他也將這種穩定性發揮到極致！」在評價自己的交易特色時，揚仔說：「有時候由於太過於謹慎，有的行情會在觀看中失之交臂。」謹慎，有時意味著得捨棄一些獲利。

陳揚表示，對於從事期貨投資以來首次參加期貨競技比賽，收穫頗多。「這樣大規模的競技制度和比賽目標，促使我的技術手法更加細膩，操作更加準確。而通過大賽，也讓我對期貨交易有了更深層次的體會。」陳揚說，自己的交易思路更加清晰，「用我目前的勝率和方法移植在大資金操作上，只要做好資金管理，同樣可以穩定獲利，我會追求這樣的進步。」期貨市場是一個高風險的投資市場，風險控制是增加獲利的必要條件，能減少一點風險，就增加了贏的機會。謹慎和準確，是控制風險的良策。

◆ 沙塵暴 ◆

第六屆中國期貨實盤大賽輕量級組第 13 名，交易收益率達到 296.74%。
對沙塵暴而言，淡定，是他強大的武器。「交易是充滿樂趣的，我很享受
其中的過程。目前常被提及的程式交易，我還不會考慮，對我來說，如果
什麼都程式化了，便失去了交易本身的樂趣。」

　　沙塵暴並非期市新人，「進入期市已經十幾年的他，其實已是多
年的大戶，數年前的獲利就已相當可觀，操作著較大的資金」，一
位熟識他的朋友指出。或許是天性使然，加上多年來的歷練，沙塵
暴身上強烈散發著老期貨人特有的平靜和淡定。

　　由於初入市場時並沒有太多資金，當年 20 多歲的沙塵暴毫不猶豫
地選擇短線交易，經過艱苦的練習和思索，他愛上了期貨交易，隨
後很快的開始獲利。隨著時間的推移、經驗的累積，他的技術進一
步成熟。在之後十多年的期貨交易生涯中，他嘗試過很多交易、操
作方法，讓他的投資思維日臻完善，也不斷取得更好的成績。集大
成的交易體系，使他在連年的期貨投資中，常勝不敗。

　　在中國《期貨日報》舉辦的第六屆實盤大賽中，儘管沙塵暴一度
沒有交易，最終卻能拿到第 13 名。對於目前常採用何種手法進行交
易？操作手法是否有優劣之分？他說：「目前，做交易沒有什麼特

別的區分，遇到什麼行情就用什麼手法去操作。期貨交易操作手法更沒有優劣之分，如果一定要區分難易程度，短線只是『相對容易』一些。」

他進一步指出：「我最初的短線交易手法和現在都差不多，也是快、停損過關。但是，隨著資金量逐漸增大，就不適合做短線了，同時，我的思想策略也在變化，對交易的認識與看法，都和最初不同，這時你就會嘗試轉變自己的操作手法和思路，轉做波段、趨勢等，最終也都順利適應成功。」一般認為，短線能看出一個成功期貨投資者扎實的基本功，最初的境遇使沙塵暴練就了超凡的短線技術，也使他如今亦能夠在各種手法之間靈活自如地轉換，獲得更加穩定的高獲利。

經過十幾年期市風雨的洗禮，期貨交易儼然成為他生活的一部分，熟悉沙塵暴的人認為，沙塵暴的「淡定」是超出一般常人的，無論盈虧如何，收了盤，嘻笑如常，沒有一般人的患得患失。

「幾年前，有時候他一天輸贏百萬元以上的人民幣，和朋友見面時卻像什麼事都沒發生過，他根本不放在心上。」也許正是這份淡定，成就了他的出色，這也是他對於交易的態度。對於交易，沙塵暴也把它看成是一件很有樂趣的事，這也同時影響到他對程式交易的看法，「交易是充滿樂趣的，我做交易，自己很享受其中的過程。目前常說的程式交易，我還不會考慮，如果交易都程式化了，對我來說，就會失去交易本身的樂趣。」

堅持單一標的，
由市場來證明對錯

在中國《期貨日報》舉辦的第六屆中國期貨實盤大賽中，趙曉東獲得輕量級組第八名，最終收益率高達 357.77%。坐了三個多小時火車來到大連的他看起來有些疲憊，但一談起實盤大賽，他立刻精神倍增，他表示：「期貨交易一定要學會堅持，堅持自己的觀點，堅持自己的品牌，堅持自己的信念，除非市場證明自己錯了，否則就要堅持你所堅持的一切！」

1998 年，趙曉東懵懵懂懂地踏入了剛剛整頓完畢的中國期貨市場，一直堅持到 2006 年才取得較為穩定的獲利。「我喜歡市場處在膠著和上下無規律運行的盤整狀態，在這個過程中，你可以進行大量基礎性工作。而想要通過對交易標的的理解，最終有所收穫，就必須堅持自己熟悉的標的。」趙曉東在接受《期貨日報》記者採訪時說。

◆ 趙曉東 ◆

第六屆中國期貨實盤大賽輕量級組第八名，最終投報率 357.77%。趙曉東的交易理念是把複雜的事情簡單化，堅持一個標的，堅持一種模式，堅持自己的信念。他說：「期貨交易過程中，一個必備的專業素質就是學會堅持。」

把複雜的事情簡單化，然後堅持下去

目前，趙曉東只選擇「白糖」一個期貨標的進行交易。「這麼多年來，我的大部分獲利都是來自於白糖，其他標的我現在一個也不做。」2011 年年底至 2012 年上半年，中國的白糖期貨價格在高檔盤整震盪，每天波動的幅度非常小，沒有明確的交易方向。在市場沒有投資機會的情況下，其他標的交易機會明顯增加，但趙曉東依然堅持他最熟悉的白糖交易，並最終在 6,500 元／噸做空 1301 合約，一直持有到前期的 5,500 元／噸左右才出手。

「白糖這波下跌走勢的成功交易，就是多年來我對這個標的有了透徹的感悟。」趙曉東說。通過對商品的熟悉，價格的漲跌了然於胸，進而判斷其支撐壓力，最終把握住了交易機會。

「我的交易理念就是把複雜的事情簡單化。我把市場分為上升、盤整和下跌三個階段。先確認市場處於何種趨勢，然後大膽順勢操作，依據 K 線走勢和技術指標堅持自己的方向。」趙曉東介紹說，依白糖為例，在確定目前處於何種趨勢的情況下，選擇突破的方向，根據資金控制倉位，保持合理的倉位。同時，控制回撤率和嚴格執行停損，按照走勢決定持倉數量以及停利點位。

「期貨交易就是一個除錯的過程，對趨勢的判斷也是一個市場驗證過程。」趙曉東說，只要市場沒有證明自己錯誤之前，要敢於持倉，堅持自己的操作方式和停損點位，不能因為市場波動影響心態。

「只選擇一個標的進行交易，也是期貨交易簡單化的一種方式。期貨是一個充滿挑戰性的行業，在期貨市場生存需要很大的勇氣、智慧和耐心，對人的性格更是一個極大的考驗。」趙曉東說，在困難中用何種心態去堅持，在獲利中用何種心態去調控情緒，對投資者來說非常重要。「堅持一個標的，堅持一種模式，堅持自己的信念，交易一定會成功。」

守住獲利，找到適合自己的模式與標的

汪星敏：比獲利更重要的事，就是守住獲利

2010 年，他是第四屆中國期貨實盤大賽輕量級組第 14 名，投報率 165.17%；2011 年，他是第五屆中國期貨實盤大賽輕量級組冠軍，投報率 215.32%，同時指導的帳戶獲得重量級組第六名，投報率 106%；2012 年，他是第六屆中國期貨實盤大賽輕量級組第 16 名，投報率 268.81%，同時指導的帳戶獲得重量級組第 17 名，投報率 140.79%。連續三年在中國《期貨日報》舉辦的全國期貨實盤大賽中取得優秀的成績，這個人就是汪星敏。

在中國，每屆期貨實盤大賽都會湧現出一批「明星」交易員，但真正的高手，是跑馬拉松而不是跑短跑的。汪星敏在期貨市場中打拚已超過十年，和多數交易員一樣，他在市場中經歷了多年的起起伏伏，並接受了反覆的考驗和磨練。對汪星敏而言，2010 年第一次參加全國期貨實盤大賽就像參加一次大型的「比武大賽」，在不斷

◆ 汪星敏 ◆

第六屆中國期貨實盤大賽輕量級組第 16 名，投報率
268.81%；指導的帳戶獲得重量級組第 17 名，投報率
140.79%。比賽中以銅、橡膠、棉花、白糖等商品的短線
交易為主。根據自己的特點，選擇適合的交易模式和交易
標的，最終找到有效的方法，讓自己在市場中生存下去。

◆ 總單位淨值曲線圖 ◆

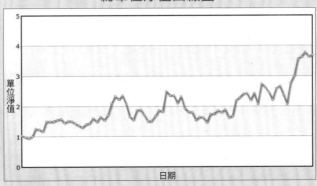

◆ 標的盈虧對比圖 ◆

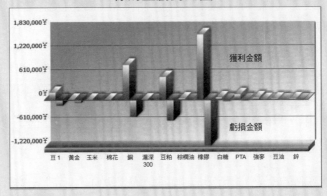

驗證和挑戰自己的過程中，他的交易水準和對市場的認識日臻成熟。

「總體來看，我每年都在進步，目前的交易水平處在上升期，但未來還有很大的學習與提升空間。」談到自己的成績，汪星敏這樣回答《期貨日報》記者。

住農舍、上網咖，用五年的時間打基礎

十年前，汪星敏懷抱著改善生活的賺錢夢，兩手空空的進入期貨市場，前五年，他並不順利，甚至可說是飽受市場的「折磨」，他住過農舍，沒錢買電腦，就去網咖，把省下來的錢全部用在交易上。當時的汪星敏無所顧忌，認為只要付出努力就可以了。

這段時間是汪星敏最刻苦用功的時期，由於對期貨交易產生發自內心的熱愛，他進入期市的初期，生活過得辛苦卻不乏樂趣。「有一次，晚上七八點吃過晚飯後，我坐在電腦前研究盤勢、分析行情，不知不覺過了很久，抬頭看錶，已經凌晨一點多了，我走出門口一看，外面已變成白雪皚皚的世界，當時我的心思主要集中在交易上，根本沒有察覺外面下了暴雪。」這個片段汪星敏至今仍記憶猶新。

「有人說做期貨，五年是一個門檻，我想我如果付出多一點，再努力多一點，三年應該足夠了，但事實上三年是不夠的，到了第五年我仍然感覺沒有成功。這時候可能有人會想，是不是自己天賦不夠？是不是自己根本就不適合這個市場？但我從來沒想過這個問題，

因為我始終堅信我一定會成功。在學習交易的過程中，也許會遇到一些挫折，但這是必須要交的學費。」汪星敏說。

汪星敏用了五年的時間打基礎，在第六年的時候，他的交易已經開始獲利，但是仍不穩定，常常出現賺了錢後又虧掉的情況。對於那段時期的交易狀態，汪星敏說：「某一段時間做得好可以翻八到十倍，這種情況很多，但由於手法還不老練，交易方面仍存在很多問題，經常守不住獲利。」

進入期貨市場的門檻雖然很低，不過，要想成為優秀的交易員並不容易，最終只有極少數的交易員能夠實現長期穩定的獲利，這個現實注定了探索期貨交易成功之路曲折而艱難。

先掌握認識自己的「術」，再追求穩定獲利的「道」

如何守住獲利？如何保持穩定的成績？在交易的領域中，汪星敏不斷地探尋。在第四屆中國期貨實盤大賽中，他以 10 萬元人民幣的資金參賽，四個月後他的資金總額達到 26 萬元。雖然在那次比賽中他的最終獲利較比賽中最好的成績有較大幅度的回撤，但那是汪星敏第一次在期貨實盤大賽中嶄露頭角。

在隨後參加的實盤大賽中，他曾以 2 萬元人民幣的初始資金，在不到半年的時間裡以 100 萬元結束比賽並取得了第一名。「市場上的高手很多，短期比賽的成績也不算什麼，但是某段時期做得好，

會對信心有較大的提振作用，特別是遇到困難時，這些閃光點能夠讓人有更大的信心和更強的意志力。」這兩次比賽經歷對汪星敏有著特殊的意義。

在接下來連續幾年的比賽中，汪星敏均保持了較為穩定的狀態，但是比賽的最終獲利較最高獲利有回撤的現象仍會出現，這個問題是他今後需要進一步克服的。

比賽期間，汪星敏主要以銅、橡膠、棉花、白糖等標的短線交易為主，不過平時他也做波段和中線交易。「你應該根據自己的特點，選擇適合的交易模式和交易標的，最終找到有效的辦法，讓自己在市場中生存下去。」

當被問及操作思路以後是否會改變時，汪星敏抱持謹慎的態度說：「交易初期會以短線為主，達到一定的階段之後，我可能會考慮中長線交易，但最終還要看自己適不適合，畢竟轉型不是件容易的事。」

有交易者認為，交易員初期對各種交易工具和交易方法的學習，屬於「術」的層面，在這個階段對各種方法融會貫通後，才能尋找到適合自己的方法，但這並不代表一勞永逸，交易員需要向「道」的層面去提升，需要不斷完善自己的交易體系和提升人生境界，以適應複雜動態的市場變化。汪星敏非常認同這個理念。

行情是階段性的，
沒有符合自己需要的行情就休息，
若強行交易則會虧損。
期貨市場不缺機會，
但是機會不是創造來的，
而是我們發現得來。

——周國茂

Chapter
4

第五屆中國期貨
實盤交易大賽

林　波｜高仁武｜丁洪波｜黃如斌｜周國茂
汪星敏｜顏國興｜逯智勇

衝鋒不忘安全帶
依風險妥善配置資產

林波：除非整個市場發生根本性逆轉事件，否則就要堅持原有持倉！

他們是五屆中國期貨實盤大賽中，首次出現團隊操作成功的案例。在四個月的比賽時間裡，他們指導的帳戶以 141.9%的投報率獲得重量級組冠軍。雖然這一數字不如前幾年耀眼，但實際上，他們管理的總資金在股指期貨上至今已經獲得超過 16 倍的投報。

他們就是福建「滾雪球投資管理有限公司」的林氏三姊弟。日前，三姊弟的發言人——林波，接受了《期貨日報》記者的專訪，講述了他們這個家庭團隊的期貨交易之路。

指數交易者

20 世紀 90 年代末，林氏三姊弟就已經成為證券市場職業投資人，並一直將指數整體走勢作為交易對象。

「早期做過大盤股，後來做指數基金，在股指期貨上市後，就把

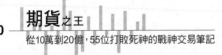

◆ 林波 ◆

第五屆全國期貨實盤大賽重量級組第一名的指導者，所指導帳戶的累計投報率為141.19％；優勢交易標的 —— 股指期貨；交易模式 —— 中線交易為主；管理的總資金在股指期貨上已實現超過 16 倍的收益。

◆ 帳戶盈虧曲線 ◆

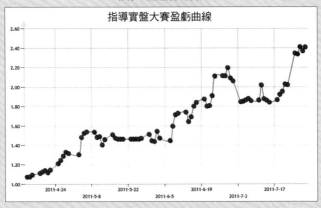

◆ 投報率及風險度 ◆

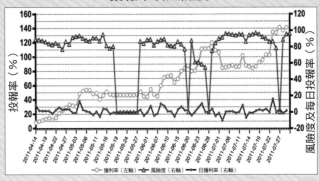

起始日期	2011/4/14	截止日期	2011/7/29
起初權益	1135723.7	當前權益	2739281.67
出入金	0	累計投報率	141.19%
交易週期	75	交易手數	182
交易勝率	76.00%	盈虧比	5.75:1
累計淨獲利	1603558	手續費	21482.07
最大回撤率	10.44%	最高淨值	2.41422
最低淨值	1	當前淨值	2.41193
最大連續獲利天數	5	最大連續虧損天數	3
日最大獲利率	15.93%	日均獲利率	1.27%

◆ 交易數據分析 ◆

日期分類	交易手數	平倉盈虧	單手最大獲利	單手最大虧損	累計獲利總額	累計虧損總額	獲利手數	虧損手數	平均單手獲利	平均單手虧損	平均單手盈虧	勝率	盈虧比
四月	32	112320	13800	-4200	112320	-29400	24	8	4680	-3675	1005	75%	4:1
五月	62	372600	53940	-7890	461040	-88400	43	19	10721.86047	-4652.631579	6069.228886	69%	5:1
六月	48	745020	28800	-22320	789660	-44640	46	2	17166.52174	-22320	-5153.478261	96%	18:1
七月	41	270720	39900	-22920	502740	-232020	28	13	17955	-17847.69231	107.3076923	68%	2:1
日期分類	交易手數	平倉盈虧	單手最大獲利	單手最大虧損	累計獲利總額	累計虧損總額	獲利手數	虧損手數	平均單手獲利	平均單手虧損	平均單手盈虧	勝率	盈虧比
日內	34	63840	7740	-4200	93360	-29520	26	8	3590.769231	-3690	-99.23076923	76%	3:1
隔夜	149	1407420	53940	-22920	1772400	-364980	115	34	15412.17391	-10734.70588	4677.468031	77%	5:1
做多	64	356340	44220	-7860	454740	-98400	47	17	9675.319149	-5788.235294	3887.083855	73%	5:1
做空	118	1114920	53940	-17040	1411020	-296100	94	24	15010.85106	-12337.5	2673.351064	80%	5:1

主要精力放在期貨市場上了。」林波告訴記者，除了最初為了滿足開戶條件做過幾手商品期貨之外，他們一直只從事股指期貨交易。

林波認為，股指期貨的操作方法和指數基金差不多，只要判斷大盤，就可以做出操作策略。同時，與指數基金相比，股指期貨還有兩個優點：一是有了做空的可能；二是增加了槓桿的功能。

「如果你覺得股票指數未來會漲，就買進指數基金，也可以買股指期貨。但你覺得股票指數未來會跌，證券投資者只能買債券賺點小錢，而股指期貨則可以先賣後買，指數下跌時一樣可以賺較多錢。」林波這樣分析。

對於股指期貨的槓桿功能，林波認為，適當使用槓桿可以提高獲利水準和速度，但對於槓桿放大損失的一面也須有清楚的認識。「我們的倉位很少超過 80％，一般都在一半左右。」

各司其職，依賴團隊的力量

與許多參賽選手或指導人依靠個人風格進行操作不同，林氏三姊弟整個操作都依靠團隊的力量。

「團隊合作很重要。姊姊林軍主要負責基本面研究、弟弟林濤負責政策面研究，而我主要負責研究技術面。我們對基本面、政策面、技術面研究後，再按這三方面投票。」林波告訴記者，當投票結果為 3：0 時，就開立 80％ 倉位；如果為 2：1 就開立 20％ 倉位；其他

情況就會空倉。

在股指期貨上交易的第一單就驗證了他們正確的交易模式。

2010 年 4 月中旬中國公布房地產調控措施，4 月 19 日當天期指下跌 220 多點，跌幅超過 6%。「當時我們認為此次房地產調控力度較大，信貸緊縮等措施將減少流動性，對股市不利。我們判斷上證指數接下來會在 3000 ～ 2500 點之間震盪。」4 月 22 日，他們投入 100 萬元，4 月 26 日先試手做空 33 萬元，其後不斷加倉，到了 5 月 11 日，一共獲利 100 餘萬元，不到一個月的時間，總資金就翻了一倍。

在之後的日子裡，他們不斷完善和改進團隊分析和決策機制，通過一系列成功與失敗的交易積累更多經驗。從本次比賽他們指導的參賽帳戶來看，該帳戶的資金曲線一直比較穩定，除了六月底到七月初的一次回撤後，穩定維持階梯增長的趨勢。

林波告訴記者，作為指數型交易者，他們的操作是相對簡單的。他們不做短線交易，只從事兩週以上的中長線交易。林波認為，短時間的市場波動是難以預測的，而較為長期的市場整體趨勢是可以通過分析來判斷的。「除非整個市場發生根本性逆轉事件，否則就要堅持原有持倉。」

繫著安全帶衝鋒

「良好的投資業績是依靠正確的投資思路和投資策略取得的。」

林波這樣看待其所取得的成績。

熟悉林波的人知道，他和他的團隊只從事股指期貨交易，而且股指期貨上市一年以來，他們已經獲得了十倍以上的收益。

好的投資思路是成功的開始。他將自己的投資理論歸結為「拋球理論」，即把一粒球拋向空中，球會落地，再彈起，再落地，再彈起……每次彈起的高點愈來愈低。

除了有好的投資思路外，投資者還應有良好的投資策略。林波在實踐中形成了一套固定投資比例保險策略。這一投資策略類似於採取類 CPPI（固定比例投資組合保險策略）思想，將整個投資組合劃分成主動性資產和保留性資產。兩類資產中較高風險並且預期回報較高的為主動性資產，較低風險低回報的則為保留性資產。具體操作中，將組合資產的 2/3 設置為保留性資產，主要投資於固定收益類工具，將組合資產的 1/3 設置為主動性資產，投資於股指期貨。

「我們將這一策略稱之為『繫著安全帶衝鋒陷陣』。」林波表示，由於初期主要將大部分資產投資於保留性資產，隨著保留性資產穩定增值，整個資產 的本金也基本上得到控制。同時，主動性資產即投資於股指期貨的頭寸出現大幅增值時，可以將增值的收益完全再投入股指期貨，獲取更大的收益。兩者結合便能實現在保證本金安全的情況下追求最大收益。

持續溝通，堅持正確判斷

由於現階段姊姊和兩兄弟不住在一起，三姊弟每個週末都通過視訊會議來交流和商討當週的基本面、政策面和技術面，通過投票決定下一步的操作。

「今年六月底，我們判斷整體大盤仍會往下走。但之後的半個多月中，股指並未如我們預期，反而出現了幾次上揚，導致我們的總資金跌幅超過 10％。我們三個經過分析一致認為，前期做出的判斷沒錯，就堅持了原有持倉。」七月下旬，股指出現了一輪快速下行的過程，他們指導的帳戶權益在一週多的時間內快速增長，不僅挽回了之前損失，還有了超過 20％的增長。

林波表示，投資期貨市場需要更多的專業知識，只有最專業的人才能獲得穩定的收益。「我們未來打算成立自己的股份公司，為更多的一般投資者提供期貨交易的管道，為他們提供新的資產配置的選擇。」

◆ 林氏姊弟的交易特點 ◆

- ◆ 只參與股指期貨：不做商品期貨。林氏姊弟認為，與商品期貨相較，股指期貨的走勢更容易預測和把握。
- ◆ 勝率很高：總結整個交易情況，帳戶的最低勝率為七月份的 78％，最高勝率為六月份的 96％。同時，總體盈虧比為 5.75：1，出場時機的掌握能力很強。
- ◆ 中線交易為主：很少參與日內交易，獲利主要來自隔夜持倉。
- ◆ 風險控制能力強：雖然重倉隔夜，但資金曲線保持震盪向上的走勢，很少出現較大的回撤。

輕倉交易穩定心態
才能在市場活著

高仁武：一定要遵守期貨市場規則。

在高手雲集的第五屆全國期貨實盤大賽上，由大連上橙投資指導的高仁武帳戶獲得重量級組亞軍。

已過「知天命」之年的高仁武面對採訪侃侃而談，聊及比賽，高仁武興致高昂。他表示，除了利潤增加之外，比賽過程的心態變化以及資金、交易策略管理的逐步成熟更為其所看重。

心態是交易的基礎

談及為什麼能取得如此好的成績時，高仁武認為，心態是交易獲勝的基礎。交易心態會時時影響選手的抉擇，進而操作行為形成影響。那麼，如何才能獲得良好的交易心態呢？

高仁武認為，一個期貨操盤手良好心態的養成和其交易策略、資金管理密不可分，技術分析尚在其次。對於一段行情的把握，從交

◆ 高仁武 ◆

第五屆中國期貨實盤大賽重量級組亞軍，
累積投報率達到131％；善於做空與隔夜
持倉；交易風格穩健，輕倉交易，重視交
易心態。

交易特點

1. 交易風格穩健。帳戶收益一直穩定，投
   報率曲線基本上以45度斜率穩健向上，
   偶爾出現的回調也在正常的範圍之內。
2. 善於做空與隔夜持倉。從數據統計上看，
   獲利的構成主要源於做空與隔夜持倉，
   隔夜持倉和做空的盈虧比遠遠高於做多
   和日內交易。

◆ 帳戶盈虧曲線 ◆

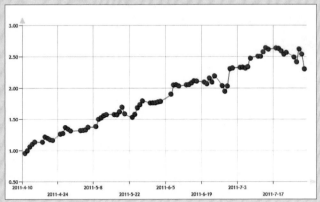

◆ 帳戶資訊 ◆

起始日期	2011/4/14	截止日期	2011/7/29
起初權益	1008681.1	當前權益	2327176.02
出入金	0	累計投報率	131%
交易週期	78	交易手數	7006
交易勝率	76.00%	盈虧比	5.75:1
累計淨獲利	1586244.9	手續費	224230.12
最大回撤率	7.11%	最高淨值	2.64326
最低淨值	0.95965	當前淨值	2.30715
最大連續獲利天數	11	最大連續虧損天數	3
日最大投報率	13.48%	日均投報率	1.3%

◆ 投報率及風險度 ◆

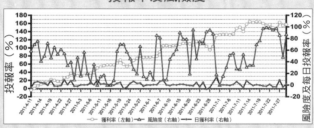

◆ 交易數據分析 ◆

交易方式分類	交易手數	平倉盈虧	單手最大獲利	單手最大虧損	平倉獲利總額	平倉虧損總額	獲利手數	虧損手數	平均單手獲利	平均單手虧損	平均單手盈虧	勝率	盈虧比
日內	4588	457750	989	-937	618150	-160400	3415	1173	181.0102489	-136.743393	44.26685589	74%	4:1
隔夜	2341	947575	1906	-1020	1054465	-106890	1029	1312	1024.747328	-81.47103659	943.2762909	44%	10:1
做多	4351	281205	1670	-369.44	510355	-229150	2014	2337	253.4036743	-98.05305948	155.3506148	46%	2:1
做空	2578	1124480	1906	-818.75	1162620	-38140	2430	148	478.4444444	-257.7027027	220.7417417	94%	30:1
白糖	2856	46380	395	-242	65770	-19390	2376	480	27.68097643	-40.39583333	-12.7148569	83%	3.39:1
豆油	2128	10860	379	-1020	52140	-42060	980	1148	53.20408163	-36.63763066	16.56645097	46%	1.23:1
螺紋鋼	543	66310	346	-31	69100	-2790	454	89	152.2026432	-31.34831461	120.8543286	84%	24:1
棉花	2271	534550	1906	-106	610775	-76225	1316	955	464.1147416	-79.81675393	384.2979877	58%	8:1
銅	181	119800	2035	-581	140700	-20900	106	67	1327.358491	-311.9402985	1015.418192	59%	6.7:1
橡膠	1583	492975	1235	-104	123275	-30300	1293	290	95.34029389	-104.4827586	-9.142464731	82%	4:1
塑料	286	77700	938	-100	77800	-100	285	1	272.9824561	-100	172.9824561	100%	778:1
小計	9848	1348575	7234	-2184	1139560	-191765	6810	3030	167.3362702	-63.28877888	104.0474913	69%	6:1

易策略來說，就要在時間、位置方向以及型態等方面做出基本判斷，結合當前市場形式選擇做單方向。良好的心態需要交易策略和資金管理的配合，如果職業操盤手在交易策略或者資金管理方面處理不當，就可能使心態發生大幅波動，而情緒的波動會對選手的決策形成致命影響。

他認為，交易時首先要制訂合理的交易策略，這方面的技術分析並不是最主要的，主要的還是標的屬性、位置、當前方向以及時間因素等。其次在資金管理方面，要學會留一部分錢給別人賺，輕倉操作，這樣才能克服貪婪、恐懼等負面心理。心態穩定了，交易者對行情就會有一個公正客觀的判斷，這樣既有助於控制風險，也有助於爭取利潤最大化。

高仁武談到資訊研發的作用時舉了一個例子。在前段時間自己帳戶資金大幅增長的主要原因就是做空了棉花，四月份比賽剛開始時，所在公司研發人員走訪了山東、河北等地大量棉紡織企業後，向客戶分析了棉花庫存大、下游需求不足等現狀，提醒客戶要注意下跌風險。高仁武據此再深入分析了棉花市場資訊之後，採取了做空棉花的策略，同時維持輕倉，獲得可觀的獲利。

顯然，期貨公司及時向客戶提供資訊研發報告，對於客戶交易結果會產生重要的影響。高仁武表示，連續數年的農產品數據，可以為客戶提供詳盡、完備的統計數據，幫助客戶在具體操作時做到有理有據，制訂交易策略時防範犯下方向性錯誤。

「活著」比什麼都好

「『活著』真好，『活著』比什麼都重要。」高仁武針對期貨操作生涯發出這樣的感慨。市場是千變萬化的，能夠在市場生存下去是第一要素。

高仁武認為，通過本次大賽和全國知名的職業期貨操盤手同臺競技，相互切磋，充分感受到了期貨市場競爭的激烈。而要想在市場中存活，需要正視幾個問題，包括心態、交易策略等等。其中把一部分錢留給市場是重要的投資策略，這樣做可以克服人性自身的貪婪、恐懼、降低犯錯的機會。同時，資金管理上則要學會輕倉交易，這樣就算判斷錯誤，也不會傷筋動骨，持倉比例一般為可用資金的30％。

談及比賽的心得，高仁武表示一定要懂得遊戲規則。本次大賽最後一個交易日採取以收盤價格作為結算價格，其操作帳戶當時留有170張大豆多單，結果大豆尾盤價格偏低，資金權益減少，倒是高仁武在最後一天結算時把本次大賽第一名的桂冠拱手讓出，而在此之前，其帳戶已連續兩個月位居重量級組冠軍位置。

高仁武還認為，除了要了解大賽的遊戲規則，期貨市場的遊戲規則也要遵守，比如輕倉、停損以及學會休息等，學會休息是一個職業操盤手應具備的良好素質之一。

嚴格設置停損點
就不怕虧錢

||||| 丁洪波：只有小虧大賺才能在市場上存活。 |||||

提起丁洪波，喜歡實盤操作的人並不陌生，他是第四屆中國實盤大賽重量組冠軍，在四個半月的比賽時間裡，在沒有出現大幅回調的情況下，將參賽的 100 多萬資金做到 500 多萬。在 2011 年第五屆中國實盤大賽中，丁洪波再次入圍，拿下了重量組五月月度冠軍，併入為重量級前十名。

虧錢不是件丟人事

問及丁洪波是如何保持這種良好的交易狀態時，他很謙遜，認為自己今年的操作並不好，「並不是指我在這屆實盤賽中拿了什麼名次，而是自己犯了不應該犯的錯誤，浪費了不少機會，這點我很不滿意。」他向記者坦言。

丁洪波告訴記者，他真正開始做期貨到現在也有八、九年了，在

◆ 丁洪波 ◆

第五屆期貨實盤大賽重量組五月月度冠軍，重量級前十名，投報率 98.54％；交易模式——趨勢為主，典型的技術派。

交易特點

1. 典型的技術派交易風格。交易標的涉及所有的上市標的，只要技術圖形滿足入場條件，就入場交易。
2. 日內交易和隔夜交易並重。日內交易追求大單量和小波段，隔夜追求順勢重倉，導致有一定機率出現較大的獲利和虧損，造成收益曲線不太平穩。
3. 傾向於做多。從數據統計上看，做多的勝率、獲利額度和交易數量遠大於做空，但實際上淨獲利主要來源於做空。

◆ 帳戶盈虧曲線 ◆

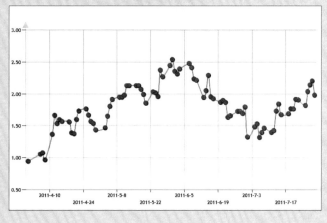

◆ 帳戶資訊 ◆

起始日期	2011/4/14	截止日期	2011/7/29
起初權益	1000000	當前權益	1985425.98
出入金	0	累計投報率	98.54%
交易週期	82	交易手數	28185
交易勝率	52.00%	盈虧比	2.61:1
累計淨獲利	985425.98	手續費	345558.77
最大回撤率	26.08%	最高淨值	2.54429
最低淨值	0.9482	當前淨值	1.98543
最大連續獲利天數	8	最大連續虧損天數	8
日最大獲利率	41.48%	日均獲利率	1.25%

◆ 投報率及風險度 ◆

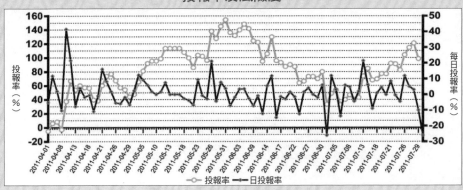

◆ 交易數據分析 ◆

交易方式分類	交易手數	累計獲利總額	累計虧損總額	平倉盈虧	單手最大獲利	單手最大虧損	獲利手數	虧損手數	平均單手獲利	平均單手虧損	平均單手盈虧	勝率	盈虧比
四月	7500	1259280	-867995	391285	7400	-7620	4667	2790	269.826441	-311.109319	-41.28287803	62%	1.5:1
五月	9123	17438380	-593715	1154665	21780	-950	3895	4400	4477.119384	-134.9352273	4342.184157	43%	30:1
六月	7804	703635	-1402170	-698535	63600	-70000	2700	4616	252.1989247	-303.7629983	-51.56407354	36%	0.5:1
七月	4802	1185395	-1204530	-19135	1800	-1425	1761	2748	673.1374219	-438.3296943	234.0877276	37%	0.98:1
日期分類	交易手數	累計獲利總額	累計虧損總額	平倉盈虧	單手最大獲利	單手最大虧損	獲利手數	虧損手數	平均單手獲利	平均單手虧損	平均單手盈虧	勝率	盈虧比
日內	16618	1120475	-1622360	-501885	5500	-7620	7347	9042	152.5078263	-179.424906	-26.91707967	44%	0.7:1
隔夜	11767	3777990	-2447825	1330165	21780	-2125	5695	5623	663.3871817	-435.3236706	228.0635111	48%	1.54:1
做多	20298	3341240	-3523070	-181830	7600	-7620	9830	10409	339.9023398	-338.4638294	1.438510398	48%	0.94:1
做空	8087	1557225	-547115	1010110	21780	-1200	3212	4256	484.8147572	-128.5514568	356.2633004	40%	2.84:1
日期分類	交易手數	累計獲利總額	累計虧損總額	平倉盈虧	單手最大獲利	單手最大虧損	獲利手數	虧損手數	平均單手獲利	平均單手虧損	平均單手盈虧	勝率	盈虧比
PPA	2103	98310	-83170	15140	9540	-6300	731	1254	134.4870041	-66.32376396	68.16324015	355%	1.18:1
PVC	825	48025	0	48025	5625	0	825	0	58.21212121	0	58.21212121	100%	N
白糖	1735	473170	-207280	473170	1260	-820	1185	550	399.2995781	-376.8727273	22.42685079	68%	2.82:1
豆粕	622	468000	-3000	465000	700	-30	900	100	520	-30	490	145%	156:1
豆油	622	84660	-190180	-105520	700	-1240	291	287	290.9278351	-662.6480836	-371.7202486	47%	0.44:1
螺紋	3419	209700	-92860	116840	620	-130	1132	1853	185.2473498	-50.11332974	135.1340201	33%	2.25:1
期指	53	292740	-33780	258960	21780	-7620	38	15	7703.684211	-2252	5451.684211	72%	8.6:1
棉花	2678	497375	-230550	266825	7400	-1200	1244	1524	399.8191318	-151.2795276	248.5396043	46%	2.51:1
橡膠	425	136950	-129825	7125	1300	-950	187	238	732.3529412	-545.4831933	186.8697479	44%	1.05:1
銅	392	492900	-102650	390250	5500	-1200	170	155	2899.411765	-662.2580645	2237.1537	43%	4.8:1
小計	12874	2801830	-1073295	1935815	54425	-19490	6703	5976	417.9964195	-179.6009036	238.3955159	52%	2.61:1

2003 ～ 2005 年的起初兩三年裡是全部虧損的，在 2005 ～ 2007 年間又來回震盪，基本上不賠不賺，要到 2007 年以後才穩定獲利。

「做期貨不交學費是不可能的，虧錢又不是件丟人的事。虧過以後，心態會沉靜很多，期貨市場是個不斷放大人性弱點的場所，這個市場容不得人張狂。」但他同時說，虧過以後，也不能一蹶不振，心態要歸零，曾經的大賺或大虧都與自己無關了，要盡快將自己的操作狀態模組化，進入狀況。

可做可不做的交易不要做

提及自己的操作模式時，丁洪波說他以做趨勢為主，且喜歡重倉，「我對停損點的設置比一般人要嚴格，別人設 100 個點停損，我可能只設 30 個點，這樣我比別人多幾個操作機會，沒有什麼不好的。」對於趨勢性的單子，丁洪波說若三天不獲利，他就會堅決離場。

對入場點位的把握，他認為，要選擇剛突破時的「甜蜜點」，第一時間介入，即使做錯停損也很有限，「進出點位的選擇最為重要，進行每一筆交易，都應該清楚建立部位的理由，這樣才能熟悉該交易與部位。如果覺得部位的風險太高或倉位太重，心裡一定會覺得不舒坦。如果覺得不安心，就不要進行交易。不要做無聊的可做可不做的交易，只有小虧大賺才能在市場上存活。」他認為，在經歷了賺大錢的經歷後，操作心態自然會很正面，即使後期虧損也不怕，

會堅信自己一定能扳回。

丁洪波承認是一個典型的技術派。「我判斷行情時通常用的就是最簡單的指標，如趨勢線、均線、波浪等幾個，大道至簡，只要找到自己有感覺的指標就行。」

管好資金就是控制風險

談及風險管理時，丁洪波說了他的祕笈，「自己帳戶的資金曲線一定要盯牢，它比行情更重要，把資金曲線管理好就相當於控制住了風險。它能讓我們更清楚地看到自己走過的路是怎麼樣的，通過資金曲線可以使我們更了解自己的交易性格。」

他認為，資金曲線的低點很重要，要把低點連起來，看它是不是能夠向上，如果發現是向下的，那就要小心了，走平時也要注意。「在資金曲線的不同階段，我的操作思路是不一樣的。如果資金曲線是筆直向上的，愈高愈要警惕，說不定哪一天便會突然掉下來，所以這個時候一定要控制自己的亢奮情緒。」他說，如果曲線呈現上升之後的橫盤，他便可能會加大操作的頻率，去多賭幾次，但是等到回撤到一定程度以後，必須要有百分之七八十以上的勝率他才敢做。「我不能拉低資金曲線的低點」，他反覆向記者強調。

「留得青山在，不怕沒柴燒」，做期貨的人都明白這個道理，這句話道出了資金管理的重要性。

建立專屬交易系統
可保證長期穩定獲利

▌▌▌黃如斌：操盤像打仗，體現出統帥的運籌帷幄。▌▌▌

黃如斌是一位從實盤大賽中成長起來的選手，幾年前記者在採訪當年大賽前十名選手時，曾為黃如斌寫下〈追隨趨勢交易〉一文，今年他的「背離理論」更趨精細化、系統化，對趨勢的追求也完善到把握住波段趨勢上。對比前兩屆的比賽帳戶交易情況，讀者會發現黃如斌在過去比賽中的重大教訓在本次比賽中都「不再重演」，背後卻是黃如斌更加成熟的方法、更加穩重的心態、更好的風控把握以及對交易系統「止於至善」的堅定追求。

背離分析交易體系

2009 年黃如斌還在為「很難完整做完一個趨勢，往往在趨勢尾端出場太早」而困惑，今年（2011 年）的比賽中黃如斌僅有的兩次波段趨勢交易（一空一多），出場點都選擇得非常漂亮，做到了近乎

◆ 黃如斌 ◆

第五屆中國期貨實盤交易大賽重量級第四名指導者，淨值 2.15956，輕量級第五名指導者，投報率 142.26％，交易與總體經濟相關、股市聯動的標的，對金屬標的情有獨鍾；交易模式——波段趨勢投資。

交易分析

2011 年 4 月 1 日至 7 月 29 日共計獲利 847254.61 元，投報率為 142.26％。

交易概要			
期初權益	595570.55	期末權益	1442825.16
平倉淨盈虧	847254.61	浮動盈虧	0.00
保證金占用	0.00	可用資金	1442825.16
平倉獲利次數	102	平倉虧損次數	58
平均每筆獲利金額	10177.16	平均每筆虧損金額	-2865.69
最大波段獲利率	77.48％	最大波段回撤率	12.35％

◆ 指導實盤大賽盈虧曲線 ◆

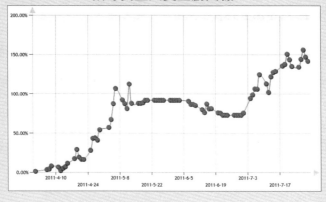

完美的右側交易；2009 年比賽中他還有過四次搏收益的短線交易（但都虧損），今年僅有的兩次試盤他都當日出局；2010 年的一次大調整使得他從領跑第一迅速落到十名之外，今年他「及時」落袋為安，畫出了一條漂亮的「兩跳龍門」的投報率曲線。

「我用的是背離分析方法。」黃如斌表示，「我所指的背離不是通常意義上的技術指標的背離，而是自己通過長時間摸索歸納出的一套完整的交易體系。做期貨最關鍵的就是對交易標的未來價格運行方向的判斷，我們很難從總體面和基本面去判斷交易標的在相對短暫的時間內價格的運行方向，但是無論是股票市場還是商品市場，背離現象的出現都能夠成為我們判斷市場未來走勢的重要參考。」

黃如斌將背離分成三大類，一是不同市場同一標的背離，如滬銅與倫銅走勢的背離；二是同一市場不同標的背離，如上海市場相關標的銅鋅膠走勢的背離；三是不同市場不同標的背離，如原油與倫銅走勢的背離。

背離就是趨勢轉折的訊號

「我對背離現象的理解是：各個標的之間的相互背離往往為趨勢的即將轉折發出最敏銳的警示信號，對我們研判市場趨勢、進行投資決策非常重要，因此，有關背離信號的捕捉在市場分析中極有價值，是我們所不能忽視的。相互背離現象產生是因為影響市場走勢

轉折的某種市場力量或因素已經開始在市場中顯現，只不過暫未『形成氣候』而已。我們如果能夠及時地辨識它，就能做出正確的投資決策。在期貨交易中，出現背離現象對於交易者來說最大的作用在於可以幫助交易者及時發現主力資金的動向。」

「在本次比賽中，我就運用了第一類和第二類背離現象，結合自己獨創的『1+1>1 理論』，成功地把握住了市場主流標的銅鋅膠的一次大下跌和一次大上漲行情。」黃如斌說。記者查閱他指導帳戶的資金曲線，發現該帳戶的獲利的確是來自於兩次較明顯的波段行情，正是對比賽期間這兩次波段行情的準確把握，使得黃如斌的名次在整個賽期都穩坐 TOP 10。

「操盤就像打仗，操盤手是將軍，資金是士兵。何時惜兵如子、何時放手一搏，都體現出統帥的運籌帷幄，進場、加倉、出場莫不如此。」黃如斌表示，每一次交易絕不打無準備之仗。「市場看不懂，一定不出擊；交易系統發出了訊號，一定會出擊！」

但如何出擊？「根據自己的背離分析系統，在行情的初始階段派先頭部隊進場（試倉 10%～15%），看市場走勢是否符合自己的判斷。無獲利，及時收兵；有獲利，才繼續戰鬥。」有獲利後，如何擴大戰果？「選擇最多兩次的加倉機會，直至接近八成倉位（指比賽中，平常的交易一般不超過六成倉）。」

該如何保住戰果？「之後密切關注行情發展，一旦交易系統發出

出場訊號，隨時準備收兵。」正是利用這種戰術，在本屆比賽僅有的兩次主要交易中，黃如斌指導的帳戶資金一開始循序漸進，隨後乘勝追擊，最後落袋為安。

建立專屬自己的交易系統

「實盤大賽加速了我的成長！」儘管比賽期間通常選擇重倉交易，往往會與平常的追求嚴格控制倉位原則下的穩定獲利相悖；但賽中重倉更能考驗人的「心智」，而且在短短四個月的比賽中全身心投入，對所獲得的經驗教訓認識深刻。此外，黃如斌認為，期貨公司的平臺也對他的成長有很大的幫助，尤其是借助設在公司營業場所的大戶室，他接觸到眾多的成功投資者。「公司十年金質客戶楊洪斌、王向洋等業界高手的操盤理念都對我影響深遠！」黃如斌說。

「做期貨，一時獲利並不難，難的是長期連續穩定獲利。而建立屬於交易員自己的個性化交易系統，是保持長期連續穩定獲利的利器！但是，建立交易系統需要一個漫長過程，因為它是一套完善的交易規則，嚴格規定了投資的各個環節，是一套複雜的系統工程。而且最為重要的是，交易系統要全面，但操作思維和方法要簡單，愈簡單，實戰效果就愈好。

「天道酬勤，而期道至簡！」言談舉止中透露的是黃如斌對自己未來期貨交易生涯的堅定與信心！

捕捉適合自己
系統的行情

周國茂：每次交易只選擇最有機會的標的，重倉出擊。

今年 39 歲的周國茂，是一位在證券與期貨業從業多年，但始終專注於投資領域的交易好手。他的專注不僅體現在接觸期貨後毅然離開了股票投資，還體現在這次大賽中每次只選擇一個標的進行交易。

1998 年武漢大學金融系畢業，1997 年開始介入中國證券市場，先後在投資公司和實業公司從事證券市場二級市場投資和一級市場股票申購。2003 年轉戰期貨市場，一直偏重技術分析。2008 年金融危機中的成功做空以及隨後的做空思路令他在短短一年內經歷了期貨投資生涯以來的最大沉浮。

之後，周國茂不得不重新審視自己期貨投資體系的客觀性，並逐步建立起了用均線組合跟蹤趨勢的交易系統，如今已形成較為成熟的交易理念與體系。

◆ 周國茂 ◆

第五屆中國期貨實盤交易大賽輕量級組第一名指導者，投報率274.21%，五月月度冠軍；優勢交易標的——工業品；交易模式——用均線組合跟蹤趨勢；管理期貨資產上千萬。

◆ 指導實盤大賽盈虧曲線 ◆

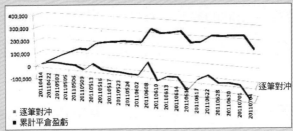

標的獲利的分布					
獲利標的	手續費	成交手數	平倉盈虧（逐筆）	淨盈虧	盈虧占比（％）
橡膠	18405.29	569	96925	78519.71	35.97
鋅	3600.00	240	143350	139750.00	64.03

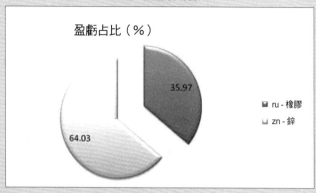

盈虧占比（％）

35.97

64.03

■ ru - 橡膠
■ zn - 鋅

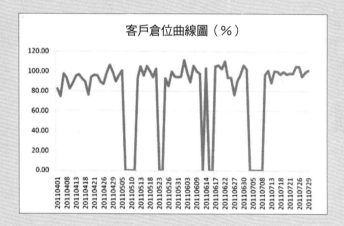

客戶倉位曲線圖（％）

交易感想

資金管理上，應結合儘可能多的要素來確定行情的級別大小，並以此來確定投資的倉位，同時應做好加碼準備，無論盈虧，最後的退場應果斷。

風險控制上，儘可能降低交易頻率，並以此來降低虧損的交易機率。交易頻率愈低，獲利可能性愈大。當能控制到一年只做十筆以內交易時，不獲利是不可能的。

不願意虧損的人、不能正確認識虧損的人，一定不能成為交易領域的成功者。想賺盡每一次細微波動的人，一定是交易領域的失敗者。

勞逸結合，行情是階段性的，沒有符合自己需要的行情便休息，強行交易便會虧損。期貨市場不缺機會，但是機會不是我們創造的，是我們發現的。

交易分析

1. 參賽幾個月來保持了穩定的獲利，且一直堅持操作兩個標的。
2. 能長時間保持穩定獲利的交易一定有自己的交易規則，並且適切地執行了這個規則。
3. 好的交易規則並不神祕，往往是一些大家常用的看盤原理，多數情況下貴在堅持。
4. 很多交易者花了多半的精力研究入場策略，卻忽視了出場規則與資金控制，入場策略只是交易的第一步，好的出場策略與資金控制才是獲利與否與獲利大小的保證。
5. 做自己熟悉的標的，市場很像人，每一個標的都有自己的性格，關注久了就像老朋友一樣，交易者在交易過程中的高勝率就來源於此。

嚴格按照系統發出買賣信號後入市

「我目前較為成型的交易手法是中長期趨勢投機。」周國茂用的是均線組合趨勢跟蹤系統。他推崇一種簡單投資的理念。「但也不全是簡單均線，有的是加權平均線。」在應用時，他還會結合不同標的波幅、頻率、速率等波動特性賦予這組均線系統不同的時間參數。所有操作周國茂基本都以交易系統為主導，極少數情況下會打提前量（在帶有自己的預期判斷下提前幾個交易日進場或出場）。

為了能集中精力比賽，周國茂主要操作三個標的──鋅、橡膠、豆粕，交易次數僅六次。「對於小資金帳戶，每次交易我都只會選擇最有機會的那個標的，一旦決定，重倉出擊。但是對於上千萬的大資金帳戶，會選擇行情波動大的標的做投資組合。我的優勢標的是工業品以及棉、糖、豆油等部分農產品。」

為周國茂在本次大賽中奪冠立下汗馬功勞的重大獲利主要有兩次。一次是四至五月鋅下跌做空獲利翻倍（4月14日至5月6日）；另一次是五至六月橡膠上漲，做多獲利後投報率升至280%（5月12日至6月10日）。

「這兩次都是嚴格按照系統發出買賣信號後入市的！」投報率大幅攀升的背後是每次介入時近九成的重倉。「如果不是參加比賽，在管理小資金帳戶時，交易系統一逮到機會，我也會重倉進場。」

結合系統做出相應的投資決策

按照自己的交易系統操作有盈也會有虧的時候。6 月 17 日周國茂在系統還沒有發出賣空信號（七個交易日後才發出）時進場做空，投報率在 6 月 28 日迅速攀升至高點 400％。但是在下旬的劇烈震盪（V 形反轉）又迅速吐回了這次交易積累起來的利潤，7 月 4 日系統發出平倉信號，他果斷了結頭寸。

「在低點我還利用浮盈加倉了，沒有及時落袋為安的原因是交易系統一直未發出平倉信號。」談及這次交易是否會有些遺憾，周國茂表示，如果不是打提前量，這次損失會更大。但是，他並沒有因此而懷疑自己的交易系統。他表示，無論什麼樣的交易系統都會遇到不能運作的時候，交易系統不可能 100％準確，只能捕捉到適合自己的行情。他的交易系統在震盪市中一定會有損失。「盈虧是很正常的事情，發生虧損時要坦然接受，果斷停損。」

「從進入期貨市場我就沒離開過，我個人的性格適合這個市場，這個市場一定能成就我！」周國茂的自信來源於他對期貨投資層次的客觀認識。在期貨公司從業的八年來，他看到了太多在期貨市場上起起伏伏的投資者。「目前我處在對行情認識較為深刻的階段，能結合交易系統發現行情的發展級別，並據此做出相應的投資決策。但存在的問題是，在經歷幾次成功交易後，偶爾不尊重系統。在遭受教訓後，我正逐漸改正一些毛病。」

認準獲利方向
就算波動也不離場

汪星敏：一旦認準方向，就不會輕易離場。

憑藉 215.32％的投報率，職業投資人汪星敏成為本次大賽羽量級組亞軍，同時他指導的帳戶也以 2.06 的單位淨值獲得第六名。這是汪星敏第二次參加全國期貨實盤交易大賽。去年，汪星敏以 170.39％的月度獲利奪得輕量級組六月月度冠軍，並且最終以 165.17％的累計投報率獲得羽量級組第 14 名。

對自己的成績永不滿意

雖然連續兩年取得佳績，且名次大幅提高，不過，汪星敏對這個成績並不滿意。「那是我第一次參加全國期貨實盤交易大賽，成績不是很好。」汪星敏稱自己首次參賽主要為了驗證自己的操盤方法，並在比賽中完善操作技巧。通過那次鍛鍊，汪星敏受益匪淺，在去年下半年他參加的一次實盤比賽中，汪星敏從 3 萬元初始資金開始

◆ 汪星敏 ◆

第五屆中國期貨實盤交易大賽羽量級組亞軍，投報率 215.32％。指導的帳戶以 2.06 的單位淨值獲得第六名。

他的操盤風格是，一旦認準了方向，就敢於把單子拿到底，絕不輕易收兵，即使盤面有反覆，也會再堅持一下，不怕後悔！

操作，結果獲得了將近百萬的收益，最終以 4408.42％的投報率獲得冠軍。

今年的全國期貨實盤交易大賽，汪星敏是四月初才加入角逐。在三個月的比賽日內，他的收益曲線就像一座臺階，整體節節向上，成績相當穩定。不過，汪星敏認為，由於今年交易成本大幅提高，這打亂他的做單節奏和習慣，盤中一些關鍵點位也無法下單測試。「其實成績還可以更好，這個投報率對自己來說並不是真實水準。」

與一般對抗性質的比賽更關注名次不同，實盤交易大賽更類似競技運動，參賽選手也往往更看重自己的成績。「如果大家都賺了 1％，而你賺了 2％，你當然是冠軍，但實際上這個冠軍除了虛名之外，沒有什麼實際意義。」一位同樣也在比賽中獲獎的選手這樣解讀，或許從中也可以理解為什麼汪星敏對自己的成績「永不滿意」。

認準方向，不輕易收兵

汪星敏的炒手生涯始於 2002 年年末。以前他是一家銀行的職員，但他最終卻放棄了這份在很多人眼中不錯的工作。「可能是在銀行工作的原因吧，我接觸金融市場的機會比較多，後來接觸到了期貨，就開始在做單上著魔。從我進入期貨市場的第一天起，我就把它當作一生的事業來做。」

汪星敏告訴記者，為了專心做好交易，自己辭去工作。從最初幾萬元的資金，如今成為圈裡知名的炒手，汪星敏用了十年的時間。他告訴記者，自己炒手生涯的轉折點是在 2007 年，趁著當時豆油價格從 11,000 ～ 14,000 元的一波漲幅，自己才真正掘到了炒單的「第一桶金」。從那以後，他的做單風格日趨成熟，獲利也開始趨於穩定。

汪星敏是個能沉得住氣的人，他的網路暱稱就叫「要握住獲利單」，從中也能看出他的操盤風格，一旦他認準了方向，就敢於把單子拿到底，絕不輕易收兵。「我最常在黃金上拿過三個月的多單。那是 2009 年 9 月底，我在 214 左右買，一直達到 260 左右。當時分析基本面之後，在資金波動上找到了進場機會。」汪星敏稱自己一旦認準方向，就不會輕易離場，即使盤面有反覆他也會再堅持一下，不怕後悔。

流動性強的標的
對短線交易才有利

顏國興：做期貨投資最重要的就是平和的心態。

在第五屆中國期貨實盤交易大賽中，來自東北的參賽者——顏國興最終以 179.22％的投報率奪得輕量級組季軍。面對優異的成績，顏國興將這歸功於過去十年來不斷地學習和磨練，更重要的是在期貨交易的過程中，學會並擁有良好的心態。

學習思考，奠定日內短線交易風格

「我是 2002 年經朋友介紹才開始做期貨的，到現在已經快十年了。」電話的另一頭，顏國興與記者聊起他的期貨投資經歷。1996年，顏國興便開始投資股票，其後市場的起伏也讓他悲喜交加。隨著 2000 年前後網路泡沫化，國內外股票市場也進入了一段低潮期，顏國興開始找新的機會。

「當時朋友介紹說做期貨可以用槓桿、T+0，還可以雙向交易，感

◆ 顏國興 ◆

第五屆中國期貨實盤交易大賽輕量級組季
軍，投報率 179.22％；優勢交易標的——
天膠、棉花、鋅等活躍標的；交易模式為
日內短線交易。

交易感想

盤感是交易者的一種直覺，是在判斷標的
價格運行方向之上，對倉位的合理配置。
盤感非一日之功，也絕非能效仿他人，只
能通過大量交易實踐逐步摸索出來，這方
面沒有捷徑。

◆ 帳戶盈虧曲線 ◆

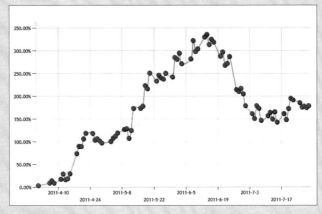

持倉偏好分析				
獲利交易日	當日獲利小於 1 萬元	當日獲利 1~3 萬元	當日獲利大於 3 萬元	最大單日獲利額
	20 個交易日	21 個交易日	8 個交易日	5.4 萬元
虧損交易日	當日虧損小於 1 萬元	當日虧損 1~3 萬元	當日虧損大於 3 萬元	最大單日虧損額
	17 個交易日	14 個交易日	2 個交易日	7.7 萬元

◆ 交易標的偏好 ◆

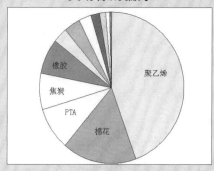

◆ 交易習慣與帳戶投報率比較 ◆

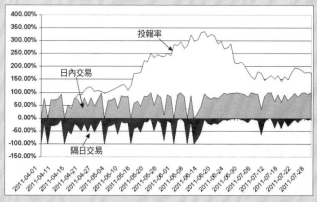

◆ 帳戶每日盈虧額情況 ◆

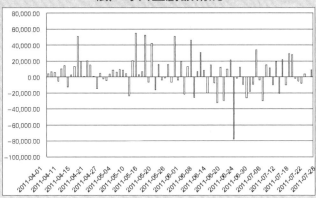

◆ 標的盈虧對比 ◆

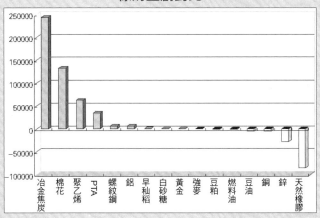

覺比股票更靈活，所以就抱著試試看的態度做起期貨來。」顏國興回憶說，初入期市雖然懵懵懂懂，但感覺那段時間運氣還不錯，幾乎做什麼都賺錢。感受到期貨投資獨特的魅力之後，他決定將自己的投資重點轉移到期貨上。

不過，隨著進一步深入期貨市場，顏國興也見識到了期貨投資的殘酷性。「最差的時候，不僅將自己多年來投資積累的本錢都虧進去，還欠了親戚朋友一些錢。」顏國興回憶起當時的情景仍不免有些唏噓。

「回憶起自己做期貨以來，多數時間都是隨波逐流，很少有時間去思考。」顏國興說，自己開始留意身邊有關期貨投資方面的書籍，並認真研讀了《日本蠟燭圖》、《期貨市場投資分析》、《股票作手回憶錄》等經典著作。

通過學習思考，他明白了自己失敗的原因在於沒有深入分析期貨價格運行規律，匆匆忙忙做決定，唏哩糊塗地賠錢。為此，他開始每天堅持收盤後復盤檢討，對照技術指標分析價格走勢，制訂接下來的交易計畫，慢慢地也形成了以日內短線交易的風格。

喜愛流動性強的標的

顏國興說，作為一名短線交易者，自己也更喜歡天膠、白糖、棉花、鋅等流動性強，日內波動比較大的標的，這樣會給自己更多的

交易機會。如同其他優秀的短線客，顏國興認為「盤感」非常重要。他認為，盤感是交易者的一種直覺，是在判斷標的價格運行方向之上，對倉位的合理配置。

「盤感非一日之功，也絕非能效仿他人，只能通過大量交易實踐逐步摸索出來，這方面沒有捷徑。」顏國興說。

「我個人認為，技術指標要簡單有效，短時間內把握住大方向即可。」作為一名短線技術派，顏國興如是說。他平常多使用五分鐘K線來判斷價格走勢，同時也會經常關注日K線和週K線，特別是日K線結合成交、持倉情況綜合判斷價格運行區間進行操作。另外，他有時還會關注一下超買超賣指標，分析價格運行趨勢。

顏國興操作帳戶的曲線投報率，呈現先揚後抑的走勢。對此，他也坦言自己在前半段做得比較順，主要是把握住了一些標的的機會。例如在焦炭期貨上市初期，由於市場整體走勢偏弱，多數標的跌多漲少。顏國興發現，焦炭走勢有些逆大盤而行，於是他果斷介入做多並加大單量持倉過夜，其判斷也得到市場印證，最多時一天之內個人投報率增長近50％。

顏國興也分析了賽事後半段中投報率回撤的原因。他表示，六月下旬天膠出現一波回調，在回檔期間自己認為天膠調整已到位，應有反彈做多機會，多單介入後卻不料膠價連續下挫，自己最後不得不停損離場。他歸納總結，那段時間自己對天膠下行趨勢判斷不足，

沒有識別出假突破的陷阱，這樣的問題值得好好反思。

透過比賽考察能力檢驗心態

「回顧過去十年走過的路，感覺做期貨投資最重要的就是平和的心態。」顏國興深有感觸地說，作為一名短線投資者，日內交易的頻度和壓力更重一些。有些時候可能自己的方向和倉位都比較合適，但是短時間「秒殺」行情很容易讓人對自己的判斷產生懷疑，進而過早停損出局。「這時候不僅僅考驗的是技術和判斷力，更重要的是心態。」顏國興說，經歷過 2008 年金融危機那波行情後，自己感覺找到了一條穩健獲利的方法，更重要的是擺脫剛做期貨時「想贏怕輸」的心態，而這對自己的決策判斷大有裨益。

隨著自身交易經驗的積累，顏國興也開始尋找實踐的機會。在參加第五屆中國期貨實盤交易大賽之前，他也陸續參加了一些期貨交易大賽，也有了不錯的成績。顏國興說，比賽名次不僅考察了一個人的能力，更檢驗了良好心態，自己有些時候做得不順，會放下手中的交易主動出去走走，徹底地放鬆之後再投入交易中，有時會帶來更大的驚喜。

放緩交易腳步
掌握趨勢可以賺更多

逯智勇：我可以根據市場變化對交易進行調整。

自 2003 年進入期貨行業以來，逯智勇在期貨市場中打拚已有八年。而在這八年時間裡，逯智勇經歷了短線交易者、套期保值交易者和專業投資人的三重角色轉換，同時擁有期貨和現貨經歷的逯智勇對期貨交易也有著自己獨到的見解。

減慢交易頻率，再認識市場

「2002 年期貨市場結束了 20 世紀 90 年代混亂、無序的局面，開始迎來了一波大牛市，而我正好趕上這波大行情。」逯智勇坦言剛進期貨市場之初無序的操作和過於頻繁的交易，讓他交了不少學費。

「剛做交易時，對市場既沒有清晰的認識，也沒有形成自己的交易理念，頻繁地交易使得手續費占據了交易虧損中的一大半。」逯智勇表示，那段時間自己的資金帳戶曲線呈拋物線下滑的態勢，當

◆ 逯智勇 ◆

第五屆中國期貨實盤交易大賽輕量級組七月月度第二名，
整體累計投報率為 169.03%。

逯智勇認為「從一種意義上來說，趨勢交易者就像一個農
民，春天播下種子，秋天收獲，冬天休息，而與農民不同
的是，我可以根據市場變化對交易進行調整。」

時的交易策略無異於慢性自殺。

隨後，逯智勇開始減慢交易頻率，通過對市場的不斷認識、學習
以及對交易策略的不斷反省和調整，漸漸地，逯智勇摸索出了一套
自己的交易策略——趨勢交易。

倉位把握與風險控制很重要

逯智勇表示，與短線交易不同的是，趨勢交易追求的是大行情，
在乎的是整體收益，而非一時得失，對於入場點的選擇不是那麼的
重要，有時候甚至會逆勢建倉，因為這樣操作起來會更靈活。

「在趨勢交易中，對行情走勢的判斷和堅持，對虧損的容忍是非
常重要的，交易是對一個人耐心和膽略的考驗。」逯智勇告訴記者，
在剛剛轉變為趨勢交易者的時候，也犯過不少錯誤，有時候趨勢判

斷對了，由於交易成本的抬高和行情的震盪而早早出局，有時候趨勢判斷錯誤，由於沒有及時轉變而造成虧損。

「同時，倉位的把握和風險的控制也尤為重要」，逯智勇說，在2008 年金融危機時，也因為沒有規避系統性風險而遭遇了白糖的最後一跌。「當時的倉位比較重，在大的系統性風險面前，入場點和風險控制都沒有把握好。」逯智勇表示，交易更多的是控制自己，讓自己更加理性。而倉位和風控也沒有放之四海而皆準的守則。

「通常對於大資金而言，操作會比較穩健，對於承接的客戶資金，我的倉位一般控制在三成以內，以保證客戶資金的安全，對於自有資金我會比較大膽，倉位保持在六、七成。」據記者了解，逯智勇指導帳戶在七月的輕量級組比賽中排名第二，整體累計投報率為169.03％。

震盪中求生存，趨勢裡謀發展

經歷了八年的交易歷練，逯智勇感歎，在交易中要能持續獲利，必須修練為一個「全能選手」，不僅對基本面、技術面要有敏銳的研判，同時還要具備良好的交易心態，因為任何一次短絀都有可能導致交易失敗。

短線操作的經歷鍛鍊了逯智勇的技術面，積累出很好的盤感，在銅加工企業從事套保（編按：套期保值業務）的三年經歷讓他從另

一個角度認知了市場，對各個標的的基本面也有了更深的認識。經歷了各種行情後，逯智勇的交易心理也日漸成熟，在 2009 到 2010 年期間，憑藉多年的經驗，逯智勇捕捉到了一波農產品的超級大行情。

「2010 年通過判斷棉花基本面，我們決定做多，當時 16,000 多點左右進場，雖然中間也有震盪，但還是堅持持有，抓住了棉花上漲的大行情。同樣，我們從 2009 年至今對白糖也採取做多策略，中間有短暫離場，但大致上把握住了整個波段上漲。」

逯智勇表示，在很多時候，趨勢交易不一定有獲利，甚至會有一些虧損，但行情來的時候，就會產生豐厚的回報，這就是所謂的震盪中求生存，趨勢裡謀發展。在今年的寬幅震盪行情中，逯智勇減少了操作，調整了倉位，保存實力，以做多強勢標的為主。他相信震盪過後必然會有一波大的趨勢。

期貨之王
從10萬到20億，55位打敗死神的戰神交易筆記

冠亞軍大賽交易分析

專注，成就冠軍

經過四個月的激烈鏖戰，100 萬元以下的輕量級組冠軍和 100 萬元以上的重量級冠軍脫穎而出，一位是 0978302 帳戶的楊麗（指導／周國茂），投報率 274.21％；另一位是 000002800817 帳戶的陳專（指導／滾雪球投資林波），單位淨值達到了 2.4119。

我們對兩位選手的持倉報告進行了復盤分析，我們發現「專注」是兩個人操盤的共同特質。

楊麗：三個標的定天下

輕量級組冠軍楊麗（指導／周國茂）從 4 月 7 日開始參加比賽，在最初的一週內，採用了日內交易的手法，沒有持倉過夜。從資金變化看，楊麗具有日內交易獲利的能力，但表現並不穩定，期間資金出現較大幅度回撤。

從 4 月 20 日開始，楊麗調整策略，以中長線的隔夜交易為主，這個策略最終幫助其登上了冠軍的寶座。在輕量級組前三名選手中，楊麗的操作標的最少，整個比賽中他只交易了三個標的——鋅、橡膠和豆粕。他的主要競爭對手，季軍顏國興風格與其相反，顏操作的標的很多，幾乎涵蓋了三個交易所的所有標的，有時甚至同時持有三個標的以上的持倉。

顏國興的操作特點是，持倉時間較短，常常前一天建倉，第二天就平倉了結，同時再開新倉，從這點上看，顏的盤感非常好。六月份，競爭最激烈的一段時間，楊麗的排名都落後於顏國興。不過，到了比賽後期，注意力集中的「楊麗」成績更為穩定，顏國興雖然盤感了得，也只能屈居第三名。

為了比賽取得好成績，楊麗在資金管理上選擇了重倉操作，首次建倉資金達到了權益資金的 80％。一旦操作順利，即順勢加倉，每次加 1~2 手。在進出點選擇上，我們推測，楊麗的核心理念可能是「四週規則」演變的「四天規則」，即價格突破前四天 K 線的高點（或低點），建倉或者加倉。只要未出現反向信號，即堅決持有倉位。

陳專：道氏理論的傳人

重量級組冠軍陳專（指導／滾雪球投資林波）是一位後發制人的股指期貨專才。經過研究發現，這也是一位將道氏理論成功運用到

交易中的高人，他就是重量級組冠軍選手陳專，提供交易指導的則是福建滾雪球投資公司。

人如其名，比賽期間除了有一天試水銅和橡膠外，該帳戶只做股指期貨一個標的的交易。交易頻率也很低，除了加倉外，總共交易次數不過四、五次，操作方向也很簡單，比賽期間全部是空單，除了中間平倉休息外，一路空到了冠軍寶座上。

在比賽的絕大部分時間，陳專都游離在排行榜前十名外。而且就在比賽結束前一天，陳專仍屈居亞軍，是在比賽最後一個交易日，才率先達陣的。

與冠軍楊麗一樣，為了比賽中取得突出成績，陳專在資金管理上也是重倉操作。當然，這樣做的前提是堅決的停損能力，普通投資者慎用。我們推測陳專進出場的主要依據可能是道氏理論，即市場以趨勢方式演變，當後一個山峰無力超越前一個山峰時，陳專重倉建立空單；若超越，果斷停損；若順勢下破頸線位，隨即加倉，每次加倉量一般只占到首次建倉的 10％。在陳專的交易中，沒有設置停利。空頭趨勢中，若是山谷逐級抬高，且突破前一個壓力平臺時，結束交易出場。

比賽期間，「陳專」的排名長期落後於其他選手，仍能堅持自己的交易原則，幾乎沒有盲目下單的情況。專做一個標的，專做一個方向，專心持有，成為其後發制人的前提。

在實現一年數十倍的高獲利後，
就像爬上一座山，
可以在頂峰看到不一樣的風景，
心靈上的境界也不一樣。
即使以後下山了，
也看過山頂的風景，
將來還會有辦法再爬回山頂。

　　　　　　　——丁洪波

第四屆中國期貨
實盤交易大賽

丁洪波│蔣龍方│嚴德忠│付愛民│虞喜武
史詩鎧│汪星敏

滿倉交易若能找到甜蜜點
就有高獲利

丁洪波：一個交易者，要在實踐中學習和進步。

如果不是之前就認識，你不會想到眼前這個謙遜平和的人，就是第四屆中國期貨實盤交易大賽中的重量級組冠軍丁洪波。在此次比賽中，他經常重倉操作，有時候甚至滿倉隔夜，並利用這種操作方法，在四個半月的比賽時間裡，在沒有出現大幅回檔的情況下，將參賽的 100 多萬資金增長到 500 多萬（投報率413.28％）。

滿倉交易高風險也是高獲利

滿倉操作往往是期貨投資的大忌，但從丁洪波的操作紀錄來看，滿倉交易似乎是他的不二風格，這也讓許多關注大賽的人，對他交易成果的持續性有所懷疑。

「滿倉不是不可以，如果期貨帳戶的錢只是你總資產的一小部分，

◆ 丁洪波 ◆

第四屆中國期貨實盤交易大賽重量級組冠軍，六月月度冠軍，投報率 413.28%。

丁洪波認為，滿倉交易的關鍵，是要找到最適合入場的「甜蜜點」位置。在這個點位進去了就會出行情，買進了就會漲，賣出就跌。

就可以滿倉。」丁洪波告訴記者，他的比賽帳戶是滿倉的，他的其他帳戶也都是滿倉的，不是因為參加比賽而滿倉。期貨滿倉交易雖然風險偏大，但獲利也相對較大，更符合期貨資金追求高獲利的要求。另外，如果滿倉交易，投資者對虧損就會比較敏感，停損會比較嚴格，對進場點要求也會比較高。

通過盤感和嘗試確定甜蜜點

「滿倉交易的關鍵，是要找到最適合入場的『甜蜜點』位置。」丁洪波表示。他解釋，打網球的都知道，球落在球拍中心，手感很舒服，叫作甜蜜點，「黎明前的黑夜進去是最好的進場點，這是期貨交易進場的『甜蜜點』，這個點位進去了就會出行情，買進就漲，賣出就跌，進去後馬上賺錢，不賺錢馬上出來」。

他說，「甜蜜點」的位置，應該是做進去比較好停損的位置，對了賺大錢，錯了虧小錢。有時候虧幾次小錢也好，可以使亢奮驕傲的心稍微下來一點，賺一大筆，虧四、五小筆，對心理調整或許是好事。

對於「甜蜜點」如何確定，要通過盤感和嘗試。丁洪波認為，所謂盤感，是對盤面上多空力量的直觀判斷，這種判斷來自多年累積下來的潛意識感覺，只能通過時間的積累才能磨練出來。而嘗試，就是在盤整的行情中尋找突破的可能。

盤整行情中判斷，找出甜蜜點

「我會在盤整的行情中做出一個向上或向下的判斷，例如，盤整行情中高段不斷降低，我就進場做空。如果判斷錯誤，就在盤整最高點平倉，損失不會很大；而如果正確的話，我就能獲得比突破後更大的收益。」丁洪波毫無保留地講出了尋找「甜蜜點」的祕訣。

對於資金承載力問題，丁洪波認為，滿倉操作並非一定要短時間迅速建倉，只要把握好建倉技巧，甚至幾個億也可以實現滿倉短線操作。

丁洪波建議，操作三年以上的投資者，都可以嘗試用點小錢試一試滿倉操作，想辦法得到高獲利。「在你實現一年 10 倍、20 倍的收益之後，你就像爬一座山一樣，在頂峰看到不一樣的風景，心靈上

的境界也不一樣。即使以後下來了，也知道了山頂的風景，也會有辦法再爬到山頂」。

甜蜜點不忘風險管理

將「甜蜜點」交易法則與風險控制結合在一起，是丁洪波在實踐操作中的風險控制的前提。他認為，如果找到了甜蜜點，交易的風險就很小，滿倉的虧損也不會很多。需要注意的是，市場行情機會有大有小，機會大，倉位重一點；機會小，倉位輕一點。

在操作中，丁洪波先找出一個「甜蜜點」，用 1/5 的資金入場，如果價格反方向走出 1.5％，按 10％的保證金收取水準計算，總資金虧損比例是 3％。如果這 1/5 方向對了，就把停損設在開倉價附近，再根據行情移動停損。這樣，帳戶 1/5 的資金就安全了，之後就需找下一個 1/5 資金的入場點位，繼續如此操作。

這一過程中，只要有一個 1/5 到了停損價，所有的倉位都全部平倉。最後，當他加到滿倉時，之前 4/5 的倉位已經賺了很多錢，這樣就可以在本金安全的情況下，追求最大的利潤。

丁洪波表示，除了這種方法，還有一個在做趨勢中需要嚴格遵守的規則，那就是如果一筆單子三天不獲利，一定要堅決平倉離場，「因為如果價格沒有向你預計的方向走，要嘛說明你錯了，要嘛說明時機還未成熟，此時，離場是不會錯的選擇」。

因為經常滿倉操作，丁洪波對停損有著深刻的理解。他表示，滿倉的人停損快，因為滿倉做行情走反一點點，虧損額就會比較大，停損就比較堅決，滿倉也可以培養投資者養成停損的習慣。

維持顛峰更重要

做交易沒有「常勝將軍」。無論是連續錯誤產生的沮喪還是多次勝利後產生的驕傲情緒，都會犯下錯誤，產生更多的虧損。丁洪波認為，投資者要做的就是把自己腦子裡的東西全部擦掉，把腦子中的信號全部格式化，重新審視市場，不要讓過去影響未來的決定。

懶惰是賺錢後很容易起來的情緒。丁洪波提到自己的經驗，自己曾經每天寫交易計畫，每週每月寫計畫。但是，在賺了不少錢後就開始懶惰起來，覺得計畫寫不寫無所謂了，很多事情也不做了，甚至連研究行情也開始三心兩意了。

丁洪波認為，一次兩次得名次並不困難，但作為一個職業交易者更重要的是，在達到自己的顛峰狀態之後如何保持。「這其實也是一個修煉的過程。在一次次攀高後跌落的過程中，一次次調整自己的心態，站穩自己的腳跟。」他認為，過去不等於未來，一個交易者需要不斷應對市場的變化，去適應市場。

「一個交易者，要在實踐中學習和進步。」丁洪波說，策略可以學習，但同一個策略用在不同的人身上可能產生不同的效果，適合自己的，就是最好的。

盤感練出短線王
不忘風險穩定高報酬

蔣龍方：首先要考慮如何活下來，以後才能講發展。

他的期市經歷並不長，但是敏銳的盤感和嚴格的風險管控讓他在期市中獲益頗豐。慘痛的股市投資經歷，初嘗勝績的權證交易，讓他體會了到資本市場的酸甜苦辣，但也教會他嚴格的投資紀律和自成一體的投資理念。偶然的機會他進入期市，短暫的調試之後便全身心投入其中，過往的投資經歷成為他最寶貴的財富，指引他在波濤洶湧的期市中一路前行。他就是蔣龍方。

短線交易，穩定盈利

翻開本屆實盤大賽的獲獎名單，蔣龍方這個名字令人印象深刻，在他的指導下，一名參賽者以 3.7261 的單位帳戶淨值獲得重量級組的第四名，另有兩位參賽者也以接近或超過 200％的投報率分獲輕量級組第六名和第八名。在同一人的指導下，三名參賽者都進入總成績榜的前十名，這在過去並不常見。

◆ 蔣龍方 ◆

第四屆中國期貨實盤交易大賽三名獲獎選手的操作指導，一名參賽者以 3.7261 的單位帳戶淨值獲得重量級組的第四名，另有兩位參賽者也以接近或超過 200％的投報率分獲輕量級組第六名和第八名。

　　記者對蔣龍方指導的帳戶充滿好奇，查閱這三位參賽者的交易明細，大量的日內操作紀錄映入眼簾。頻繁的短線交易，留倉過夜的次數屈指可數，集中的交易標的，方向轉換迅速，所有的跡象都表明這是一個經驗相當豐富的短線客。

　　蔣龍方做期貨始於 2007 年，時間並不長，但是他上手適應的時間似乎比一般人要快，他歸功於自己在股票市場累積的經驗教訓。

　　對於一個短線客而言，良好的「盤感」必不可少。面對日內價格走勢的高低漲落，開倉、平倉、看多、看空，時機的把握，方向的選擇，短線客看似信手拈來的操作，背後卻有著對標的和市場敏銳的直覺和判斷。「盤感」這種說不清、道不明的東西對每一個短線客都夢寐以求，而它從來都只是垂青那些有準備的投資者，蔣龍方就是個例子。

「當初做期貨，是沖著股指期貨來的。」蔣龍方這樣介紹自己做期貨的動機。2007 年股指期貨呼之欲出，由於他做股票的量比較大，聽朋友介紹股指期貨可以做空對沖風險，並且槓桿比例大，所以當年五月份就到一家期貨公司開戶，準備操作股指期貨。「哪知好事多磨，股指期貨遲遲沒有推出來，為了積累經驗，就拿了 5 萬塊錢先從商品期貨做起」。

將風險放在第一位

回憶剛入期市的那段時間，蔣龍方說：「入市第一天帳戶浮盈就兩三千元，感覺這個比股市有搞頭。」在接下來的一個月內，他把手中的股票暫時放在一邊，將主要精力都放在做期貨上。而他在豆油上操作也比較順利，其個人權益從最初的 5 萬元，半年之後增至近 10 萬元。

但在此後一段時間內，蔣龍方就開始體會做期貨的不易，「有段時間做豆類標的很不順，感覺老是跟不上市場的節奏，幾個月裡行情上上下下，虧多賺少，帳戶中的錢從 10 萬縮水到 6 萬元左右。」對此，蔣龍方則看得很坦然，「那時自己初入期市，本來就是鍛鍊經驗，沒有摸透標的性格虧錢很正常。」蔣龍方笑稱如同每個人有各自的性格，每個標的也都有各自品性脾氣，要做好一個標的，首先就要摸準這個標的「脾氣」，即該標的基本面情況，以及過往的量價走勢規律等。

摸索各標的脾氣

對於各標的脾氣的摸索，蔣龍方認為自己的方法並不複雜。「我非常關注成交量，技術圖形看的不多，主力資金控盤的情況下是可以人為操作，這個意義不是很大，但是成交量騙不了人」。

同時，也應關注持倉量的變化，這也都反映出市場主力資金的取向。把價格、成交量、未平倉量結合在一起看，對價格走勢判斷很有幫助。一般情況下，如果成交量、未平倉量與價格同向，其價格趨勢可繼續維持一段時間；如兩者與價格反向時，價格走勢可能轉向。「當然，這還需結合不同的價格形態做進一步的具體分析」。

「在所有的交易中，都必須將風險放在第一位，通過資金管理，及時調整自己的交易策略和方向，確保損失的最小化。這就像是打仗，首先要考慮如何活下來，以後才能講發展。」蔣龍方說，這是期市生存的第一法則。與此同時，一定要相信市場，應順勢而為，一定不能逆市操作。「不認輸的人會虧錢，太固執的人也會虧錢。」蔣龍方坦陳，這些說起來很容易，做起來很難，但唯有此才能在市場中生存。

資產 1/10 做期貨，用小錢發揮最大效益

熟悉蔣龍方的人說，儘管他只是中學畢業，但是他的投資理念確實非常富有哲理，例如他在資金管理上的「膽大膽小統一論」。

在此次實盤大賽中，蔣龍方指導了一個重量級客戶，也指導了兩個輕量級客戶。他坦陳 100 萬和 10 萬的資金量在操作上差別不大，都是短線日內交易，只有少時間留倉過夜。心態上，可能資金量大的相對穩健一些，量小的可能更激進一些。

蔣龍方認為，「做期貨該拿多少錢合適，這個要因每個人的承受能力而定，但是我有一個原則，就是拿自己 1/10 的資產去做期貨。如果有 100 萬的資產，你拿出 10 萬元左右來做期貨就可以了。帳戶中有了這 10 萬元，就一定要發揮這些錢的最大能量，大膽地去做。但同時你必須要小心，時刻注意自己的風險，一定要停損止盈，不能和市場對著幹，膽子一定要小。」

他時常被別人稱作短線高手，但蔣龍方總是很謙虛，說自己並不是什麼高手，現在的成績都是過往經驗的積累和歸納得來。直到現在，他每天收盤後都要對當日操作進行復盤，對自己的一些做法進行分析歸納。

「盤感很重要，但這都是不斷操作得來，想要入門期貨沒有一年以上的時間不行。經驗很重要，基本功要扎實，不要一進來就想賺大錢，這樣到最後一定要虧錢的。」蔣龍方經常這樣對周圍新入市的朋友說。他還對記者表示，大賽期間他也做了不少的股指期貨，但是與其他商品期貨的操作遜色不少。「股指上市的時間不長，它的脾氣我還在摸索，盤感還是要經驗積累，我會繼續摸索下去的」。

緊抓機會
用交易計畫在價值窪地淘金

嚴德忠：投資者交易的是策略和計畫，而不是行情。

在第四屆中國期貨實盤交易大賽中，來自國聯期貨的嚴德忠參加了百萬元以上級別的比賽，並在比賽結束時獲得了優勝獎，帳戶單位淨值達到 2.7675。

旗下有多家食品加工企業的嚴德忠，當被問及當初為何進入期貨市場時，他不好意思地笑了笑：「當初對期貨有一些誤解，誤以為期貨市場可以融資，當時剛好公司經營需要周轉資金，就進入期市，想運用期貨的槓桿交易解決一點資金緊縮的問題，後來弄清楚期貨是怎麼一回事後，就一發不可收拾地喜歡上了這個市場。」

完整的交易計畫是獲利關鍵

「眾所周知，商品的價格是圍繞著價值波動的，這個波動從方向上來說，只有兩種，一種是偏離價值；另一種是回歸價值。現貨價

◆ 嚴德忠 ◆

第四屆中國期貨實盤交易大賽重量級組第
七名，七月月度冠軍，帳戶單位淨值達到
2.7675。
嚴德忠的交易理念：投資者交易的是策略
和計畫，而不是行情。知己知彼，不打無
準備之仗。

格的波動是這樣的，期貨價格的波動也是這樣的，現貨價格和期貨
價格之間的相對關係依然是這樣。我們只有充分把握了商品的價值
中樞，才有可能計算出價格到底有沒有偏離，我所要尋找的交易機
會，就是當偏離非常大的時候，低估了做多，高估了做空。」

　　而這對於許多進入期市的現貨商來說卻是知易行難，部分現貨商
儘管也能對大勢做出較為準確的判斷，但在實際的期貨交易中卻很
難獲利，甚至經常出現虧損。對此，嚴德忠也深有體會：「這種現
象的確比較多，我在這方面也曾經吃了不少苦頭，套保的單子賺了
就趕緊平倉，虧了就埋怨自己在做投機，而投機的單子賺了也是趕
緊平倉，虧了則又給自己找藉口說是做套保，總之，交易策略來回
變化，最後整個投資大致都以虧損收場。」

釐清交易機會與計畫

他分析說，這個問題的關鍵，是投資者在交易開始前沒有完整的交易計畫。他強調說，一定要將交易機會與交易計畫區分開來，發現交易機會僅僅是制訂交易計畫的開始，而交易計畫中更重要的內容則是資金管理和倉位控制。同時，資金管理要做好意外情況出現怎麼辦，只有解決了這些問題，才能保證當價格開始向價值回歸的時候交易者還有足夠的單子在手上。羅傑斯的名言「精打細算然後準確出擊」，就是對此最好的闡述。

但對於一個逆市加倉的交易者來說，虧損頭寸上加碼是一個必然的交易行為，而此行為一直被傳統經典交易理論所詬病。對此嚴德忠解釋說，分次進場只是一個策略，如此進場加碼也只是對進場過程的一個管理，當認定的交易機會還存在時，他才會在虧損的倉位上加碼。如果認定的交易機會不存在了，則須果斷停損離場。

掌握交割才能在市場走路

嚴德忠還做好了一些意外情況的保護措施，那就是始終要做好交割的準備。他說：「在很多情況下，我進場時都會充分考慮近遠期合約之間，以及它們與現貨價格的價差關係，如果確定可以通過交割來實現利潤鎖定，就會採用較積極的操作策略。」

他表示，其實在他的整個交易計畫中，交割有沒有利潤，以及利

潤空間的大小，本身就是衡量價格偏離程度的一個重要參考。他說，只有真正掌握了交割，現貨商利用期貨市場才是真正做到「兩條腿走路」。

整合一切資源，制定計畫

當然，技術圖形的買賣點和買賣時機也很重要，在努力尋找合適的進場點位和進場時機之外，我們更應整合自己的資金狀況、現貨管道等一切資源，看能否制訂出一個有獲利機會的交易策略和交易計畫。「投資者交易的是策略和計畫，而不是行情。知己知彼，不打無準備之仗，這也是羅傑斯的理念。」

對於成功的交易者需要具備什麼樣的專業素養問題，嚴德忠說，熟悉市場規則是必須的，但這並不是要求交易者必須熟知很深的金融理論知識，關鍵是交易者要有正確的思維方式和良好的行為能力，要善於學習和溝通，注意蒐集各類第一手資料和資訊。而對於新入市的交易者來說，一定要選擇適合自己的交易模式。「從個人的體會來說，我把自己的交易模式固定下來後，投資效果還不錯」。

投資組合造就
複利增長

四屆期貨實盤大賽每次都不乏傳奇，而本屆大賽 100 萬以下組別的冠軍——091353 帳戶操作指導者付愛民則有些「特別」。儘管是 10 萬元的小資金，他卻從不單方向「押注」單個或某些標的，而是用多標的組合的大資金穩健投資方式在四個半月內創造了優異的戰績。

每一個成功者榮耀光環的背後，都有不為人知的堅守和艱辛。正如付愛民常掛在嘴邊的一句話——「這個行業從來不缺明星，缺的是『壽星』。」

暴利不是目的，穩健為主

將近 500％！這個令人咋舌的數據，對熟悉付愛民的人來說並不是傳奇，因為他曾經創造過高達 70 倍的輝煌戰績。然而面對記者，

◆ 付愛民 ◆

第四屆中國期貨實盤交易大賽輕量級組冠軍。

付愛民採用多標的、多空投資方式，主要為了分散和控制風險，在這樣的此基礎上實現穩定獲利的增長。

付愛民更願意講述他曾經的挫折和傷痛。

從 1994 年投資期貨開始，付愛民在茫茫期海中沉浮了 16 載，從大賺的狂喜到巨虧的辛酸，四次大起大落造就了如今的他——平和而不急躁，穩健而不激進，堅韌而不頑固。

「暴利不是目的，穩健為主。」「這個行業從來不缺明星，缺的是『壽星』。」這兩句經常掛在嘴邊的話，成了付愛民每次講課或接受採訪時的開場白。

「參與本次大賽也是緣於一個偶然，拿到冠軍是運氣。」對於本次大賽的優異成績，付愛民很平淡，也很謙虛。他坦言，並未因為大賽和資金小而改變交易方式，相反這個 10 萬元小資金帳戶的操作手法，與他同期操作的幾個大帳戶手法如出一轍。

「無論大資金還是小資金都應一視同仁。」付愛民娓娓道來，不能因為小資金就滿倉搏殺，也不會因為參加大賽而改變自己的操作理念和手法。經過十幾年的沉澱，付愛民的投資理念和模式已經「成型」。在此之前，付愛民則是個短線「快槍手」，直到 2002 年——那一年是付愛民的「轉型年」。

從短線到中長線的完美轉型

「2002 年以前賺錢基本靠短線。」付愛民告訴記者，多年的歷練加上悟性，他在短線交易中縱橫馳騁。今年 4 月 16 日股指期貨上市時，他用不多的資金「試水」，半個小時內做了 40 個來回，準確率居然高於 85％。如今，華麗轉身的他的投資獲利大多來自中長線的趨勢交易。

「客觀來看，短線交易做到一定規模就會受到資金瓶頸的制約，而且對於精力和身體狀況的要求很高。」隨著年齡的增長，付愛民想到了轉型。「轉型很累很難，轉型期很長。」憶及往事，付愛民還是會感慨當時內心的矛盾——短線交易靠的是本能和感性，而中長線靠的則是分析和理性。

在從感性到理性的道路轉變中，註定是伴隨著煎熬、反覆和忍耐的，但付愛民做到了。在波濤洶湧的期市大潮中，十幾年來還在市場存活已屬不易，成功者更是鳳毛麟角。而但凡成功者必具備堅韌

的意志，正如付愛民。

多標的投資組合造就穩定的複利增長

「採用多標的多空投資方式主要是為了分散和控制風險，在此基礎上實現穩定地增長。」對於大賽中採用的投資方法，付愛民如是解釋。

多標的組合的方式看似簡單，實則不易，標的選擇、比例分配、風險控制都是關鍵。「一般來說，主要根據各標的基本面結合技術面的強弱來選擇，基本面好的傾向於做多，不好的傾向於做空，即行業基本面套利。」付愛民告訴記者，標的量要根據資金量的大小和市場表現來確定，多的時候十個甚至十幾個也做過。

「在標的選擇過程中，我會經常『試單』。」付愛民笑著說，有些絕佳的投資機會就是被「試」出來的。比如，感覺某個標的要漲，就先下很輕微的單子去嘗試，如果對了就大倉位進去，如果錯了就果斷砍倉，但並不一定馬上反手。

入場後何時加倉呢？對於記者的這個提問，付愛民的回答有些出乎意料。「不一定非要加倉，因為如果加倉點不好，很容易將到手的獲利吞噬掉，所以加倉一定要謹慎！」付愛民說，每波大行情30％的底倉，堅持下來也能實現不錯的收益，連續幾年就能達到不菲的獲利，這就是複利的魅力。

「為了保證複利的穩定，對於加倉部分一定要單獨核算盈虧。」在付愛民看來，開倉是小學課程，加倉是大學課程，加倉是投資中比較難的一部分。

付氏投資哲學：大道至簡

「靜如處子，動如脫兔。」付愛民告訴記者，多年來短線交易的習慣使其目前也仍然進行一些短線的交易，但其大部分資金主要進行中長線交易，而每次中長線交易機會的捕捉都至關重要。

首先從總體面進行選擇，對於任何一個標的來說，影響因素都是複雜而多變的，噪音也比較多，如何抓住主要矛盾呢？付愛民說，他對總體經濟的研判比較「粗」，比如之所以一直看好並堅定持有豆油，是因為通脹預期這一大背景，而工業品已經上漲很多，農產品價格相對低估。

其次是買入時機和加倉的問題。「買入點位主要結合技術面，多年來的短線交易經驗使得我盤感相對較好。」付愛民說，同時也會通過不斷地小單量「試單」確定買入時機。買入一定比例的底倉後，如果市場一直上漲，不給加倉的良好點位，那就一直不加倉。「寧可錯過，不要做錯」。

出場點位的判斷上付愛民堅持交易的一致性，即「因何入場，因何出場」。「比如大豆供過於求，做空，如果供求平衡了就要平倉」。

「很多人想找到成功投資的標準答案和統一的獲利模式，這是不太實際的。」付愛民認為，投資方法可以學習，但不能複製，也絕無捷徑可循。「有時候有人看不懂我的倉位，看不明白我為何加倉。但即便你把原理告訴他，他按照這個模式去做，可能還是會賠錢。」

付愛民說，很多在別人眼裡的「神祕」手法，都是交易者在多年的實踐中日積月累起來的，是悟出來的，簡單地模仿往往只會事倍功半。

迴避風險　讓獲利持續

「不少投資者反映這一年的市場非常難做，很難賺到錢。在我看來，這可能是他們沒有找合適的方法來適應變化中的市場。」付愛民這樣認為。

作為一名成功轉型的期貨投資者，他認為，成功不單是獲利的方法，而是在獲利之後有沒有完善的風控措施。

付愛民表示，快速變化的市場讓他也在努力調整自己的交易策略。從最初的短線，到現在的中長線交易模式，每一次轉型都很痛苦，但自身的交易能力和經驗也在不斷提高。這期間最大的收穫是了解到期貨是高風險高利潤行業，只有把風險控制住了，才能獲得高額利潤。此後，他很在意風控措施，做單前更多地在考慮如何規避風險，防止意外發生。

對於這一年的行情，付愛民表示，由於市場形勢複雜，行情起伏很大，各標的間也出現了分化。這樣的市場形勢短線投資者比較適應，但也給趨勢交易者造成很大困難。目前的應對方法有幾種，一種是做自己熟悉的標的，另一種是組合投資法，再有就是程式交易方法。

付愛民的方法則是把基本面與技術面進行結合，將長線與短線結合來做。80％的資金配置在長線，用20％的資金做短線作為保護，用獲利部分去博取高額收益，穩定自己的資金收益曲線。任何一波行情都會給投資者很多機會，只要將自己的優勢發揮出來，抓住機會就有可能造就奇跡。

「做期貨就是迴避風險，讓獲利持續」。現在回過頭來看，這句話依然很有意義，付愛民說。

關鍵時刻可迅速應變
在期市才能逢凶化吉

虞喜武：緊急時刻的應變能力和良好的心理素質在關鍵點有重要作用。

如同上海令人窒息的鬼天氣，期貨市場熱浪滾滾，橡膠主力合約大幅高開 500 餘點，一個驚悚的向上跳空缺口呈現在持有大量空單的虞喜武的面前。作為一名專業期貨投資者，他瞬間已經明白市場可能發生了一些自己所不知道的變化因素。

於是，開盤那刻，虞喜武即把前一天的隔夜空單全數出掉，由於倉位較重，前期橡膠空單的利潤已經被大幅吞噬掉。

風險管理＋資金控制

這僅僅是虞喜武（操作帳戶為 10061522）自 4 月 19 日參加大賽的一個平常日，對於他來說，每天波動的行情已經難以撩起任何的心理波動。

畢業於南開大學數理系，股海弄潮數十年的虞喜武在 2008 年上半

◆ 虞喜武 ◆

第四屆中國期貨實盤交易大賽輕量級組亞軍。

連續參加三屆中國期貨實盤交易大賽，均擠進前十。

本屆大賽投報率278.87％，交易活躍標的，擅長趨勢投資。具有不肯輕易認輸的性格以及對市場有敏銳的洞察能力。

年首度接觸中國期貨市場，從此開始正式進入期市，期間斷斷續續，一波三折，但風雨無阻。談話間，虞喜武談及了兩個操作案例。

第一個案例是4月26日做空橡膠和滬銅，隨後短短兩個交易日的大幅下挫使其在29日正式登上大賽排行榜並得到第三名寶座。隨後，其持續維持空橡膠或者空銅的思路，並嚴格風險管理和資金控制，保證帳戶風險控制在一定程度，這種情況持續到7月23日的前夜。而在7月22日當天收盤時分，其仍然持有橡膠1101空單60手，累計投報率達到280.32％，穩坐小組第二名。

第二個案例是7月23日本文開頭敘述的那一天，當天，其持有的60手空單橡膠使其排名從第二名直線下滑至第十名，累計投報率驟

降至 174.46％，降幅高達 37.8％。顯然，期貨市場的瞬間波動已經對其交易排名形成實質影響。

應變能力和良好的心理是關鍵

關鍵時點，虞喜武並沒有留戀於橡膠的得失，而是把視線迅速從該標的中轉移出來，冷靜深入分析市場到底發生了什麼事，並於 23 日當天做出選擇，開倉 PTA 多單 160 手，此後該批次多單為虞喜武重回大賽前三名有了重要作用。

當時，橡膠市場價格大幅上揚，工業品呈現多頭走勢，PTA 標的相對處於底部運行區域。同時，總體經濟方面已經開始呈現通漲勢頭，期貨市場存量資金不斷增加，整體經濟形勢穩步向上，工業品標的預計將要維持升勢。技術上，PTA 維持本輪回落以來的反彈底部，市場增倉明顯，這是虞喜武介入該標的多頭的主要思路。

顯然，虞喜武緊急時刻的應變能力和良好的心理素質在關鍵點有重要作用。就像他講的，並不是每一個人都適合做期貨投資，首先要有一定的風險承受能力，畢竟期貨投資的風險和收益是成正比的；其次，涉及到具體商品價格走勢上，不能著眼於一時得失，要把自身的主觀臆斷過濾掉，跟隨市場波動走；第三，個人良好的素養在期貨投資中占有重要地位。對市場因素的理解程度、交易紀律的嚴格執行和簡單地看待複雜事物都是期貨投資必備的素養。

先試單再大膽加碼
100%獲利方程式

史詩鎧：從沒有過離開的念頭，因為我不肯認輸。

他連續參加三屆中國期貨實盤交易大賽，均擠進前十。第四屆中國期貨實盤交易大賽獲得輕量級組第四名，投報率278.87%。交易活躍標的，擅長趨勢投資。

往金融專業取經

可以說史詩鎧是一位「常勝將軍」，最近三年的實盤大賽都取得了前十佳績。在記者接觸的眾多操盤手中，史詩鎧稱得上是一位少有的「正規軍」，他接受過有系統的金融學與經濟學訓練。2006年接觸期貨兩年的他在搞不清楚虧損原因後，毅然報考暨南大學金融所，並很快形成自己的交易體系。

2007年股市、商品迎來大牛市，從中取得最大一年的獲利。最近三年連續參加三屆實盤大賽，2008年中期杯實盤大賽獲得第七名；

◆ 史詩鎧 ◆

第四屆中國期貨實盤交易大賽輕量級組第四名，投報率
278.87%。
曾連續參加三屆中國期貨實盤交易大賽，均擠進前十。
擅長交易活躍標的，主攻趨勢投資。

2009 年曾以三倍多的投報率居榜首近一個月（後因其他事情中途退
出）；2010 年第四屆中國期貨實盤交易大賽取得第四名。現在已經
是他連續第四年獲利，每年最低都能取得一倍以上的投報率。

全球經濟是影響期貨的關鍵

「雖然不會刻意要求每年都有幾倍的投報，但我也有在期貨市場
上做到穩定獲利的自信，不再像剛剛接觸期貨時那樣恐懼和迷茫。
這是一種心態的轉變和對操作過程的經驗歸納總結。一個人如果不
懂得『總結』，就不會取得進步。」

史詩鎧表示，在研究所求學時的最大收穫就是認識到全球經濟、
金融環境是影響期貨行情的「方向性」關鍵因素。之前他研讀和使
用技術分析的東西較多，經常會對行情方向判斷出現困惑，但是經
過系統學習後，他加強了對總體經濟的研究，再結合基本面和市場

情緒等分析。

史詩鎧屬於趨勢投資者，他說歸納自己多年的期貨操盤經驗，期貨戒頻繁交易。「在期貨操作上，停損是必要的，但頻繁的停損會是虧損的根源，會消耗資本。」本次實盤大賽中的交易充分體現了他在趨勢交易中極高的階段性操作技巧。

觀察市場果斷做空

4 月 16 日，中國公布了嚴格的房地產調控措施，在充分觀察市場對這政策的反應後，4 月 26 日（開賽首日）滬銅從高位回落跌破 62000、螺紋跌破 4800，史詩鎧開始嘗試做空，在市場驗證了自己的判斷時，果斷加空。5 月 20 日前後出現了第一波下跌結束信號時，他階段性獲利平倉，市場也就此做階段性整理。5 月 28 日，反彈連續受阻，在滬銅 55800 再次進場做空，並在 6 月 10 日滬銅跌破 5 萬大關未果、出現平穩反彈時，他全部平倉銅和螺紋鋼，結果銅獲利近 15000 點，螺紋近 1000 點。上述操作使得史詩鎧在開賽後三週左右就擠進了榜單前十位，獲利率超過 150％。

之後在 7 月 8 日，他又開始嘗試做多農產品中的白糖（5000 一線）和豆粕（2868），中間經過加倉、階段性平倉、再建倉等過程，盈利率最高達到 330％。比賽臨近結束前的一次調整，由於倉位比較重，他的盈利回吐了 50 個點。

正像實盤大賽中每一次交易都是有理有據、有條不紊地進行一樣，史詩鎧首先都會用小資金（一兩成倉位）「試單」，在脫離成本或在突破有效阻力位時敢於大膽加碼，甚至滿倉，最後結合市場情緒的轉變果斷平倉離場。

敏銳解讀經濟市場新聞

「從我開始接觸期貨的那一天起，中間即使是經歷過大幅度虧損，或是出現連續虧損，我都沒有過離開期貨市場的念頭。或許是跟我不肯輕易認輸的性格有關，也或許跟我自身的經歷有關。」

高中就幫父親看外匯行情、蒐集資訊，對市場上每一個資訊反應都特別敏感。而經濟學和金融學的系統研究，使他對經濟新聞保持著很強的解讀能力。2008 年 9 月初，他偶然看到深圳一條街的房產仲介關門歇業的訊息後，他迅速研究當時的房地產行業，從二手房這一「管」中他敏銳地「窺」到整個房地產行業形勢都不容樂觀，從而也會影響到整個中國經濟的運行。

於是史詩鎧很快地在上證 6000 點之上成功地清空了股票，並在期貨市場上嘗試拋空，這樣才讓他在期貨市場上有了不錯的獲利！

減少操作頻率
才能獲利穩定

汪星敏：我欣賞經過磨礪能在市場上生存下來的人。

在第四屆中國期貨實盤交易大賽中，汪星敏以 170.39％的月度收益奪得輕量級組六月月度冠軍，並且最終以 165.17％累計投報率獲得輕量級組第 14 名。在大賽的 90 多個交易日裡，汪星敏曾奪得輕量級組八個交易日第一名，19 個交易日第二名，表現出色。

精力集中在少數標的

然而，對於這個外人看來很不錯的成績，汪星敏自己卻頗感不滿。「我對自己的成績很不滿意，參加大賽主要是為了驗證自己的操盤方法，通過大賽，我覺得還有一些地方還需要修正。」接受採訪時，汪星敏開門見山，但顯得有些謙虛。

汪星敏把這次大賽看作是一次練兵，為了取得目標中的成績，大賽之初，他就設下了以日內短線交易為主的交易策略。在四個多月

◆ 汪星敏 ◆

第四屆中國期貨實盤交易大賽輕量級組第 14 名，投報率 165.17%。六月月度冠軍，月度收益 170.39%。

交易感想

汪星敏眼中的期貨人分為兩類，一類是天才型的，一進入市場就能快速悟到很多東西；另一類是普通型的，要經過多年的磨練和學習，一步一腳印地走出來，他則把自己歸為後者。

的賽程中，中國期市經歷了下跌至反彈的震盪行情，從大賽榜單第一名到最終第 14 名，汪星敏的收益也隨之波動。

「一段時間主要做一兩個標的，太多的話分散精力，反而做不好。」在日內短線交易的判斷上，汪星敏常常很有把握，「在日內短線交易裡，如果日內持倉量和成交量均放大，而價格始終在加權平均價上方運行的話，在尾盤或者當天的中後段，價格可能會有比較大的拉升；但如果增倉很大，成交量也有很大配合，但是價格始終拉不起來的話，時間還充分的話，有可能會出現暴跌行情」。

做出正確的判斷後，良好的收益與嚴格交易原則分不開，汪星敏說，「第一筆進場資金最好不超過 20％，設好停損，如果這張單子

三天到一個星期不賺錢的話，說明這張單子不是好單子，立即離場不要戀戰，即使出來後，行情又出現了好轉，也不要後悔。」

很多選手在頻繁的短線交易中容易產生追高心理，但若是不斷追高，行情稍微回檔有時候會產生致命的風險。倉位管理方面，汪星敏認為，加倉要「順勢逆加」，即在上漲過程中遇到調整逢低買進。同時要關注主力資金動向，注意防範一些無法預料的風險。

主要做波段，降低交易頻率

前期的空頭行情中，汪星敏一直做得順風順水，而七月份中國市場的反彈卻讓汪星敏跌了跟頭。

「獲利都是在前期空頭行情中賺的，後期行情轉勢之後，我也及時轉變了，但是由於交易方法仍有些問題，導致後期成績有所下降。」汪星敏直言不諱。經過對大賽經歷的反思和歸納，頻繁的日內交易所產生的高額交易手續費和略帶遺憾的成績，讓汪星敏在賽後轉變了思路。「純粹短線操作一定是不行的，目前我主要做波段行情，交易頻率已經降很低，這樣做投報率不會有很大波動，但是也避免了很大的回撤風險，效果更好，獲利更加穩定」。

期貨市場就像一個沒有硝煙的戰場，稍不留意就會慘敗，只有面對自己的錯誤，分析歸納，進而不斷改進的人才能取得勝利。「減少操作頻率，在判斷清楚波段方向的前提下，只做一個方向。」這

是汪星敏從這次大賽中得到的經驗。

有人把做期貨和下圍棋進行了類比，將能夠保持穩定獲利並開始形成自己的整套交易風格或系統的階段比作「職業初段」，但要達到此階段，卻要付出大量的努力。

汪星敏眼中的期貨人分為兩類，一類是天才型的，一進入市場就能快速悟到很多東西；另一類是普通型的，要經過多年的磨練和學習，一步一腳印地走出來，他把自己歸為後者。

「天才型的人鳳毛麟角，有的人運氣好，但卻曇花一現，並不值得羨慕，而經過市場的折磨和各種交易環境的薰陶，任何人都會有進步，對進步有深層次的體會和理解後，心態也逐漸成熟平和，在各方面穩定的情況下，才能做好。我更欣賞經過磨礪能夠在市場上長期生存下來的人。」汪星敏說。

做交易就像修煉心性，
一方面要時刻準備著，
滿懷激情地去戰鬥；
另一方面又要保持清醒的頭腦，
心態平和。

—— 張飛

Chapter 6

第三屆中國期貨
實盤交易大賽

程家軍｜錢三平｜張飛｜陳祖明｜郭良周｜黃如斌
杜加仁｜陳平華｜郎豔

追逐短線趨勢
快速轉換標的方向來獲利

程家軍：靈活控制風險，將期貨投資當成藝術。

從比賽風格看，程家軍是一位經驗極其豐富的短線趨勢交易選手，她持倉時間較短（一般一兩天），轉換標的和方向也很快，因而是一種短期趨勢交易手法。她的這種做法，不但有穩定獲利，而且還維持了較高的獲利。

追逐趨勢，短線交易相結合

Q：請您簡單自我介紹，談談您的期貨從業或投資經歷。

程家軍：19 年前我畢業於杭州大學（現浙江大學）歷史系，畢業後一年多都在珠海新立電子株式會社從事廠長助理兼翻譯工作。1993 年 10 月進入中期珠海期貨有限公司，兩年後離開公司開始了我個人的期貨投資職業生涯。去年八月加盟深圳市德信時代資產管理有限公司。

◆ 程家軍 ◆

第三屆全國期貨實盤交易大賽第一名，投報率 571.98%。
幾乎交易過所有標的。
交易模式——追逐趨勢和短線交易相結合。

交易感想

儘量順著趨勢方向交易，不要逆市操作。在風險控制上，
在實際操作中，風險度的選擇應該靈活一點，既要考慮資
金量，也要考慮投資期貨的目的。

---

20 世紀 90 年代的期貨市場是個瘋狂年代，行業管理和監督機制
還很不健全，當時在膠合板、橡膠和綠豆期貨上，我都嘗到了瘋狂
的滋味。所以，當時我虧完錢就離開期貨市場，轉做其他行業。但
累積了一定資本後，我又回到期貨市場，因為還是覺得期貨市場更
有激情、更讓人心動。

Q：做期貨投資您慣用的交易手法是什麼？

程家軍：我的交易手法主要是追逐趨勢和短線交易相結合。有以下
幾點經驗：一是有利的持倉儘量保留；二是短線的開倉方向儘量和
趨勢保持一致；三是短線儘量重倉；四是當發現各種有利因素集中
在一起的時候，會重倉留隔夜單。

風險度選擇應該要靈活

Q：在本屆期貨實盤大賽中主要操作的標的是什麼？請談談您的交易理念、風控原則等。

程家軍：基本上所有標的我都參與。談到交易理念可以用一句話概括：儘量順著趨勢方向交易，不要逆市操作。不過，這句話容易說不容易做，因為對於趨勢的理解分歧太多，實際操作時有沒有趨勢本身就是個很大的問題。

至於風險控制，這是個很重要的問題，誰都知道應該嚴格控制風險，但具體上怎麼控制就值得探討。風險度就像一把尺，因為槓桿作用，期貨的風險度彈性很大，投資的空間也就很大。傳統意義上，也是大家普遍認可的一個標準是嚴控風險，落實的時候，常從保證金的使用比率來進行控制，例如再好的行情也只動用10％的保證金，但實際操作中，我覺得風險度的選擇應該靈活一點，既要考慮資金量，也要考慮投資期貨的目的。無論國內還是國外，基金經理都有一套嚴格的資金使用控制制度，目的主要就是為了控制風險，但對於國內市場大多數期貨投資者來說，要拿他們那一套作為資金管理標準，就太呆板了。

從有到無，去蕪存菁

Q：妳認為自己的期貨交易理念或水準處在哪一層次？各個階段都碰

到過哪些不同的困惑？您是怎樣解決並昇華的？

程家軍：說到期貨投資的層次，這是個比較有趣的話題。在我剛出道的時候，碰到過兩個讓我一直讓我無法忘記的人。一個人當時 30 歲，做了半年期貨交易員後滿頭白髮；另一個是臺灣人，當時 50 歲左右，據說來中國之前還在華爾街工作過 20 年。兩個當年都是高階水準的人分析市場時有個共同的特點：就是分析到最後，電腦上全是各式各樣的線，尤其是那位臺灣老兄，他電腦上的線密集到經常讓你連分析對象——K 線圖都看不到。這是兩個非常勤奮的人，但最後結局是，兩個人都黯然離開期貨市場。學武功要從基本功開始，然後愈學愈多，水準也愈來愈高，最後進入「一流高手」的行列。

　　對於我們做期貨的人，如果談到「層次」這個問題，就要多想想江湖中的「超」一流高手是怎麼練成的。回到上面那個一流高手的成長歷程，在各種武俠小說的最後，一流高手一定是又經歷了一次「從有到無」的過程，忘掉了很多先前學過的東西，最後才成為「超」一流高手。這實際上是一個去蕪存菁，去偽存真的過程。

　　以目前市場中的期貨書籍為例，有很多書，但我自己只反覆看約翰・墨菲的《期貨市場技術分析》。600 頁左右的書，現在我經常用到的東西，如果重新手寫下來，大概一頁就夠了。我從來不敢說自己是高手，但我想如果我哪一天能把這一頁紙的內容忘光，我一定是又上了一個層次。

風險控制才是期市生存的
唯一法則

錢三平：技術派中趨勢交易的信奉者。

18 年的期貨行業經歷，讓他看慣了這個行業的風雲變幻、風起雲湧，一夜暴富和一日歸零都不是新鮮事；18 年的期市浸淫，讓他懂得簡單和堅持的價值。

從員工到客戶，用期貨感受人生

畢業後，錢三平進入期貨行業，從期貨公司的普通職員開始做起，並且一直沒有離開過。「我的經歷真的很簡單，先在期貨公司，做過各種工作，後來對交易感興趣，並開始研究各種交易方法。2003年，當我確信自己有了靠期貨交易為生的水準之後，就由員工變成了客戶。」錢三平說，在期貨中可以感受濃縮的人生，看慣了市場的大起大落，看到很多人在這裡實現了「財務自由」，難免會產生躍躍欲試的衝動。不斷地學習和摸索之後，決定成為投資者，是對

◆ 錢三平 ◆

第三屆全國期貨實盤交易大賽第二名。438％的獲利率，代
表的不僅僅是一個數字，還意味著多年的體驗、執著與堅持。
擅長標的——類似銅、豆油等相對成熟、運行規範的大標的。
擅長趨勢交易，以中長線為主要獲利方式。

自己的挑戰，也是一種新的人生嘗試。很幸運，他成功了。

做中長線操作，簡單才是最有效

作為技術派中趨勢交易的信奉者，錢三平的操作週期基本是中長
線，看準一輪趨勢，堅持到底，最後平倉。他相信，簡單的操作方法，
往往是最有效的策略。

「我的交易很簡單，首先是選擇標的。我選擇類似銅、豆油等相
對成熟、運行規範的大標的。成熟標的的運行軌跡更具有趨勢性，
符合趨勢交易的基本條件；其次是根據總體經濟形勢和標的的供需
情況，確定看漲或看跌的大方向；第三是根據指標確定入場時間，
擇機開倉。」錢三平說，一旦下單後，除非出現明顯轉勢，他將持
續持有，直到到達獲利預期。「一旦確認一輪趨勢，不到預設的停

損位絕對不平倉，除非支持自己的重大因素發生變化。」

簡單的才是最美。錢三平告訴記者，他的交易成長中經歷了「看山是山，看水是水；看山不是山，看水不是水」的過程後，重新回到了「看山是山，看水是水」的階段，之後只需要堅持這種理念。

錢三平認為，做期貨最大的敵人是恐懼，在行情回檔時的恐懼往往使人錯過了獲得更大利潤的機會，甚至會失去原有獲利。但是，恐懼同時也是交易者必須保有的心態，否則，當行情真的轉勢了，不及時砍倉會帶來致命風險。「把握好自信與恐懼之間的平衡，讓利潤增長，讓損失縮小，就是制勝之道」。

限制倉位，停損在總資金 5% 內

在所有的交易中，都必須將風險放在第一位，通過資金管理，及時調整倉位，確保損失的最小化，是在期市中生存的首要法則。

錢三平介紹說，他建倉的總倉位一般為總資金的 30％，首次建倉不超過總資金的 20％，獲利後加倉 10％，一輪行情中加倉次數不超過兩次，最高倉位不超過 50％。「單次最大損失要控制在總資金的 5% 以內，只有活下去才有可能東山再起。」他進一步強調。

在趨勢化交易中，往往會出現假突破和假趨勢，錢三平認為，趨勢交易允許出錯，但不能讓錯誤沒有價值。對於不確定的趨勢，可以輕倉試驗，一旦被證明是假的，要毫不猶豫地砍倉。同時，在本

金損失之後，要相應減少下次下單時的手數，也同步降低單次操作可能造成的損失。「如果一個標的連續出現錯誤判斷，就應該分析自己的總體判斷是否錯誤？或者市場結構是否發生變化？自己是否還適應這個標的？如果連續虧損，就要休息或者換其他標的交易。」

他特別強調，隨著市場的發展，期貨市場結構變化很快，交易者的理念必須進行更新和完善。每一次交易損失都是交一次學費，必須從中領悟到一些東西。「我可以接受損失，但不能接受無價值的損失」。

◆ 錢三平語錄 ◆

◆ 做趨勢的人，需要先用輕倉對趨勢進行確認，而不能一次加倉到目標倉位。趨勢交易追求的是較好的價位，而不是最好的價位，因為最好總是和風險相伴而行。

◆ 期貨交易最大的風險，是你不能控制損失。

◆ 如果你在一個市場總是做錯，就需要考慮換一個市場。

◆ （獲利率預期／損失率預期）× 機率，當這個數值大於 3 時，才是一筆值得做的交易。

◆ 賺錢，要賺自己能力範圍內的錢；虧錢，要虧自己能力範圍外的錢。越過範圍最危險！

◆ 不能以短時間交易論英雄，而應該看它長期的收益。

抓對建倉時機，配合停損就可在期貨戰場大勝

████ 張飛：做期貨如打仗，建倉如布陣。 ████

相對於其他獲獎選手而言，得到全程投報率三等獎的張飛進入期貨市場的時間相對不長，2006 年藉由一輪商品牛市，通過嘗試性做多，張飛與商品期貨市場結下了不解之緣。「當時也因自己從事加工企業管理工作，對各項原材料尤其是化工和金屬的價格走勢有種職業性的關注和敏感。」乘著那波大宗商品漲價風潮，張飛從股市抽調到期市做多玉米的 7 萬元資金迅速翻到了 33 萬元，自此也正式拉開了他的一波三折的期貨交易生涯序幕。

無風險意識，大虧收場

張飛喜歡回顧失敗交易的經歷和歸納教訓，「初次做期貨的成功為我後來的失敗埋下了隱患，人在那時候，尤其是新入市場的交易者，往往容易自我膨脹，對期貨論壇的各類風險忠告嗤之以鼻。」

◆ 張飛 ◆

第三屆全國期貨實盤交易大賽三等獎。

交易感想

倉位不管大小，只要給權益帶來 5% 的損失，就堅決平倉。
對於趨勢交易者來說，停利的依據就是不斷提高停損位。
所謂的交易離場點也就是不同市場環境下的停損價位。

初戰告捷後，他決定大幹一場，又一次投入 100 萬元做多白糖，在市場漲勢的洪流中，又輕鬆地賺到了 80 萬元。

「當時感覺錢太好賺了」，極度自負讓張飛失去理智，他把從股票市場撤出的 200 萬元全部投入期貨市場。張飛說，當時他在期貨市場共有兩個帳戶，一個帳戶的保證金有 30 多萬元，一個有 300 多萬元，兩個帳戶的資金總量已超越他當時的操作素養和交易水準。

這次交易結果和許多新人走過的路一樣，在重倉操作和沒有風險意識的背景下，不意外地虧得一塌糊塗，「記得最後出場時，資金只有 45 萬元左右。」

說起那段時間的交易歷程和心態，張飛仍然記憶猶新：2008 年 3 月，滿倉豆油多單，期價大幅下挫後，心態完全崩潰，「當時不知道該怎麼辦了，乾脆學起顧頭不顧尾的山雞，不再看盤，後來都不

知道倉是如何平掉的！ 300 多萬元的帳戶賠得只剩下 40 多萬元，另一個 30 多萬的小帳戶也虧得只剩下 1,000 餘元。」

完善交易系統，設好止損時機

在悄悄地舔好內心創傷後，張飛離開期貨市場休息了一段時間，充分反思和歸納。後來，復出後的張飛，不僅完善了自己的交易系統，也更加關注交易的風險控制，「停損」也成為每次操作前念念不忘的自我提醒。「我的原則是，倉位不管大小，只要給權益帶來5％的損失，就堅決平倉。這種策略儘管會降低建倉投報率，但卻能讓交易者規避大規模的資金損失。」

「做期貨如打仗，建倉如布陣」，與主流的輕倉順勢觀念並不完全相同，張飛更看重的是建倉時機。十年股票投資經歷，做多思維滲透了張飛的整個投資行為，多次努力失敗後，他感覺到沒必要刻意去改造自己的投資理念。「期貨市場我也基本做多，輕易不做空，關鍵是要有耐心，在綜合分析基本面和技術面的基礎上，靜待時機用自己熟悉的方法來做熟悉的標的。」具體方法是，當他認為時機成熟時，在設好停損的前提下，對自己熟悉的標的建半倉甚至重倉，賺錢就持有，回落就注意關鍵點位和支撐，「其實，對於趨勢交易者來說，停利的依據就是不斷提高停損位。所謂的交易離場點也就是不同市場環境下的停損價位。」

理解不確定性才能少交學費

隨著投資閱歷的增長，張飛愈來愈覺得做交易就像心性的修煉，一方面要時刻準備著，滿懷激情地去「戰鬥」；另一方面又要保持清醒的頭腦，心態平和。

「授人以魚不如授人以漁」，說到底，交易作為一種能力，與投資者渾然一體，對於普通投資者而言，獲知成熟交易者的學習方法比了解其交易方法或許更受益。張飛謙和地表示自己還需要繼續學習，同時他提醒新入市的投資者，「學習基礎知識是必須的，每一位投資者在交易前要明白期貨市場到底是一個什麼樣的市場，這有助於從根本上認識期貨市場的風險，而只有深刻理解市場的不確定性，才有可能在交易中少交學費。」張飛強調說，市場是最好的老師，「行情變化雖看起來高深莫測，但總有一些定式可循，這好比下棋，儘管沒有同樣的棋局，但記住了很多棋譜的棋手依然能保持較高勝算。我們每個人的交易方法和風格雖然不盡相同，但只要不斷地歸納一些行情定式，且不斷地演練，就有機會具備局部洞察行情的能力，在不確定中努力尋求確定。」

憑經驗與感覺
來跟隨趨勢

陳祖明：做期貨，像做人一樣，涉及到人的胸懷和視野問題。

參加第三屆全國期貨實盤交易大賽，陳祖明就是為了獲獎而來的。擁有近 20 年股票投資經歷的陳祖明，既是一個老期貨，同時也是期市一名「新兵」。他初涉期貨市場是在 1995 年，當時對保值貼補率小有研究後他一路做多「327」國債期貨，不到四個月，他的資產從幾十萬迅速上升到 400 多萬。之後他便轉向經營公司，期間一直少量做點期貨，直至去年四月重返期貨市場做了職業操盤手。

分析基本面不怕短期震盪洗盤

陳祖明習慣交易豆油、銅和燃料油幾個標的，用他的話說，這幾個標的他看得最多，盤感也特別好。當記者問及盤感好表現在哪些方面時，他說：「如果我要做日內短線交易，一般出手十次會有八次勝算。還有，看了上午的盤，我基本能料到下午的行情會怎麼走。」

◆ 陳祖明 ◆

第三屆全國期貨實盤交易大賽第四名，投報率 400.26％。
主要交易豆油、銅。
交易模式——趨勢投資。
交易感想：與多個水準更高的操盤手從多個角度去交流，
能更堅定自己的信念。

在眾多趨勢投資者中，陳祖明特別看重對基本面的分析，經他分析的基本面較一般人似乎看得更簡單但視野更宏觀。「我認為，一定要理解清楚導致行情上漲或下跌背後的根本性原因，技術分析僅僅是作為一種參考而已。我非常注重對基本面的研究，這樣交易時才能做到心中有數。」在本屆實盤大賽中，陳祖明指導客戶在七月中上旬以來堅定做多滬銅，他自己的帳戶自今年三月以來就一直持有銅多單。「尤其是做銅期貨需要用全球視野去分析，今年我對這波行情一直堅持看漲的理念就來自於對新能源的分析判斷。我認為，新能源在人類歷史上是一個劃時代事件，如同人類發明蒸汽機或飛機一樣意義重大。動力汽車、風能、太陽能輸送電力以及城市化過程對銅的需求量都很大，而銅的蘊藏量和產量愈來愈少，再加上流動性氾濫，都堅定了我看漲的信心。只要站在一定高度上把基本面

考慮清楚了，面對短期的深幅震盪或洗盤就不會感到害怕。」

跟隨趨勢憑經驗和感覺

陳祖明是個趨勢投資者，他表示，做交易時還有一點非常重要，即趨勢一旦形成，就要敢於跟隨。交易時間他會密切關注幾個熟悉的標的是否有趨勢突破，一旦發現某個標的有機會，他會重倉介入。趨勢中他往往還會追加資金。在趨勢末期，當很長一段時間獲利都不會增加時他就會獲利了結。如果發現其他標的有更大機會時，他也會敢於集中主要資金去做他認為最有機會的標的。自去年以來，他的帳戶連續多月平均回報率穩定在 70％左右。

看清基本面和跟隨趨勢，是陳祖明在期貨交易中積累下來的兩點最深的感想。除了個人經歷與歸納外，他認為，跟同行朋友尤其是交易水準比自己高的成功人士交流是一個重要的途徑。「與多個水準更高的操盤手從多個角度去交流，能更堅定自己的信念。」他表示，在做到以上兩點的基礎上，平常他做交易都憑經驗和感覺，並沒有太嚴格的資金管理。在資金運用、進出點位、止損等問題上他也沒有太多的定性方法。事實證明，他的進場價位往往並不太好，但出場價位總還是不錯。

有自信以後會賺大錢

一直單打獨鬥的陳祖明坦言，個人操盤手由於時間和精力有限，盯的標的非常有限，因而也錯過了投資不熟悉標的的大好機會。看到大賽中有些選手憑藉團隊力量在多個標的上「左右開花」時，他也開始盤算是否到了有必要組織投資團隊的時候了。

儘管陳祖明認為，自己目前還稱不上是一個成功的操盤手，但他非常有自信，未來自己一定會在期貨市場上賺到大錢。現在，他每天花近 12 個小時在看盤和看資料上。交易日他極少出去應酬。「做期貨，沒有哪些東西特別重要，也沒有哪些東西不重要，一定要做到眼觀六路、耳聽八方，自身修養和修煉每天都不能鬆懈。」

「做期貨，如做人，涉及到人的胸懷和視野問題。」一直投資收益都不太穩定的陳祖明，2005 年 8 月跟團騎機車旅行 25 天，從四川長途跋涉到達拉薩。一路的美景和寬闊的視野令他思考問題的方式有很大的變化。此後，他的交易業績便有了明顯提升。他說，做期貨的時間愈長，感覺到要學的東西愈多。現階段他最想學的是哲學和音樂，他心目中的投資高手也是他追求的目標是羅傑斯，他希望有一天也能夠騎機車周遊世界。

找出最適合自己的交易體系

與郭良周見面，他就迫不及待地向記者介紹起自己的交易體系來。記者原來一直以為，一個交易員的市場分析方法要麼屬於基本面派，要麼屬於技術分析派，或者兩者結合，操作手法可以分為趨勢投資、短線交易等不同模式。但郭良周卻認真地說他不屬於以上的任何一派，也許把他劃歸到「強弱派」更為合適。

做期貨，像做人一樣，涉及到人的胸懷和視野問題

「我也會用到基本面，但與基本面派不同，我不是用基本面來預測行情，而是研究基本面的資訊（如預期變化等）與價格之間的關係，基本面資料本身並無太多意義；我也會用到少數一兩個簡單的技術分析指標，但不是用來預測漲跌及其幅度，而是用來輔助選擇出場點。」

◆ 郭良周 ◆

第三屆全國期貨實盤交易大賽第五名，投報率 388.73%。
交易活躍標的，如橡膠、豆粕、豆油、白糖、金屬。
交易模式——強弱點區＋反應段。

郭良周說，他的交易體系是基於自己對市場理解的基礎上建立起來的。他認為，時間、點位是把握行情機會的關鍵，而非看漲或看跌。一切的分析都是為了判斷價格的強弱，以期買強賣弱，因此判斷價格強弱最有效、最客觀的方法是具有關聯性的市場在價格上出現背離，而不是滯後的、夾雜主觀判斷的基本面與技術分析。

在風險控制上，他更傾向於事前控制，因此他對進場點的選擇特別謹慎。「既然做不了所有的行情，那就做最適合自己的行情。」

一元強弱關係判斷法

那麼，如何判斷強弱關係，進而選擇強弱點區（即進場點）呢？內外盤、基本面資訊與價格、各標的之間，期貨與股票之間的漲跌強弱關係都是他跟蹤分析的物件，當以上關係發生背離時，他就會

考慮進場。那麼，如何判斷已經進入反應段、選擇出場點呢？他會在跟蹤強弱關係不可持續的基礎上，再以諸如技術分析、資金分析、供需基本面分析以及總體經濟分析等工具來選擇最佳的出場點。以上強弱關係判斷法郭良周稱為「一元強弱關係判斷法」。

多元強弱關係管理

但這種方法也會有噪音，為此，他還運用了多元強弱關係管理。

「比如今年初，市場普遍認為商品上漲的基礎是流動性過剩預期帶來的，但流動性過剩會帶來整體商品的大幅上漲，而現在工業品上漲與農產品下跌已經出現了分化，這很難用是否有週期性解釋清楚。因此我判斷當時市場是一種金屬強勢、農產品弱勢格局，至少不會對農產品太樂觀，事實上農產品後來也有大幅調整。另一方面我還判斷整體通脹處在初期或第一階段，還沒有進入全面通脹階段，否則會出現農產品同漲但漲不過金屬的格局。於是，我通過市場架構分析和時間還原分析，對要選擇什麼標的買賣，心中都有數了。」

今年以來他利用「強弱背離」發現了幾個絕好的建倉機會。比如當時的那波螺紋鋼上漲行情，儘管庫存還是很高，螺紋鋼成本也很低，但價格已經漲了上去，價格與基本面的背離他認為就是很好的買入建倉機會。另外，在春節前後，白糖供給很大，而且消費能力不好，但價格就是漲上去了。當時他認為基本面資料本身已經不具

有分析的意義，基本面未來變化和價格預期才值得參考。又如，股市與期貨形成聯動，當股票指數下跌 200、300 點時，期銅仍在漲，那麼他判斷仍可再買銅。

用鐘擺效應判斷進場點

郭良周也用「鐘擺效應」來解釋他的交易系統的原理。「當鐘擺到某個極限位置時，就會朝相反的方向發展，但力度（加速度）有多強，要通過基本面等去判斷。在價格按預期方向發展時（即進入反應段），也要跟蹤觀察，再次確認背離時，就會加倉。」

「謹慎選擇進場點，能為後續的交易建立良好的心態。」郭良周表示。一旦建倉，一般都會有 80％的可能進入獲利區間，之後他才會利用技術指標去判斷價格朝這個方向發展的幅度。「後續的判斷即使發生錯誤，也就是多與少的問題。」

但是，一旦 20％的小機率事件不幸發生時，他會很果斷地當日虧損當日出局，即使當天有小獲利留倉，但第二天價格沒有按預期的方向走，他也會停損。「停損說明有兩種可能，一種是強弱背離無效，另一種是進場的時間點選錯了。不管是哪種情況對交易者而言都是致命的，因此一定要及時停損。」

「第一次建倉我都不會超過 50％的倉位，有獲利才加倉，總持倉不超過 70％。一般最多加一次倉，之後即使有再多的獲利也不會再

加倉。」郭良周表示，公司「浮盈禁止開倉」的規定對他指導的帳戶操作根本沒影響。「一旦發現強弱關係轉勢或者達到獲利目標，我就會出場，一般會以一個價位一次出盡。停利位會設在前一天的結算價，持有買（賣）單，若第二天價格下跌（上漲）到停利位，我會在頭一天的開盤價出場。若繼續朝預期方向發展，則依此類推。」

堅持選擇進場點的原則

實盤大賽中郭良周指導客戶操作的風格顯然跟平常他的交易系統有很大的不同。「參賽耗費的精力更多。若是在平常交易時碰到反應段的調整，基本不會理會；但比賽不同，需要在各個標的和合約中不停尋找最大的『加速度』。」

如 7 月 10 日，期鋅創階段新低，但當天並沒有出現金屬普跌格局，期銅出現了非常強的背離點，由於排除了整體商品大跌的最大風險，可以判斷行情要麼持續震盪，要麼開始上漲，很明顯已經進入強弱點區。7 月 15 日，CU0911 高開，突破弱勢格局，於是他重倉買入。7 月 20 日，儘管他認為後期期銅還要上漲，但國外銅電子盤表現並不強，於是他獲利了結。「當時判斷還在反應段，平常一般會建議客戶按兵不動，但當時判斷橡膠已進入強弱點區，估計會有更大的機會，所以平倉期銅後又買了橡膠。」這是比賽中交易獲利最好的

一單，投報率由 160％迅速提高到 250％。儘管出場點會有所不同，但賽中賽外他始終都嚴格堅持「進場點」的選擇原則。

郭良周入行以來，至今一直保留做交易紀錄的習慣，7 月 10 日他的交易紀錄這樣寫道：「道指偏弱，原油偏弱，銅反而上漲，判斷銅偏強。」他同時寫下了後市可能演繹的三種可能，結果行情驗證為第一種：「道指偏弱，原油偏弱，銅上漲，判斷銅仍可買入。」強弱點區持續四天後的 7 月 15 日，他指導客戶買入銅就是在執行這一交易計畫。

向強者效法，只讀贏家的書

郭良周認為，自己交易體系的建立與公司平臺有很大關係。公司集中了很多優秀的客戶，或穩定獲利或暴利，對於公司出現的壽星或明星，他總是想方設法與之認識，然後了解他們成功操作的思路和方法，並跟隨每年的實盤大賽，分析歸納他們的交易思路、出入點選擇、當時的強弱關係，慢慢地就形成了自己的交易體系。

喜好讀書的郭良周說，他選書有個標準，就是選擇作者已經賺大錢的，「簡單中蘊含核心智慧」。《股票作手回憶錄》、《隨機致富的傻瓜》這兩本書籍對他影響深遠！

做得多不如做得巧
趨勢為師才能稱霸期市

黃如斌：掌握與總體經濟狀況密切的標的。

對趨勢交易者而言，風險控制不是最重要，最重要的是選擇好的入場點。不要急於加倉，等有了利潤並且在關鍵點位爭奪後不構成阻力位時再加倉。

做趨勢勝於短線

看錯了市場方向，及時停損是把損失減少到最小的利器，而執行力是決定交易者能否迅速選擇這個利器的關鍵。

「我在比賽期間只做了七次主要的交易，其中一次中長線，四次短線，兩次日內交易。交易的標的僅有六個。」黃如斌是大賽獲獎選手中罕見的一位趨勢投資者。今年三月他指導客戶從 10 萬元開始交易，第一筆單在 10,000 元／噸附近買入期鋅，多單持有進入 4 月 8 日開賽時已經小有獲利。端午節、清明節前不畏假期風險，趁勝小

◆ 黃如斌 ◆

第三屆全國期貨實盤交易大賽第八名,投報率 270.12%。
交易與總體經濟相關、與股市聯動的標的,對銅、鋅、鋁等
金屬標的情有獨鍾。
交易模式——趨勢投資。

量加倉,6 月 17 日獲利了結。僅做鋅合約的這筆單子長線合計獲利
就達 22 萬元。

黃如斌指導的帳戶絕大部分利潤來自於三到六月的金屬單邊上漲
行情。當六月金屬市場表現為震盪市時,比賽心理促使黃如斌做了
四次短線交易,但僅有兩次成功。直到比賽臨近結束,200%多的投
報率一直未能進一步提高。「當時認為金屬漲幅過大、過快,判斷
會來一個中級調整,所以做了短線放空。」交易記錄顯示,6 月 24
日至 7 月 7 日,做橡膠短線交易,虧損 2.4 萬元;7 月 1~9 日,銅短
線獲利近 8 萬元;7 月 10~14 日,鋅短線獲利約 7 萬元。在整個比賽中,
他做的短線標的還有鋁、白糖和 PTA,均以虧損告終。

「做趨勢勝於做短線。趨勢成功率高，獲利大；短線成功率低，獲利少。」比賽之外的黃如斌是一個堅定的趨勢投資者。這樣的投資理念是他在電腦市場做電腦記憶體配件交易的三年中培養建立起來的。

在記憶體模組市場學做期貨

　　2002 年，深圳賽格電子市場裡記憶體模組報價幾乎上午一個價、下午又是另一個價，當時的市場儘管是現貨交易，但由於價格波動太快，逐漸衍生出當月和下月底交貨的兩個遠期合約，只要在規定時間前交貨都可以，而且允許賣空。黃如斌一開始看不懂，緊接著親眼目睹了身邊有些人大賺、有些人大虧，最後自己邊琢磨邊交易。

　　2005 年，歸納出一套交易方法的黃如斌正準備「大顯身手」時，無奈這個市場由於過度投機和大量違約導致「崩盤」厄運，此後他一直在尋找另一個類似的市場來檢驗自己的交易方法。1998 年開始接觸股票的黃如斌，在向金融投資方向轉型前做足了功課，他花了半年時間通過了證券從業資格考試（二級），此後又花了兩個月時間拿到了期貨從業資格。

　　「當時在記憶體模組市場上歸納出的幾點顯示，後來拿到期貨市場檢驗也是正確的。一是市場中大部分人對行情的研判是錯誤的；二是商品價格最終是由供求關係決定的，而非價格本身的高低；三

是做交易要有自己的主見，不能總是站在大眾一邊，否則會錯過拐點；四是成功的人並不是頻繁地在市場上買進賣出的人，而是每年只做幾次交易但每次命中率都很高的少部分人，而這些人的共同特點就是總能在拐點時進場，做趨勢交易。」

挑選與總體景氣相關的標的

抱著投資夢想的黃如斌進入期貨行業後才意識到記憶體模組市場只不過是期貨市場的初級形態，他很慶幸自己的選擇，並很自然地選擇了向趨勢交易者學習。很快他就建立並完善了自己的期貨交易體系，從去年開始穩定獲利。

黃如斌對交易標的也特別挑剔，除了不熟悉的不做外，就算熟悉的也有捨有棄。「選擇適合的交易標的就像是尋找適合的工作一樣，有非常重大的意義。要儘量選擇大眾化的、跟經濟景氣密切相關的，或者要選擇影響因素有參考依據、可分析的標的。」

黃如斌對銅、鋅、鋁「情有獨鍾」。原因一是跟總體經濟狀況密切相關，跟股市的聯動性較好；二是有內外盤做參考，可以利用內外盤的強弱作為操作依據；三是三個標的之間有一定的聯動關係，可以利用同類標的的強弱作為操作依據。他認為，這三個標的比較適合對總體經濟大方向把握較好、對股市研究較深的投資者。

對同屬工業品的橡膠標的，他也認為是值得重點關注的標的，但

他經常不把橡膠作為操作對象，而是作為一個重要的參考，是操作其他工業品的一個重要觀察指標。「對中長線來說，橡膠經常在整體商品出現重大拐點的時候具有前瞻性，經常提前於其他商品上漲或下跌。而對於短線來說，它也是一個靈敏度很高的觀察指標，在日間經常引領工業品的走勢。」

趨勢不變就敢於持倉不變

黃如斌表示，自己的交易水準目前處於中級階段。他認為，最初級的交易水準是處於一種賭性狀態，盈虧都不明其中原因；他目前的水準則要求自己在看對行情時能賺錢，看錯行情時能儘量少虧損。他說，高層次的交易水準不僅看對行情能賺錢，而且看錯行情時能馬上反應過來，及時調整，並反手做。

「比賽期間我的幾次放空都靠盤面感覺進行停損，躲過了大陽線，但為什麼不能反手做多？主要是當時沒有想清楚銅為什麼會脫離基本面而且上漲那麼多。這也說明我的交易水準還處在中等水準。」賽後，他對這段放空銅的失敗操作反思後歸納出兩個教訓：一是趨勢一旦形成，延續的可能性遠遠比反轉要大，市場從來就沒有絕對的高點，也沒有絕對的低點；二是基本面只有與技術面發生共振的時候才有用，如果發生了背離，則應選擇跟著市場走。

「目前我正面臨一個困惑，即很難完整地做完一個趨勢，往往在

趨勢尾端出場太早，有一種恐高和恐低情緒。這說明我對趨勢的認識尤其是趨勢力量的認識還有待於提高。」黃如斌認為，只要趨勢不變就一直敢於持倉不變的交易者是真正的趨勢交易高手。這也是他努力追求的目標。

「交易高手指的是有一定的交易理念和獲利模式，並不是說他總能準確正確預測行情。」他告訴自己，在市場的某個階段，如果你做對了，可能是市場對你的思路了，但市場不可能永遠都跟你的思路吻合。因此，客觀的心態很重要。期貨交易成功的關鍵並不是你與市場作戰，去打敗市場，而是一個人與自己較勁，需要戰勝自我內心的貪婪、恐懼、僥倖等人性的弱點。

> **66** 選擇適合自己的交易標的就像尋找適合的工作崗位一樣，具有非常重大的意義。要儘量選擇大眾化的、跟經濟景氣度密切相關的，或者要選擇影響因素有參考依據的、可分析的標的。**99**

掌握交易時機
就能在期市追求高勝率！

杜加仁：投資期貨並非是一夜暴富的工具。

在採訪前，仔細研究一下杜加仁的交易紀錄和帳單——主要操作標的是天然橡膠，操作手法果斷凌厲，錯就砍、對就拿，絕不拖泥帶水。記者一度以為他一定是個十分剽悍的人。

期貨投資非一夜暴富

期貨投資並非像一些人想像得那樣是一夜暴富的工具。」杜加仁最早在期貨市場遭遇挫折是在 2001 年投資天膠期貨，當時在天膠期貨價格從 6,000 元漲到 9,000 元的過程中他不斷做空，之後到了 11,000 ～ 13,000 元仍然堅持做空，結果最後價格漲到了 17,000 元，他當然輸得很慘。「倉位猛、下手狠，不知道控制風險！」杜加仁這樣歸納失利的原因。

在經過了一段時間的沉寂之後，2006 年 4 月展鵬投資公司成立，

期貨之王
從10萬到20億，55位打敗死神的戰神交易筆記

◆ 杜加仁 ◆

展鵬投資公司總經理，擁有十幾年的期貨投資經歷，從
2006 年開始進入穩定獲利時期，本次大賽中由他指導的兩
名客戶分別以 195.40％和 163.92％得到第 11 名和第 19 名
的好成績。

杜加仁帶著信心重回市場，但仍然經歷了一個不太穩定的時期，直
到 2006 年下半年才進入穩定獲利階段。近兩年內交易的帳戶，以一
年期為單位清算時全部獲利。在本次大賽中，由他指導的兩名客戶
分別獲得了第 11 名和第 19 名的好成績。

穩健掌控交易時機

通過分析杜加仁的交易紀錄後，記者發現，經過了十幾年的沉浮
和磨練，他表現出較強的時機把握以及嚴格的資金管理、風險控制
能力。首先是展鵬投資對各商品實際把握能力呈現 60％左右的準確
率，其中無論是在明顯的單邊趨勢行情中，還是在情況複雜的震盪
環境下，這種穩健掌控交易時機而且堅定不移的執行能力，彰顯出
交易團隊高、精、尖的投資技術和實戰水準。

其次是當市場出現突發事件致使每個標的面臨風險時，第一時間停損離場已經成為其風險控制的本能。在操作過程中堅持原則，面對大筆虧損能夠從容停損，揮刀斷臂，在持有有利頭寸時更能耐心地等待利潤的增長，而在面對關鍵戰役所表現出來的軍事化操作規則，其中的勇氣、智慧、經驗，更是令沒有系統概念的一般投資者無法超越。

「關鍵戰役的成功是每一個成功者之所以成功的重要原因，但每一次大的勝利都是在無數次小的勝利背後的沉澱和質變的昇華。」在這樣的理念下，結合展鵬投資交易紀錄與行情走勢統計，在每一次行情出現單邊走勢時，展鵬投資都能有一倍以上的投報率。

結合性格特點決定交易策略。

儘管近幾年來，杜加仁在投資上順風順水，但面對自己的戰績時，他依然很謙虛。「我文化水準不高，很多投資理念和策略都是在多年的摸爬滾打中琢磨出來的。」杜加仁告訴記者，他的操作方法很簡單，中長線和短線交易相結合，不過，他的短線交易並不完全是日內短線的操作風格，而是完全按照交易信號的交易行為。

各類生存者都能按照自己的法則在市場中生存，關鍵是要能相對應地結合自己性格特點的交易策略。性格決定了承受能力，有多大的承受能力就有多大的獲利空間！在杜加仁看來他的生存法則就是

膽大心細、專注專一、靈活操作。

他所謂的膽大心細，是指他的操作風格是在設好防線的情況下「快、準、狠」；他口中的專一，是指他對天然橡膠的情有獨鍾，他主要交易天膠，偶爾也做其他標的但非常少。正是由於多年來對單一標的的沉澱，他對天膠的運行特點十分熟悉，還歸納出了一些小竅門。

竅門之一：短線 50 個點就停損，中長線 200 個點停損。

竅門之二：關注橡膠整數位，比如 18000、19000、20000，一般上破整數關口並站穩可以輕倉操作，然後逐步加倉，到另一個整數關口需要仔細觀察，根據盤面的波動減倉或者清倉。反之亦然。

竅門之三：看盤做盤。首先關注當天的開盤價、當天的均價以及昨天的結算價，當開盤價開在昨天的結算價之上、不破當天的均價和當天的開盤價做多，反之做空。

竅門之四：在震盪市中封鎖（不過，他也坦言，封鎖需要比較高的技術，必須在對市場熟悉、經驗豐富的情況下才能掌握好）。

把握規律和節奏最重要

當記者問他依據什麼入市和出場時，他笑了笑說，「主要靠盤感技術圖形」，比如做中長線他會看頭肩頂、頭肩底等基本形態，再

輔助以週線和月線等指標。

「做期貨最關鍵的是把握規律和節奏，管得住自己。」杜加仁說，一般日內連續兩三次砍倉，他就會停止當天的交易，「急於賺錢的人一定是虧損的」，「錢是坐著賺回來的，而不是靠操作來的」；當日開倉的虧損單不留倉、不隔夜，賺錢單則會持有。

當記者問他為何對期貨情有獨鍾以及以後的打算時，他不加思索地說：「首先我非常熱愛期貨，期貨就好比我生活中的另一半！其次我是一個喜歡挑戰的人，也是一個簡單的人，喜歡期貨的挑戰性和刺激性，善於把期貨複雜的東西簡單化！」

「這次有機會參賽，學到了不少東西，尤其看到報紙在比賽期間，結合實際發表的「實盤大賽量化研究的關鍵技術——高頻數據序列」等相關文章，雖然我看得不太明白，但把經驗理論化一直是我腦海中想的問題，今後我準備把自己的經驗在專家幫助下以程式模組化，然後用實戰來檢驗。儘管這個任務很艱巨，但我還是充滿信心的。」

期貨之王
從10萬到20億，55位打敗死神的戰神交易筆記

交易策略的轉換時機
決定了交易者的成敗

陳平華：週線定趨勢，日線找機會。

第三屆中國期貨實盤交易大賽期間，商品行情波瀾壯闊，成交量屢創新高，為各路參賽者提供了充分展示才能的舞臺。陳祐興帳戶權益由 23 萬元增長到 63 萬元，獲利率 166.89％，最終獲得了投報率排名第 18 名的好成績。身為該帳戶的交易指導，陳平華介紹了他們參賽時所使用的一些交易策略。

週線定趨勢，日線找機會

回頭來看，今年五、六月份是中國商品期貨的寬幅震盪月，該帳戶在這波震盪行情中損失較小，奠定了最後取得名次的基礎。這段時間裡，他們採用了「週線定趨勢，日線找機會」的交易策略。陳平華說：「當時國內各標的日間波動較大，以日線為參考，盤面經常發出停損信號，但週線則簡潔明瞭，據此可以穩定持倉。在日線

◆ 陳平華 ◆

指導的參賽選手獲利率 166.89％，第三屆全國期貨實盤交
易大賽第 18 名。
陳平華認為，期貨市場震盪幅度大，多空轉換節奏快，資
金管理水準往往決定其交易成敗。

發生較大幅度變化時，要注意減倉，且日內交易堅持輕倉、少量調
整，這樣依託週線可適度放大停損幅度。」

　　一些標的日內波動幅度雖較大，但短期走勢仍呈現出良好的趨勢，
據此客戶選擇活躍標的以 15 分鐘圖為參考做交易，獲得部分短線利
潤。七月份該帳戶短線淨收益 5 萬，對總收益有一定的補充。陳平
華表示，應適當鼓勵客戶做短線交易，這樣能增強客戶對趨勢的認
識，同時也能積累交易經驗。

　　「我們針對不同標的制定了不同的交易方式。一些成熟的標的，
以趨勢交易為主，花費的精力較少。而不活躍或剛上市的標的，市
場參與度不夠，資金沉澱少，行情不穩定，交易的時候更多是根據
當時的盤面做，有獲利就平倉。」陳平華說。

倉位的控制很重要

陳平華在接受記者採訪時表示，期貨市場震盪幅度大，多空轉換節奏快，資金管理水準往往決定其交易成敗。從本屆實盤大賽前幾名經常易手就可以看出，在四個月的比賽期間，要想取得最後勝利，倉位的控制至關重要。

陳平華介紹，參賽期間他們將資金分成五份，按以下原則操作：（1）單一標的最大持倉不超過一份；（2）相關標的總持倉不超過兩份（如有色類：銅、鋁、鋅；農產品類：大豆、豆粕、豆油；化工類：塑膠、PVC、PTA、天膠、燃料油等）；（3）若多標的都出現機會，可放大總持倉至75％左右，但波動大的標的持倉比例要適度降低（如銅和膠）。

> 66 對震盪行情，採用「週線定趨勢，日線找機會」的交易策略。適當鼓勵客戶做短線交易，既能增強對趨勢的認識，同時也能積累交易經驗。99

可結合別人的交易模式來增強自己的模型

打開郎豔在第三屆全國期貨實盤交易大賽期間的投報率曲線圖可以發現，她的投報率呈現出大幅波動。大賽開始的最初六個交易日內，郎豔就獲取了最高達 48.66％的投報率，一舉進入前 30 名。但是隨後投報率快速走低，三個交易日後投報率便虧損 25.33％，又經過一番努力後，投報率再度回到 45％以上。然而好景不長，隨後的交易中，其投報率又逐步下滑，曾有低到虧損 66.1％的地步。最後一個月中，郎豔抓住機會，其投報率再一次從虧損 60％以上回升到了 2.61％，期間資產回升幅度達到 202.67％。

從郎豔在大賽期間的收益變動情況看，應該說她是一位具有短線獲取爆發性投報率的一名選手，儘管其最終的大賽總投報率並不理想，但是在短短的 20 幾個交易日內，卻能得到翻兩番的成績，真是不多見！

◆ 郎豔 ◆

短短一個月內獲取了 202.67％的投報率，位居四月月度冠軍之位。
交易模式：準確的技術分析與強烈的盤面感覺是郎豔短線搏得獲利的法寶。

66 　只做最強的標的，抓住機會，重倉搏殺。多讀書多學習，找出最適合自己的交易方法。只有對期貨有興趣，熱愛期貨，才能在這條道路上一直走下去。**99**

抓住熱點標的重倉搏殺

　　與其他期貨高手一樣，郎豔也有自己的交易模式。「準確的技術分析與強烈的盤面感覺是我短線搏得較大獲利的法寶。」郎豔是這麼自我評價的。「要想獲取短線收益，標的選取至關重要，工業品、農產品在我看來都一樣，沒有區別，只要是最強的標的我都會去做。」她表示：「我只做最強的標的，即漲跌幅度最大的標的，做這種標的才會有較大的獲利機會。我不做那些補漲的或者說是被動上漲的標的。」

但是這種捕捉強勢標的的操作機會並非是隨機的，郎豔說，她在前一天晚上會做一個小時的充分準備工作，對第二天有可能出現的行情做足準備，一旦分析判斷得到盤面印證，就會毫不猶豫地重倉去做。不過，郎豔從不持倉過夜。

大量閱讀，從經典裡找財富線索

做期貨投資者，看過幾本期貨交易方面的書是很正常的，但是看過 200 多本書的人就不多見，讓人有些吃驚。郎豔是其中之一。「我家裡存放了將近 200 本期貨交易方面的書，很多都是國外大師級的著作，涉及技術分析、操作理念。每一部書我都仔細看過，其中的一部分，我甚至看了十幾遍。」她強調：「剛開始做期貨的時候，總是虧，虧得多了，就著急了，怎麼辦？只有看書學習，我曾經一夜看了五本書。」

但是郎豔並不盲從書本上的知識，她說：「書裡面講的許多交易模式都能夠成功，但我們無法複製，適合別人的不一定適合自己，必須結合別人的交易模式尋找適合自己的交易模式才能夠成功。」

除了廣泛閱讀外，在郎豔的生活中時時刻刻都在想辦法改進自己的交易方法。郎豔說，參加本次實盤大賽，目的就是為了藉由這個平臺，多認識一些人，多和其他人進行溝通，多學習，提高自己的交易水準。

資金管理是瓶頸

說到自己的不足之處，郎豔毫不掩飾。「我現在最大的缺點是資金管理水準不高，而且這個缺點從開始做期貨到現在一直都伴隨著我。我自己也清楚做期貨的資金使用量最大不能超過本金的70％，但是一做起來總是滿倉。」這方面，她吃過不少虧。前幾年小麥行情熱絡的時候，她曾經從2萬多元掙到了17萬。

「當時就傻眼了，從來沒見過這麼多錢，就覺得錢不是錢似的，所以就滿倉操作，最後又全部虧進去了。」她指出：「本次大賽中，由於第一次參賽，剛開始有點著急，總是盯著前幾名的持倉看，心態受到了影響，加上資金管理不到位，所以虧了不少，到最後才找到了感覺，回歸了自己。」

熱情撐起郎豔的期貨路

郎豔從2002年開始做期貨以來，對期貨充滿了熱情，而支撐她的就是對期貨的熱愛。「做期貨，三到五年內是很難成功的，只有對期貨有興趣、熱愛期貨，才會在這條道路上一直走下去。」

「在這個過程中付出的是時間，是金錢，是熱情，但是我認為終將會得到回報。期貨市場前途很好，將來股指期貨、外匯期貨都會逐漸推出，所以不能著急，未來的機會更多，現在要做的就是要在這個市場中生存下來，不斷尋找適合自己的操作模式。」

期貨市場上絕大多數人是虧錢的，
一個人想要獲利必須有與大多數人不同的地方。
——李永強

Chapter 7

第二屆中國期貨
實盤交易大賽

李永強｜楊洪斌｜郭耀輝｜交易小將｜錢鯤
宋東先｜高　兵

小倉位搏取高獲利
交易就該清冽而簡單

李永強：成功的投資者，需要的正是淡定與安詳。

八月底的一個雨天的午後，杭州龍井村乾隆御封的 18 棵茶樹旁，記者和李永強悠閒地喝著茶，暢談著期貨投資的苦與樂。他的期貨人生就像茶杯中不斷冒出的縷縷清香，在空氣中慢慢地舒散開來。正如李永強所說，成功的投資者，需要的正是淡定與安詳。

重複賺小錢輸大錢的原因：你的心態錯了！

在《期貨日報》舉辦的第二屆全國期貨實盤交易大賽的三個月時間裡，他獲得了 940.63％ 的投報率。經此一役，李永強成為了中國期貨圈談論的話題。

其實，和很多期貨成功者一樣，李永強也有過在市場上輸得一無所有的時候。從 2002 年開始接觸期貨，李永強便深深喜歡上這個比股票更刺激的投資工具。

◆ 李永強 ◆

第二屆全國期貨實盤交易大賽冠軍，投報率 940.63％。一杯清茶，兩碟乾果，清冽而簡單，一如李永強的性格。

　　剛開始賺錢似乎很容易，這也是期貨市場吸引人的地方之一。2002 年，LME 銅價在 1,300 美元／噸的位置，經過分析，李永強認為這屬於歷史低位，便果斷殺入，獲得了初入期貨的獲利，也收穫了自己的信心。

　　「但是貪婪的心理也快速膨脹，我當時認為銅價應該會有回檔，如果既賺取上漲的錢，又賺取回檔的錢，收益增長不是更快嗎？」基於這種心理，他又滿倉做空。

　　結果銅價並沒有出現任何像樣的回檔，仍舊一路高歌猛進，李永強砍倉後反而把本金也虧回去不少。

　　繼續做多，賺錢；又搶回檔，又虧錢，如此往復，貪婪與恐懼在心中不斷地轉換角色，在那次波瀾壯闊的上漲過程中，他看對了行情，卻只有微薄的收益。

其後，他開始關注橡膠行情。依然是看多，買入賺錢後不平倉，並不斷加倉，膠價在盤中突然跳水時，恐懼性砍倉，價格又向上走，再次追漲，獲利再加倉，盤中又跳水，又砍倉。幾個月下來，大趨勢看對，總體卻還是虧錢。

2005 年，李永強經歷了人生最低谷的時期，看著辛辛苦苦掙來的錢被吞噬殆盡，他重新審視了自己的操作手法。「剛開始是能在市場賺錢的，但虧損之後，急於翻本，不斷放大自己的風險，在獲利時反而更加恐懼，始終是賺小錢輸大錢。根本原因是心態壞了。」

必須調整心態，將速度放慢。在期貨市場每個月 5％～10％的收益是很容易的，這樣一年也能翻倍，四年就是 32 倍，穩健的收益才能存活得更長久。調整好心態後，他持續三個月獲利，「這是以前沒有的經驗，持續獲利讓我恢復了信心，確信自己能從從市場穩定賺錢了。」

平和的心態，是期貨投資者成功的必須條件，而明白這一點，李永強已經付出了足夠的代價。

在期貨賽場超越自己

實際上，參賽的交易手法與平時的操作手法有著很大的不同。如果想獲得大賽名次，開賽初期必須奠定一個好的基礎，這就需要必要時候的滿倉操作。這次大賽的初期，李永強正是憑藉幾次隔夜重

期貨之王
從10萬到20億，55位打敗死神的戰神交易筆記

倉，獲得了較高的收益，奠定了他此後贏得名次的基礎。而在獲得200％的收益之後，他馬上調整操作手法，基本只做日內短線，利用短線重倉搏取日內較高收益，並將領先的優勢保持到最後。

本次大賽當他進入前五名，後來又排名第一後，比賽情結使他下定決心拚搏第一，並且訂下了要超越《期貨日報》首屆實盤大賽冠軍紀錄的目標。「第一屆大賽冠軍的收益是 780％多，我希望能夠超越他，戰勝自己，為自己的期貨生涯增添一點樂趣，將來也可以在女兒面前吹吹牛。」

「其實多次參加各種比賽，總有賺錢，也有虧錢的時候，但通過比賽超越對手，超越自己，能使自己獲得勝利的快感。」這種智力的競爭，總能給李永強平淡的生活帶來不少快樂，這大概就是他所謂的「比賽情結」。

獨創「獲利減倉理論」，用小倉位搏取高收益

李永強是一個絕對的技術派。他相信，做期貨的人獲得的基本面資訊都是差不多的，但每個人對基本面因素的理解不同，而這些不同都已經完全表現在期貨盤面上，K 線已經反映了一切。

「我一般做日內短線，方法很簡單，主要看的是五分鐘 K 線。如果 K 線突破連續兩個高點或低點連成的平臺，我就追進去。」他認為，順勢而為是最安全的，跟隨突破之勢買入或者賣出，順勢並助

勢，是期貨市場獲利的不二法門。

關於停損，他認為如果方向做錯要立刻認錯，在買入／賣出價位上幾個點設置停損。因為突破後的回落往往是緩慢的，給了交易者足夠的停損時間。

停利有時候比停損更重要，有不少人在做對單子後，本著「讓獲利擴大」的原則，堅持持有，價格反方向運行後又希望價格再次回到原來高位／低位，最終讓原本獲利的單子停損出場。李永強給自己設定的停利位置是 K 線的 M10 均線，一旦價格突破 M10，立即平倉出場，即使是假突破也決不後悔。「我從來不想自己能平到最高點或者最低點。」

李永強還相信一點，期貨市場上絕大多數人是虧錢的，一個人想獲利必須要有與大多數人不同的地方。李永強的獨到之處，就是「獲利減倉理論」。在判斷行情將上漲時，半倉買入，如果判斷錯誤立即砍倉。如果判斷正確，隨著價格的不斷走高，則不斷平倉，在價格到達高位時只留較少的倉位。這點與傳統的「小倉試單，獲利後逐步加倉」的理論背道而馳。他認為，獲利後落袋為安，用小倉位搏取更高的收益，是他得以獲取穩定獲利的主要原因之一。

投報率曲線：情緒指標圖

每天交易過後，李永強都要記錄獲利情況，並將一段時期的獲利

做成投報率曲線。如果曲線過於陡峭，不論是快速獲利還是快速虧損，都是他停止交易、進行反思的理由。

投報率下降過快，說明心態亂了，這時候必須休息，遠離市場，認真檢視自己的錯誤。而當獲利增長過快的時候必須穩定下來，提醒自己，市場中沒有常勝將軍，過快的增長後隱含著快速下跌的風險。這時候停止交易，就能讓投報率曲線變得平緩，為今後的繼續上衝積蓄力量。最近幾年，李永強的投報率曲線始終保持一個完美的震盪上升趨勢。

> 66 一是要有風險意識，學會停損，進入期貨市場首先不要想錢，要先想好怎麼樣少虧錢；二是永遠要把風險意識擺在獲利前面；三是不要太貪婪，不要急於加倉。99

趨勢交易者交易的是
對市場的理解

楊洪斌：趨勢投資並非只了解基本面。

楊洪斌，是這次獲獎名單中少有的幾個趨勢投資者之一。他坦言，在進入期貨市場的初期，因為對市場欠了解，曾付出過昂貴的學費。2001 年才學會控制風險，近兩年來開始穩定獲利。

用「以變應變」的思維，面對錯綜複雜的行情

在這個過程中，他一直被一些困惑和問題糾纏著。「為什麼在市場價格有較大幅度漲跌時，我們卻總是舉棋不定，事後才發現錯失了較大的投資機會？為什麼經常在大行情中過早出局？為什麼做錯時遲遲不願改錯？又為什麼在震盪趨勢時追漲殺跌？」……在思考這些問題的過程中，他也逐步加深對期貨市場的理解。「當困擾你的這些問題都想清楚時，交易水準提高就是水到渠成的事。」

面對記者諸如「如何判斷會有大行情」、「這波行情會來多久」、

◆ 楊洪斌 ◆

1995 年進入期貨市場投資，第二屆中國期貨實盤交易大賽
指導客戶獲得第二名，投報率 311.12％，主要獲利方式為
趨勢投資。平時看盤時他儘量摒除任何主觀想法，只關注
價格變化的力度和幅度。大多通過橫向比較來判斷價格變
化的方向，比較內盤與外盤、近期與遠期的強弱。

期貨與股票的趨勢投資有很大不同，期貨投資要遠離震盪
市。趨勢交易者要學會如何管理資金和及時停損。根據行
情大小分配資金，但永不滿倉；訂好停損位，毫不猶豫停損；
如果獲利，儘量持有，持到價格上升或下降力度變弱或反
向為止。

「如何進場、停損、換月」等問題時，楊洪斌總是用「不確定」、「不
固定」等字眼強調，碰到具體情況要具體分析。與一般投資者不同，
他看盤總是很輕鬆，根本不理會窄幅震盪行情，大部分時間都在瀏
覽新聞。楊洪斌說，他思考的時間要比看盤多，在錯綜複雜的期貨
行情中，他總是保持著「以變應變」的思維。

在實盤大賽期間，楊洪斌指導客戶主要操作橡膠，幾乎抓到了整波上漲行情，在相對底部入市、相對頂部獲利了結。他認為自己能獲得亞軍，有許多偶然因素。三個月的賽期不算長，不同類型的交易者取得的投報率大部分會取決於行情走勢，並不足以考驗投資者的水準。「如果不是這波橡膠行情漲勢複雜，我的投報率一定趕不上那些交易比較猛的人（單邊重倉交易者）。」他認為，商品價格是有時間性的，時間太短，反映不出價格的變化，操作起來就很難。

趨勢投資與短線交易的心態大不同

儘管做的是趨勢投資，但楊洪斌並沒有記者想像中的那樣過分依賴基本面。「我主要觀察價格變化，對基本面只做一般了解。雖然基本面非常重要，但還存在價格高低、資金管理等問題。例如在基本面非常好的情況下，高位入場同樣也會被套；市場來個深幅調整，資金管理不到位，同樣也會有損失。」但是，基本面往往成為他判斷趨勢形成方向的重要依據。在本次比賽期間，當時橡膠期貨五月現貨合約已經止跌，而且價格遠遠高於九月合約價格，現貨庫存也愈來愈少。於是，他認為，九月合約價格下跌完全是因為慣性，上漲應該為期不遠，入市時機只待價格向上突破、趨勢確立。

即使是趨勢投資，期貨與股票的交易方法也有很大不同，楊洪斌認為，期貨投資要遠離震盪市。有人認為，趨勢投資是一種長期投資，只要做好資金管理，震盪市不足以改變趨勢，因此沒必要平倉出局。

但是，楊洪斌說，他一般都會遠離震盪市，等到下一個趨勢形成時，再入市。「做股票和期貨都要順勢，但順勢到一定程度，要謹防『物極必反』。一般而言，中長期都是順勢多，但到一定程度要考慮物極必反，這是市場客觀規律。」至於如何把握臨界點，他表示：「面對趨勢中出現的價格反向變化，我知道要如何去想，而且能想得通。」也許，對市場理解非常深的人才能達到那種境界吧！

趨勢投資的資金管理更嚴格

趨勢投資的停損與短線交易也有所不同。一方面對資金管理的紀律要求更加嚴格，例如一筆交易最大虧損堅決不超過 5％。另一方面，停損理念也有差異。「何時停損，既要靠感覺，也要輔以一定的量化指標。當價格表現出短期難以為繼（如調幅過深）、趨勢即將或已經發生改變時，要堅決停損。例如一個漲停板，之後接著一個跌停板，我就會開始懷疑是否做錯了？」「當逆勢力量大時，要停損，等到跌停板才想出來就不容易了。」「但光靠量化指標也容易死，在分析價格的同時，盤中力度要並重。」

楊洪斌是個非常隨意的人，因為喜愛期貨才成為一名職業期貨投資者。他追求的期貨夢想，就是能將交易做到獲利穩定，且風險事故特別少的狀態。面對巨大的誘惑，他仍會堅守在目前的陣地上，因為他對期貨的理解是個無底洞，你需要不斷自我修煉，期待登上最高峰。

期貨作手必須形塑適合自己的交易風格

郭耀輝：中短線交易要能不被各種技術的框架所束縛。

愛好運動的郭耀輝，也特別喜愛價格的波動。現年 32 歲的他，早在大學期間就對金融市場詭祕的行情變化表現出濃厚的興趣，除了學生時代就自學和研究股票外，還在證券公司開戶做股票交易。畢業後，索性直接就職於一家期貨諮詢公司，指導客戶做更富有波動性和雙向交易機制的期貨交易。

獨門的停損心法：價格停損與時間停損

「頭一個月我指導客戶交易，資金翻了十多倍，破了公司的多項紀錄。」1998 年，中國期貨市場開始清理整頓，像很多期貨人一樣，郭耀輝也暫時告別了心愛的期貨市場，轉戰證券市場。2002 年，期貨市場慢慢轉暖，他也「回流」到了期貨行業。

郭耀輝指導客戶以中短線交易為主。在本屆大賽中，他主要指導

◆ 郭耀輝 ◆

1997 年大學畢業後成為期貨交易員，次年轉戰證券公司；
第二屆全國期貨實盤交易大賽指導客戶獲得第三名，投報
率 266.77％，主要指導操作趨勢明顯的標的；主要獲利方
式為中短線交易。

「我每週、每天都做計畫，形成計畫後，就要嚴格執行，
切忌逆勢操作，不要不認輸，應該及時停損出場。」

把資金做上去很容易，但是守住利潤很難，因此及時停損
很重要。停損有兩種：一種是價格停損；一種是時間停損。

操作趨勢明顯的標的，以求短期內達到利潤最大化。他一般三到五
天完成一筆交易（停損單除外），資金管理控制在 1/3 到一半的倉位，
通常只有在獲利時才加倉。談及何時會滿倉，他說：「我在盤中有
過滿倉，隔夜有獲利或跨標的對鎖時才滿倉。如果失敗，就會及時
停損，以小虧損換取時間上的損失。」

對於停損方法，除一般的價格停損外，郭耀輝特別向記者介紹了
他的時間停損法。「由於是參加比賽，時間非常有限，一旦遇到盤整，
就會失去其他標的的機會。為了追求利潤最大化和追求利潤最大的
標的，我不會指導客戶參與盤整行情。」在平常的交易中，他也會

用到時間停損，只是比賽中，停損的時間會更短一些。

賽外的郭耀輝，表現得就沒有那麼「猛」了，他指導的交易會追求穩定、本金的安全性以及風險控制，因為這才是最重要的。

專走技術派，斟酌短線盤感

走「技術派」路線的郭耀輝告訴記者，他並非一味信奉技術指標，盤中也會斟酌一點短線的「盤感」。他表示，對投資者而言，最主要的是要形成自己的交易風格。在市場面前，並沒有哪種操作方式最好的問題，只有更適合自己的問題。那麼，期貨標的愈來愈多，投資者要如何挑選出有行情的標的呢？郭耀輝表示，要注重行情的研究分析，制訂的計畫要嚴格執行。

郭耀輝表示，期貨實盤比賽，比的是綜合分析能力，比的是資金管理藝術，比的是心態調節能力，比的是交易理念，比的是綜合素質。他參加比賽的目的，是想檢驗自己的水準和操作能力。在比賽中，學到對手的心態、資金管理等技能，無形中可以對自己的技術系統加以修正。

他說，他的期貨夢想非常簡單，就是不被市場擊倒。作為一名「技術派」交易者，他致力於不被各種技術的框架所束縛，追求一種「化無形為有形，化有形為無形」的境界。

敢贏善輸就是
你的交易籌碼

交易小將：我既做短線，也做趨勢，隨時調整自己的交易策略。

交易小將是記者認識的成功投資者中，唯一沒有經歷過切膚之痛，直到現在一直獲利的人。他說，自己的性格適合做期貨，認為期貨是一個好玩的遊戲。

與生俱來的期貨性格

Q：你什麼時候開始做期貨？

交易小將： 2005 年我從網路上了解到期貨投資，以將近 1 萬元人民幣為基礎開始做期貨。

Q：到目前為止的收益情況如何呢？

交易小將： 具體數額不方便說，我只能說現在靠在期貨市場的獲利，我已經解決了生計問題，它已經是我的職業。

◆ 交易小將 ◆

第二屆全國期貨實盤交易大賽指導客戶獲得第六名，投報率 207.35％。交易小將是個性情中人。他會為了讓期貨朋友相聚，自己掏出 10 萬元獎金，無私地舉辦一次大賽和聚會。他會在聚會發言時，因為回顧自己的歷程而落淚。他會在炒客論壇中發布自己的交易紀錄，向所有人展示自己挑戰日本的「1000％的男人」的目標被完成。

Q：當年為什麼選擇做期貨？

交易小將： 在對期貨有所了解之後，我就認為，期貨是可以讓小資金變大，可以讓自己實現財務自由。雖然剛做期貨時資金很少，但幸運的是我碰到一個麥子單邊下降趨勢，獲利後不斷加倉，不到十天時間資金就翻倍。之後的一段時間，我都是近乎滿倉地快速操作，迅速為自己積累了一些資金和積累了心理抗壓能力。

Q：你的自信來自哪裡？

交易小將： 因為我很了解自己，認為自己有好的領悟力和學習能力。

混合型交易模式

Q：你的交易模式是做短線還是做趨勢？

交易小將：我既做短線，也做趨勢。

Q：這會不會影響你對方向的判斷？

交易小將：我會根據市場的情況，隨時調整自己的交易策略，短線突破有機會，就做短線；如果看準大勢，也會做一些趨勢。操作的關鍵是要明白並謹記自己交易是要做短線，還是趨勢。交易關鍵是做好風險控制，把風險化解在交易前，在交易中處理不利局面。

Q：交易中倉位如何把握？

交易小將：在資金比較少時，為了儘快提高自己的資本金，我選擇重倉搏取較高的收益。在積累到一定程度之後，就轉為謹慎。

全天候交易者

Q：你入市的原則是什麼？

交易小將：一般來講，我每天都交易。去年所有的交易日中，我只有兩天沒有交易。

Q：你會在什麼時候停止交易？

交易小將：當發生比較大的虧損時，我會停止交易，用一天時間檢查和反省自己，想清楚之後繼續交易。

Q：你的交易生涯中有過多大的虧損？

交易小將：2006 年年初，有一天我的損失超過了總資金的 30％，那是到目前為止我最大的單日虧損。

Q：從開始做期貨到現在，交易風格有什麼變化嗎？虧損對你有影響嗎？

交易小將：的確有很大的變化。主要是更深刻理解風險管理，明白了必須控制好自己的風險。我現在會透過分散交易標的來分散風險。同時，對於隔夜持倉制定了更嚴格的限制條件和倉位，在交易過程中也多環節地設定風控措施。市場是不斷變化的，交易者對市場的認識也是不斷變化的，所以我的操作手法也常在變化。

對其他交易者的建議

Q：根據你的經驗，對其他交易者有什麼建議？

交易小將：首先，對於交易者而言，最大的敵人是自己。交易者需要在交易中不斷學習，克服自己的缺點。同時，交易者要有信心，不要害怕做錯，而應該從錯誤中不斷提高素質。此外，交易者要正確認識市場，順勢而為，盡量控制自己的風險。

縝密的分析是
交易成功的前提

錢鯤：建立資訊蒐集管道以及養成獨立分析的能力很重要。

錢鯤，有超過十多年的期貨投資經歷，2007 年以前，在期貨交易中獲利並不穩定，深知在期貨市場上持續獲利的艱難和可貴。面對記者事先準備好的一大堆問題，他在接受電話採訪時開門見山地說：「我在本屆比賽中投報率不高，未能奪冠，接下來主要會談談我錯失哪幾次重大機會。」

只交易自己熟悉的標的

錢鯤只交易自己熟悉的標的，其中以豆類為主的農產品居多。他坦言，本次大賽到最後，眾多選手爭奪第三名相當激烈，自己沒能爭取到更好的名次，主要是開局不利。「當時，我錯失了一波絕好的豆粕上漲行情。原因不在於沒有分析到投資機會，而在於面對機會時缺乏果斷的作為。」

◆ 錢鯤 ◆

1995 年開始投資期貨，第二屆全國期貨實盤交易大賽第七名，投報率 206.94％，只交易自己熟悉的標的，如豆類等農產品；主要獲利方式為中短期交易。
交易須儘量集中，不要分散，同時嚴格控制風險。

　　憶及當時的交易情形，錢鯤說，四月底豆粕價格已經跌到底，五月份開始已經有啟動的態勢。「那時大豆原料價格開始上漲，壓榨利潤較低，豆油滯銷，根本沒有提價空間。油廠為了維持利潤，唯一的途徑就是提高豆粕價格。而且當時期貨比現貨低幾百元，所以豆粕價格上漲是必然的。」錢鯤對記者提出了自己的分析過程。

　　儘管捕捉到了這波投資機會，但他仍有所猶豫，持倉信心不足，結果比去年豆油更大的一波豆粕暴漲行情沒抓到。大賽前期，他的排名一直在前十名之後。「後來投報率雖追上來了，但比較辛苦，做的都是短線行情。」

　　論及標的對投報率的貢獻，錢鯤說，做空棉花為他貢獻了 1/3 的收益。「雖然棉花單邊下跌行情並不淩厲，但趨勢明顯。每次總是緩慢下跌 3％ 或更小的幅度，我一直在反覆做空棉花，當價格波動

時，就持倉；停頓時，就離場；再下跌，又做空。此外，比賽前期的玉米空單收益也不錯。」

分析不夠透徹是導致失誤的主因

比賽後期，白糖再度下跌，他果斷做空，收益快速提高，而黃金對他的收益貢獻也近 1/3。「四至五月，黃金的跌勢在 900 美元一線遇到支撐，我在震盪中高拋低吸，但收益不大。六月底，黃金向上反彈，在接近 1,000 美元時阻力明顯，我抓準時機做空，但空單沒能拿到最後。」這次抉擇也成為錢鯤在比賽中的一次遺憾。「那時，我手頭有白糖多單，黃金空單。現在看來，當時選擇黃金空單平倉、持有白糖多單，是一次錯誤的抉擇。如果拿住黃金空單到最後，第三名可能就是我的了。」

比賽期間，橡膠漲幅最大，排名前面的幾名選手或多或少都交易過這個標的。然而，錢鯤沒碰過橡膠，因為他不做自己不熟悉的標的。錢鯤認為，在自己熟悉的標的上，不能放過交易機會。自己在比賽中的失誤，歸根究底是說明自己分析得不夠透徹。

「凡事豫則立，不豫則廢，成功的交易要以縝密的分析為基礎，果斷行事，在操作過程中，結合行情輔之以資金管理，避免頻繁停損。」他的分析主要以基本面為依據，結合技術面進行交易，往往趨勢形成後就跟漲跟跌。

善於利用公開資訊

採訪中，錢鯤一再向記者強調資訊蒐集管道以及自己獨立分析的重要。他表示，只要有正確的分析方法，仔細分析基本事實的資訊後，得出的結論一般都不會有很大的錯誤。「今年四、五月份，豆類產品已經跌得很厲害，企業壓榨豆類的利潤很低，這些都是公開報導，豆油滯銷，也是看得到的；但飼料消費有轉好的趨勢、期貨比現貨價格低很多、阿根廷農民罷工、美國種植情況不好，這些在專業媒體上都有過報導。大豆一定會上漲，那麼豆油和豆粕哪個漲幅大呢？一定是豆粕。」

「我經常在各行業相關網站瀏覽資訊，此外還經常閱讀一些平面媒體報導如《期貨日報》，上面有些研究報告水準不錯，可有價值的東西。我會關注他們分析的事實，如調查研究資訊，也參考一下他們的結論，我另有自己的一套分析方法。」

儘管他偶爾也會做一些現貨調查研究，但囿於條件限制，深度不夠。錢鯤認為，個人投資者還是要善於利用公開資訊。

作為一名職業期貨投資者，錢鯤對自己的業績要求很高。他分析多場實盤大賽參賽者的表現後發現，在三個月的交易週期內，至少應該有一次中線的機會。作為職業投資者，把握好的話，投報率應該達到 100％。不管熟悉哪個標的，用哪種方法，都應該能取得好的成績。

長、中、短線都可以成功，關鍵在於如何掌握

宋東先：期貨投資撬動我整個人生的支點。

大賽結束了，精彩卻仍在繼續！三個月內 200％的投報率，在宋東先看來，已算一份滿意的成績單。但向前追溯，結果則令人咋舌：從 2007 年 9 月 5 日到 2008 年 4 月底，一個只有 1 萬元人民幣的帳戶在宋東先手中神奇地變成了 40 多萬。看到中國《期貨日報》舉辦「期貨實盤交易大賽」的消息後，他便抽出 10 萬元參賽，結果獲利 20 萬。一直到了 2008 年 8 月中旬，總合來看，最初 1 萬元的本金已經變成了 150 萬。

「我當時抱著無所謂的心態，心想反正只有 1 萬元，所以有時候倉位比較重，這一點散戶投資者不應該仿效，因為風險太大了。」對於如此輝煌的戰果，沉溺期市十幾年的宋東先顯得很冷靜。

基本面與技術面的敏銳度，是致勝主因

從期貨公司的高階主管轉變為客戶，宋東先從來沒有後悔過。「性

◆ 宋東先 ◆

第二屆全國期貨實盤交易大賽獲獎選手。宋東先在 1993 年開始涉足期貨市場，是中國東北地區最早的期貨交易員之一。1999 ～ 2001 年曾經離開期貨市場投入證券行業，之後再度回來，曾任某期貨公司高階主管，2003 年從期貨公司辭職專門從事期貨投資。以趨勢交易作為主要的交易模式，哪個標的有機會就做哪個。

格使然吧！」生性崇尚自由的宋東先說，他喜歡閒雲野鶴般的生活，而公司管理束縛了他的投資興趣和空間。古希臘的數學家阿基米德說過，「給我一個支點，便能撬動整個地球。」宋東先很清楚地認識到，能夠撬動他整個人生的支點，便是期貨投資。

基本上，宋東先不使用系統化的程式交易軟體，而將他的成功歸因於對於基本面和技術面資訊的較強捕捉能力。2006 年下半年，敏感的他盯上了豆子。「當時覺得這個商品會漲，在總體經濟上，美國總統布希在國情諮文中提出用玉米加工燃料乙醇，當時我便認為豆子可能要漲到 1,500 美分以上。」

雖然看對方向，但起初的上漲並非一帆風順。後來，中國國內的豆子從 3,000 多元節節攀升到 5,000 多元，讓宋東先大賺一筆。2008 年六月底價格快到頂端時，經歷過大風大浪的他開始有所警惕。7 月

7 日外盤豆子忽然暴跌，第二天中國市場一開盤，他就毫不猶豫地把多單悉數平倉。

雖然感覺要變盤，但他還是觀望了兩星期，之後果斷地反手做空，同時還拋空了玉米和小麥。就這樣，到大賽結束他 10 萬元的資金帳戶變成了 31 萬，而到八月中旬，該帳戶已經翻到了 70 萬。

哪個標的技術位置好，就優先做哪個

「我主要做趨勢投資，哪個標的有機會就做哪個。」面對不同標的的市場機會，宋東先從不輕易放過。那麼，面對眾多的投資標的，則應該選哪個呢？

「要做行情明顯的，主要還是看哪個標的技術位置更好就優先做哪個。」宋東先說，技術指標只是參考，沒必要全部都看。他主要關注 K 線、KDJ、RSI 等指標，成交量、持倉量、均線等是次要指標。「任何操作方法都是有道理的，不管是長線、中線和短線，都會成功，關鍵在於如何掌握。」

「市場是殘酷的，因此期貨投資要多學習、多歸納。」1995 年還在期貨公司的時候，宋東先帶客戶堅持輕倉和長線的操作手法，結果客戶的獲利在兩年內翻了幾十倍。之後暴富心態膨脹，重倉操作，結果也曾遭受重創。「那時候我深刻體會到資金管理的重要性，也意識到在賺錢的時候，要適當地分散投資，將資金的一部分抽出來投資到其他領域。」

交易十次失敗十次
還是能靠停損獲利

在接受電話採訪時，短線交易者高兵一開始就向記者講述自己的停損理念。

「我從 20 世紀 90 年代開始做股票，雖一直都沒有什麼成績，但信心還比較足，2002 年開始轉做期貨。我認為期貨更適合我一些，我可以錯 10 次，但是一次就能夠全部打平，沒虧。2002 ～ 2005 年期間，我都是虧虧賺賺，有時候幾個月甚至半年都賺不到錢或者虧錢，然後有可能在三、四天就全部贏回來。直到 2005 年，我才開始摸索出一套自己最容易把握的賺錢模式。

停損第一，看對時就加倉放大利潤

我覺得，不能損失得太多，每次只要我認為錯的就要出來，出來之後再說（即時是暫時性的）。這樣嚴格執行之後，就再也沒有出

◆ 高兵 ◆

2002 年開始投資期貨，第二屆中國期貨實盤交易大賽第八名，收益率 176.68％，幾乎交易過所有的活躍標的；主要獲利方式是短線交易（一般持倉不超過五天）。他強調，最好不用滿倉操作相關性強的標的，而可以滿倉操作相關性差的標的。「我無法忍受資產在一次波動中損失 5％，因此經常停損。」

現過累計超出總資金 30％的回檔。很多單我都是當天就平掉，那些單大多是損失的單。我記得有一天交易十次，損失十次，但是也沒有損失多少；有一個月連續交易 20 多筆，其中沒有一筆是獲利的。那些單子經過我嚴格控制，沒損失多少，最後反而是贏回來的多一些。」

　　儘管高兵沒有刻意去追求做短線，但在這種「停損」理念下，他虧損的單子當天都全部平倉出來了，於是很自然地就做成了短線交易。但是，一旦方向做對，而且感覺特別好時，他會不斷加倉，甚至加到滿倉。「獲利時我會充分利用保證金槓桿放大利潤。」

　　「這是說不出道理的一種邏輯，就是感覺。這種感覺不是憑空想像的，而是長期經驗使然。」

從川震中領悟的等額封鎖策略

除短線交易外，「512 汶川大地震」還讓高兵意外地找到了另一種交易模式──等額「對鎖」相關性強的兩個標的持倉過夜。

說起那場記憶深刻的大地震，正在四川宜賓交易的高兵用「錢無樂趣，虧錢也不算什麼」來形容當時的感受。

「剎那間，我感覺房子抖動了約 100 秒，當時我手上已經有了銅的空單。在迅速離開房間前的幾秒鐘，我做了等額的鋅多單進行『封鎖』。」而在平時他很少鎖倉。「主要是天天看盤，頭腦裡已經形成了一種鋅強於銅的感覺。而且當時的銅空單有浮盈，捨不得平倉。」第二天，受四川有關礦山受災的影響，各金屬有不同幅度地反彈，第三天鋅連續上漲，而銅開始繼續下跌。這次成功「鎖倉」讓高兵大賺了一把，他在實盤大賽中的排名迅速上升。此後，他在豆油、豆粕上運用「封鎖」的策略，也小有收穫。

取經交易大師鞏固自己的信念

然而，三年前的高兵，交易得並沒有這樣順手，他經常會對自己的交易理念和手法懷疑。反覆小賠，一年下來也沒有什麼獲利，作為一名專職的期貨投資者，他自然會有困惑與沮喪。

高兵說，面對困難，他完全憑「信念」在支撐著，而信念是需要不斷去鞏固的。讀書、讀交易日記幫助他度過了那段艱苦的歲月。

「我買過很多書，如《我如何在股市賺了 200 萬》、《股票作手回憶錄》等。書中交易大師描述的許多心路歷程與我是如此相似，這些書我反覆讀過很多遍，成為我的勵志良友。另外，我每天都堅持做交易日記，當我又一次犯錯時，我會不斷詢問自己，是否以前也犯有同樣的錯誤？當時是如何做的？為什麼現在還會再犯？以後怎樣才能利用這種情形？通過回憶交易日記，我重新調整了心態，找回了自信！」

熱愛期貨的高兵，現在非常有信心。他為自己能夠生在這個時代深感榮幸——資訊化、數位化，特別是那魅力無窮的期貨！

說到自己的期貨夢想，高兵表示，他期待能重新募集一檔基金。儘管 2003 年他嘗試過設立合夥帳戶，當年也曾取得八個月分紅 60％的佳績，但最終還是在 2004 年第二季接近「協議最大虧損比例」時就解散了。

此後，他一直只交易自己的帳戶，在三年的時間裡從 1.5 萬人民幣翻到了現在的 50 多萬（還沒算經常從帳戶裡提走的錢），獲利額也一年年穩步上升。本屆參賽帳戶至今累計投報率已經達到 300％，做空白糖和銅令他在賽後績效更加優秀。

對市場要時刻抱著敬畏的心，
好好地端正自己的心態，
不因一點利潤而沾沾自喜，
也不因暫時的虧損而茫然失措。

——卞明忠

Chapter 8

第一屆中國期貨 實盤交易大賽

謝磊｜隋建軍｜陳棟梁｜莫曉飛｜卞明忠｜王曉峰

程式交易的致勝關鍵
就是要克服人性弱點

謝磊：先防範風險，再來才是擴充、最佳化的過程。

1996 年碩士畢業後，謝磊先後在銀行、保險、證券等金融行業任職。直到 2003 年才初涉期市，先後從事市場開發、商品研究、套利研究、程式交易研究等工作。在這一過程中，他逐漸嘗試將自己的研究心得融入期市實戰。

防範風險是第一位

2003 年年末，謝磊開始認識到交易系統的重要，並開始探索設計自己的交易系統。得益於自己在執行資訊系統方面的專業知識，三年來不斷的摸索和歸納，逐漸形成了一套適合他自己的交易系統。

根據謝磊介紹，他在編寫交易系統程式時，首先注重就是系統性，系統的安全、可控制、可擴充是首要考慮的因素，其次才是具體的操作和程式的編寫。因為期貨交易是一個非常全面的過程，從系統

◆ 謝磊 ◆

第一屆中國期貨實盤交易大賽上，他指導的兩名選手分別以 784.48%和 124.78%的獲利率名列第一和第五名。他將自己的勝出歸功於完善的系統交易。「做期貨就是做人。只有克服了人性的弱點，你才能在投資市場中取勝。」

談及自己獲勝的經驗時，謝磊這樣評價自己對期市的感想。

化的角度來看，防範風險是第一，然後才是可擴充、最佳化的過程。如果沒有全面系統化，那麼交易者對期貨市場中可能產生的各種風險就會估計不足，在風險出現時就會缺乏應對措施，進而導致失敗。

程式交易必須深入人性的本質

2005 年下半年，謝磊設計的交易系統逐漸發展到比較完備、成熟的階段。一方面是已經累積不少經驗，另一方面他自己也不斷地學習，通過實際交易的檢驗，讓交易系統不斷地調整並慢慢完善。

與許多成功的交易者一樣，謝磊說，在這一期間，有本書對他的

交易系統設計有較大的影響，這就是約翰·瑪姬的《戰勝華爾街——成功投資的心理學與哲學》（編按：非彼得·林區的同名著作）。這本書幫助謝磊提高了對市場的認識，正是因為這本書使他設計交易系統的思路深入投資市場中的人性本質。

謝磊認為，交易系統是一個全面的、綜合的系統，其中甚至包含了個人修養、狀態掌握等人性範疇，而不僅僅是程式的、機械化的系統。當然，狹義的交易系統——程式的、機械化的系統也可以獲利，但期貨市場是零和市場，可以一直賺錢的有效方法在理論上是不存在的！所以這類系統很可能會出現短期可以獲利，但過一段時間後就會失效的情況，需要不斷進行人為干涉和調整。

在廣義的交易系統中，人性的因素要占更多的成分。因為人性是古今皆同的，因此比較穩定。因為人性有弱點，而這些弱點會投射在市場的交易中。如果交易系統能夠克服人性的弱點，或者說比普通人做得強一些，那麼就可以戰勝普通人，進而在投資市場的交易中獲利。

建構你的交易系統：先了解自己，再了解市場

在期貨市場中，投資者時時刻刻面臨各式各樣的風險，每一種風險都可能給投資者帶來重大損失。謝磊認為，只有建立一套適合自己、全面的交易系統，才能穩定長期地從市場中獲利，而一套完整

的交易系統的設計實際上包含了多方面的內容。

首先是交易者對自身的了解和認識，須清楚明白哪種交易方式與交易機會較適合自己；其次是對市場的理解，包括資金的分配和運作規則；再者，系統交易者也要熟悉經濟環境，要關心基本面和技術面的情況，了解世界上各主要經濟大國的經濟運作狀況，它們的股市、匯市、貴金屬價格走勢。

另外也要掌握各標的所處的經濟週期或生產週期，當前階段的基本供需狀況和主要影響因素，還有技術面的趨勢和具體形態、盤面交易狀況等。只有充分掌握這些情況，才能在制定交易策略與執行過程中，確定交易機會的等級、倉位的控制和停損點的設置情況。

操作期貨先學做人

謝磊認為，操作期貨首先就是學做人。做期貨要有原則，做人也要有原則！可以想像只有正直的人，才能在分析市場時胸懷坦蕩。有了平常心，才能平靜地看待價格的漲跌，冷靜地挖掘其中的機會。有了堅強的意志，才能面對虧損的壓力，才能承受逆境中的巨大心理壓力。

期貨的漲漲跌跌也正如人生的起起伏伏，要有堅強的意志去承受痛苦才能取得成功。要有自信，這種自信來自不斷的學習和累積，不斷地驗證和嘗試，不斷地改進和歸納總結。即使出現連續虧損和

失敗也不能自卑，出現連續獲利也不能自大，盲目的自大往往將導致較大的虧損。

所以最終打敗你的不是市場，往往是自己打敗自己。一個成功的投資者要懂得不斷學習，只有不斷學習才能進步，才能在挫折和失敗中不斷歸納分析出成功的要素。

要謝磊談談成功的祕訣時，他很謙虛地說，現在還算不上成功，只是在這一波滬膠行情中運氣勝人一籌而已。但大漲小調的上升收益率曲線自然用「運氣」二字不足以解釋。藉由投報曲線話題，不斷地追問，終於發現了謝磊的訣竅——優良的交易系統。

＊＊＊＊＊＊＊＊＊＊＊＊＊＊＊＊＊＊＊＊＊＊＊＊＊

Q：大漲小調的投報率曲線是通過什麼樣的操作手法取得的？

謝磊：從參加實盤大賽至今，最令我滿意的並不在於取得了高投報率，而在於繪出了一條大漲小調的投報率曲線。「穩步獲取投報」一直是我在指導客戶做期貨投資時所追求的目標。

其實我的交易手法很簡單，就是控制好倉位，將心態隨時調整到「歸零」狀態。經過認真分析，一旦認定一波行情即將啟動，我就會毫不猶豫地指導客戶建倉，這部分底倉大致占用到資金的 30％。只要趨勢不變，不管行情如何波動，基本都不會動用底倉。然後，在日後的交易中根據盤面感覺和價格波動特性，不斷加碼。同時，通過調整和控制好這部分倉位，視行情變化不斷擴大獲利或減少虧損。

Q：倉位控制就是你主要成功的要訣嗎？

謝磊： 並不完全是這樣。我認為交易系統最重要，而倉位控制只是其中的一部分。

Q：能否詳細談談你的交易系統？

謝磊： 我認為，一個成功的投資者必須要建立一套適合他自己的交易系統。我的交易系統大致可分為五步：

第一步，對人生的認識與看法。這算是在交易場外、平常的工作和生活中形成，也是交易系統最重要的部分；其次，自我把握。包括自我控制和執行紀律，如果用權重來衡量對一筆成功交易的貢獻，自我把握要占到 50％；第三步，標的基本面分析、周邊市場分析及經濟形勢判斷。占到 15％~20％；第四步，技術分析、程式化交易和倉位控制，占到 15％~20％；第五步，期貨交易基本知識，包括通過價差套利賺點小錢。

Q：能否以你在實盤大賽中的操作為例，介紹一下是如何運用交易系統的？

謝磊： 我通過基本面判斷出滬膠將有一波大行情，4月26日起開始建倉天膠0607合約，底倉30％；結合技術面判斷出，滬膠難以下跌和盤面買盤積極，於是加倉至50％。五一長假後，滬膠開始連續漲停，我在第二個漲停板全部出清，落袋為安，投報率提高到了98％，但錯

失了緊接著的兩個漲停板。在滬膠平倉後，我選擇了鋁，也是先建倉30％後，鋁價就迅速上漲，符合我的預先判斷，隨後我又果斷加倉至80％倉位，第二天全部獲利了結，投報率提高到204％。

Q：也就是說，你一直持有滬膠多單度過了五一假期，難道你不擔心長假風險？

謝磊：對各個標的在長假中的風險，公司曾有過專門研究。當初工業品部對滬膠的研究結果顯示，對基本面導致的標的方向非常有把握，而且技術分析也很配合。所以假期並沒有影響到我的交易。

在隨後的行情中，我判斷金屬和滬膠可能有大幅震盪的風險，於是就選擇了比較安全的玉米進行操作。由於銅鋁暴跌，帶動玉米回檔，資金投報率出現回落，5月19日投報率回落到140％，但由於迴避了金屬及滬膠的深幅回檔，我的心態仍然保持良好。在準確判斷了天膠基本面及週期規律後，通過技術分析和盤面研究，印證了漲勢並未完結，於是在5月19日我開始建倉兩手天膠608合約試盤。

22日逢低開始加倉，倉位開始加大到40％，同時為迴避倉位過大風險，建立部分白糖空頭倉位迴避系統性風險。23日平掉白糖空單，加了一手天膠多單；24日天膠漲停板；25日天膠繼續大漲，突破前期高點，我果斷地將浮盈加倉，抓住天膠的狂漲行情；26日天膠又漲停板，為迴避價格回落，我減了四手多單。

而在 29 日天膠繼續高開大漲，我再次將倉位加足；30 日天膠衝高 3 萬元／噸，回落時即全部將多單平倉了結，並順手拋空後當日平倉，迴避了隨後的大幅下跌風險，投報率跳升到 526％。之後空倉休息，6 月 2 日盤中做了部分短線拋空操作，再次提高投報率。

Q：你也有過滿倉操作，甚至利用浮盈進行滿倉操作，這是否說明你在過度投機？

謝磊：如果純粹是賭，當然屬於過度投機。但如果是基於對市場的準確判斷，就不能這樣說。如同一列正在高速運行的列車，要使它停下來或者轉向都是很困難的事情。同樣，期貨行情在剛啟動並加速時，回檔的機會和空間都不大，滿倉操作風險就很小。

　　此外，這次滿倉操作也是受到實盤大賽的影響，為求得好的名次和投報率，充分提高了資金的使用效率。但滿倉操作的同時也加重了對自己的要求和壓力，是對交易系統的一種極限測試。

Q：在這套交易系統指導下，失敗過嗎？

謝磊：失敗很常見，我的交易系統就是建立在失敗基礎之上的，但每一次失敗後的認真檢討與歸納，這些成為我不斷完善和豐富交易系統的最好材料。

寫一章期貨市場上的
童話故事

隋建軍：我把銅價做上去後，再坐著它下來。

來的最晚的客人，卻幾乎要切走最大的一塊蛋糕！奪得第一屆中國期貨實盤交易大賽第二名的隋建軍，在 6 月 20 日，臨近本次大賽報名截止日才參賽，卻在短短的29個交易日一路追趕超越，最高投報率一度超過 300％，最後以 285.48％的投報率把自己 30 萬人民幣的參賽資金「玩」到了 115 萬，著實令人讚歎。

意外進入期貨領域

筆者曾不無叵測地猜想，廣發期貨請來了「槍手」，但是，我錯了；如果你認為隋建軍是個久經歷練的職業作手，那麼，你也錯了。

隋建軍在電話裡以略帶廣東腔的口音說道，如果不算早年短暫參與地下恆指被騙的期貨經歷，這是他第一次做期貨。被筆者誤認為「老廣」的他還說，自己是道道地地的遼寧人，2000 年才來到南方。

◆ 隋建軍 ◆

第一屆中國期貨實盤交易大賽第二名。最高投報率一度超過 300%，最後以 285.48% 的投報率將 30 萬的參賽資金變成 115 萬。

電話聊天後得知，隋建軍本來就讀建築相關科系，後來又拿到國際經濟貿易的學位，目前一邊在廣州的一家公司從事房地產專案管理，一邊在讀專案管理碩士，手裡擁有好幾張包括註冊監理師、造價師、諮詢師、建造師以及美國的 PMP 專案管理師等專業證照。

「我也做過股票。1996 年進去，1997 年全部出清；1999 年做了一波『519』行情，又及時全身而退……最近的一波就是 2006 年初全部撲進江銅（600362）裡，翻了四、五倍出來，覺得股票也就漲到這樣子了，而期貨則是雙車道，於是我就到廣發期貨開戶。我們公司和廣發期貨在同一棟樓上，開戶時廣發期貨說現在正在舉行第一屆中國期貨實盤交易大賽，問我願不願意參加。就這麼一回事。」

「當時我本來想轉 80 萬人民幣進來的，但是證券營業部不想讓我轉帳，耽誤了幾天，先轉了 30 萬。期貨公司說參加比賽時，若資金

少更有利於提高投報率，後來也就不再轉了。」

堅信對銅價的判斷，多空轉手收益 200%

讓我們看看隋建軍進來參加比賽後以後都做了什麼交易？ 6 月 20 日，他以 57090 價位買進五手 CU609 合約，6 月 22 日平倉。扣除手續費，第一次交易就賺了 9 萬多元。

「我記得當天滬銅是以跌停板開盤，在跌停板快打開時我進場交易。按照我的經驗，跌停板能夠打開就應該有一定的空間。」

休息了幾天後，6 月 28 日，他以 58400 價位買進七手 CU609 合約，6 月 29 日以 59300 又加了一手，持倉到 7 月 3 日，資金翻倍，進入第四名。

7 月 4 日他又以 65950 價位加了三手銅，7 月 5 日以 66800 全部平倉。7 月 10 日，週一，以 69990 價位賣出 11 手 CU609 合約。

我們知道，此後銅價又連漲了兩天，並漲得還比較猛。

「是的。當時期貨公司打電話給我，說需要追加保證金。我當時人在遼寧，告訴他們需要砍倉就砍，但砍夠了就行，別給我砍多了。我堅信自己的判斷。」

虛驚一場之後，銅價結束反彈再度下行。7 月 19 日，他以 66550 再加四手空單。至此，投報率已過 200%。

精彩處女作的背後：少盯盤，勤用功

此後的交易不再贅述。總之，如果不算隋建軍提到的那次對地下恆指「糊塗的愛」，他在期貨市場的處女作就是這麼精彩，在銅價調整的階段性低點入場，做上去再做下來。期貨，就這麼簡單。

我問道：「當時有專業人員在旁指導嗎？」

「沒有。我平時工作忙，白天很少有時間盯盤，但晚上一般要做一兩個小時的功課。」

「你是不是覺得自己運氣特別好？」「有些運氣吧。但在投機市場上，一兩天、一兩次可能是靠運氣。我在股票市場上總是可以不錯過大行情，又總是能及時逃生，這就不能全說是運氣吧！我的本業是房地產行業，對國家的總體經濟投資產業政策特別敏感，這對我的操作應該也有點幫助……」

「票友（戲劇業餘愛好者）要是都唱得這麼好，梅蘭芳們就沒飯吃了。」這是一句玩笑話。可是隋建軍的故事，讓我想起 1992 年的歐洲杯——遞補前南斯拉夫參賽的丹麥隊最後卻捧走了冠軍獎盃，寫下了足球場上的丹麥童話。

期貨市場上每天也都在上演著童話故事，卻不是每個人都能寫得這般精彩。

解放軍操盤手的紀律
忍耐、勤奮

陳棟梁：不是我的錢不賺，只拿該拿的部分，這就叫紀律。

看一下陳棟梁的投報率曲線就會發現，大賽開始後的 40 個交易日內，其投報率一直為負，而且在 5 月 15 日的時候，他一度虧損 48％，名次落到倒數第八名，帳戶市值也從參賽時的 10 萬多元人民幣降到了 5.1 萬左右，虧損將近 5 萬元。

隨後，陳棟梁的投報率開始震盪走高，曲線自低點不斷抬高。隨著大賽的結束，其投報率也達到了最高點，並以 157％位居大賽第三名。

嚴守紀律，相信自己

從 1997 年做期貨以來，陳棟梁基本上沒有虧過錢，整體而言都能獲利；1999 年他又開始涉足股票，趕上了大牛市。更重要的是，他又在 2001 年股市見頂的時候全身而退，專做期貨，不僅迴避掉了之後長達四年的股市大跌，而且資金還在期貨上翻了兩倍。

◆ 陳棟梁 ◆

第一屆全國期貨實盤交易大賽第三名，總投報率 157%。
如果用一句話來形容陳棟梁本屆大賽的操作情況，「先抑
後揚」、「東山再起」、「反敗為勝」這些形容可能都顯
得過於蒼白。接觸過陳棟梁的人都很清楚，取得大賽季軍
名次的背後有著更為深刻的原因，取得名次應該是必然，
沒有取得名次才是偶然。

談起自己成功的投資生涯，他顯得很含蓄，「沒有什麼，只是靠
嚴守紀律和一點運氣、機遇而已。」在與陳棟梁交談的過程中記者
感覺到，對於陳棟梁來說，最重要的可能就是紀律。

陳棟梁當過兵，軍人首先就是要嚴守紀律，並且這種嚴守紀律的
性格也延續到了其投資生涯當中。「我不會輕易改變對行情的看法，
操作起來也不會受行情變動的影響而改變操作計畫。」2005 年，銅
價一路走高，陳棟梁在滬銅行情到達 40,000 元的時候全身而退，在
滬銅從 40,000 多元走到 80,000 多元的過程中，基本上他沒有做過滬
銅。

在陳棟梁看來，滬銅上到 40,000 元後就達到了其當初的判斷，對

於 40,000 元以上的行情，他有點無法了解，覺得市場有點亂，所以不管銅價漲勢多麼好，他堅決不再做。

「當你看到銅價從 40,000 元翻了一倍，不後悔嗎？」

「不是我的錢我不賺，我只拿我應該拿的部分。」

但是嚴守紀律並不是那麼輕鬆，有時候還要承受很大的壓力。本屆大賽開始後一個月內，陳棟梁持有的主要是白糖空單和豆粕空單，然而在五月中旬的時候，白糖和豆粕出現了較大反彈，其投報率一度達到負 48％。

出現這麼大的虧損，陳棟梁有點猶豫，沉重的壓力使他曾經想退出比賽。然而，他相信自己的判斷，堅持看空白糖和豆粕，沒有因為出現較大虧損而改變自己的計畫。為了集中實力交易，他平掉了持倉較少的豆粕，只留下白糖空單。事實證明他的判斷是對的，白糖隨即開始下跌，其投報率也開始慢慢上升。後來他又在強麥上堅決做空，加倉白糖空單，一舉扭轉了操作不利的局面，其投報率開始保持快速上升的勢頭，從 7 月 10 日到大賽結束時的 7 月 28 日短短十幾個交易日裡，其投報率從 50％一路上升到了 157％。

跟著強者做，跟著贏者做

運氣有時候會給人帶來機會，但機會也只留給有準備的人，否則機會來了也很難抓住。陳棟梁說：「我的功夫主要下在盤外，交易

時間就輕鬆了。」

平時陳棟梁非常關注外盤，常常在夜裡看外盤走勢，透過外盤走勢來分析國內的走勢，白天則是散散步、睡睡覺。每一次操作之前，他通常要有一到兩週的準備時間，主要透過盤面持倉變化以及日K線、分時K線走勢來判斷主力意圖，一旦摸清了主力意圖，便跟著主力開始做，用他的話說，就是「跟著強者做，跟著贏者做」。

有時候感覺也很重要，也就是盤面的感覺，他說，看技術圖形時間長了，就會有一種經驗和感覺，可以感受到市場的氣氛、K線的起點和拐點，但這種感覺也是長時間累積與歸納的結果。

本屆大賽中，陳棟梁的倉位通常比較滿，他說平時倉位一般很輕，只有在比賽的時候才會加重，為的是取得好名次。「這麼重的倉位就不怕出現穿倉或影響自己的心態嗎？」他笑了笑，「只有倉位重才能贏得名次嘛。」他沒有正面回答這個問題，但記者感覺到，輕鬆的背後是一種自信，一種對行情判斷與操作的信心。

其實，陳棟梁的投報率曲線已經說明，相對平滑、缺少雜亂無章的曲線給人一種成熟、穩重但又很有力量的感覺，但這背後卻有著「軍人般的操作紀律」、「超乎常人的忍耐與用心」、「勤奮做好準備工作」這三大法寶作為後盾。

先求長久生存
才會穩定獲利

莫曉飛：操作自己熟悉的標的，操作策略要適合自己的特
點，管理好自己的資金，調整好自己的心態。

在採訪之前，我一直以為他是一個特別理性而冷靜的人，這主要緣於我對他交易紀錄的研究。

4 月 12 日，莫曉飛帶著 119,648.10 元人民幣的資金報名參加第一屆中國期貨實盤交易大賽，在經歷了四月中下旬和五月上旬的起伏以後，他的收益率開始躍上前十名的寶座，並始終處於第五名左右。至 7 月 28 日比賽結束，他的總資金達到了 294,564.10 元，投報率高達 146.19％。更讓人驚訝的是，如此傲人的成績，竟然是用小單量交易贏來的。面對充滿風險和誘惑的市場，資金使用比例始終控制在一定的水準內，他是如何做到的呢？

風險控制就要看到硬幣的另一面

從 1994 年進入期貨市場至今，莫曉飛做過營業員，做過操盤手，

◆ 莫曉飛 ◆

第一屆中國期貨實盤交易大賽第四名，投報率 146.19%。

「我明白一個優秀交易者必須具備的素質，也十分清楚自己的優點和缺點，我無法徹底改變自己來完全適應這個市場，但我可以選擇適合自己的交易方法來平穩獲利。」

見證了中國期貨市場發展初期的繁榮和混亂，也經歷了整頓時期的冷清和蕭條。說起入市之初，他用「初生之犢不畏虎」來形容那時的自己——膽大、敢為，但略顯稚嫩。

憶起往事，莫曉飛十分坦然和淡定。「雖然經歷了很多挫折，但那一筆寶貴的人生財富，讓我更深刻地認識了市場和自己。」

對於高達 146.19% 的投報率和第四名的好成績，莫曉飛一語帶過。在採訪過程中，他的言談始終圍繞著「風險控制」這個主題。從不滿倉和透支交易，始終把倉位控制在合理的水準內，並在發生錯誤時果斷停損，這是他在交易中嚴格遵守的原則。當被問及為何每次交易的單量都較小時，莫曉飛呵呵地笑了。「有些投資者不夠理智，看到巨大波動就一味追求高回報率，沒有看到一枚硬幣的另一面，

忽視了風險管理。也許是多年的市場經歷使我有些膽怯，我首先追求的是長久生存，然後才是穩定地獲利。」

適合自己的策略就是最好的策略

與很多交易高手提出的「改變自己來適應市場」不同，莫曉飛更強調的是「自我」——主要操作自己熟悉的標的，操作策略要適合自己的特點，管理好自己的資金，調整好自己的心態。

在整個大賽舉行過程中，當時中國內外市場上表現最搶眼的標的非銅莫屬。滬銅期價不僅在持續上漲中創出 85,000 元的歷史新高，而且其後經歷了大幅震盪回落。這種高波動性吸引了一些參賽者在高獲利率的誘惑下，大手筆操作期銅。但莫曉飛是個例外。無論是在 4 月中下旬的持續上漲過程中，還是在五月中旬以後的大幅回落過程中，莫曉飛連一手銅也沒有操作過。

對此，莫曉飛有自己的解釋：「我喜歡做高波動性的標的，一方面是因為市場流動性好，另一方面是因為獲利率高，但這並不意味著我會關注所有標的。與銅相比，我更熟悉鋁和天然橡膠，因此，我交易的商品一般會以這兩種為主。」

除了標的選擇外，莫曉飛還堅持中線的操作策略。「這是我根據自己的心理承受能力和資金情況制定的交易策略。長線對於資金和投資者心理忍耐力的要求比較高，而我自認做不到；短線呢？由於

不好掌握會經常擾亂我的心情。因此，我現在堅持做中線趨勢。」

根據不同情況制訂調整策略

在恪守以上操作原則的同時，莫曉飛經常根據不同情況來訂定和調整交易策略，真正做到了「剛柔並濟，靈活有度」。「停損點位的設置以及資金使用比例要因標的、行情波動情況以及資金使用情況而定。例如，在鋁的交易中，如果行情處於明顯的上升趨勢中，我的單量可能會大些，但資金使用比例絕不超過70％；如果我交易的單量很小，停損點位可以設置的大一些，反之則小一些。」

當然，即使具有高度的自律性，虧損還是不可避免的。莫曉飛認為：「虧損後的心態管理非常重要。我畢竟是一個凡人，還無法達到心平氣和地面對挫敗的境界。即使在這個市場摸爬滾打這麼多年以後，虧損較大的時候，心情依然會很糟。這時候，我唯一可以做的就是讓自己暫時休息一下。良好的心態是貫徹交易計畫的前提。」

平穩不起伏
才能在市場生存

真是琢磨不透，誰也不能說自己對這個市場真正完全了解，這就是期貨。卞明忠在電話訪問中發出這樣的感嘆。

一直從事農業技術推廣工作的卞明忠，從沒有想過自己會進入期貨這個行業，以前他雖然也聽說過「期貨」這個名詞，但從沒有想過這和自己的生活有什麼關係。不過，人生經常就是這樣的，曾經以為這就是自己的一輩子，但一個巧合，也許就會改變你的初衷。

農技轉期貨，先元氣大傷也不失興趣

2003 年年底，受一位做期貨朋友的影響，卞明忠開始頻繁地聽到「多空」、「漲跌」這些名詞，慢慢地了解這個行業，後來，他甚至喜歡上了它，因為卞明忠發覺這是一個孤獨者的行業，非常適合自己內向的性格。

◆ 卜明忠 ◆

第一屆中國期貨實盤交易大賽第六名。

主要擅長標的以農產品為主。

由 4 月 12 日開始，至 7 月 28 日比賽結束，帳戶權益從 100,180.00 元增至 223,980.23 元，投報率達到 123.58%。

比賽期間表現穩定。

　　但是，期市之路遠比想像中的難。他以為自己一直對農產品還算熟悉，尤其在入市前也曾精心考察過，認真準備過，一入市卻發現行情走勢與自己想像是南轅北轍，根本對不上。他小心地度過最初的幾個月，並活了下來，但從 2004 年下半年至 2005 年 6 月這長達近一年時間的虧損，已經讓他元氣大傷，甚至讓他產生了離開市場的念頭。不過，這也是一閃而過，因為他發現自己已經離不開這個市場了。

　　2005 年 7 月，他把自己的行李搬到了辦公室，一住就是一個多月。他在那個安靜的角落靜下心，將工作之餘的所有時間全用在期貨上，他研讀了所有能找到的期貨投資書籍，繪製大量的行情圖表，這些用心的圖表被他釘在牆上醒目的位置，他每天都要在這些圖表前站

上很長時間，把它們當成是可以交流的朋友。

不走極端，寧願平穩的操盤風格

漸漸地，他明白了約翰·墨菲（John Murphy）講的：「每個人都得在大膽和保守兩個極端選擇自己的操作風格」這句話的意義，他要選擇適合自己的期市之路。最後，他定下了「寧願業績平平，也不能大起大落」的操盤原則。卞明忠循著這個原則重新殺入期市，並就此踏上了平穩獲利的道路。

「我是第一次參加實盤交易大賽，而且這次又是在中國的全國性的比賽，要和中國全國的高手過招，所以一開始心裡有些忐忑也有些著急，想儘快拚出成績。幸虧我及時地有正確的認識，知道不能有這樣的想法，還是要側重在中長線的操作上，因為這才是自己擅長的。我知道，短線高手有時一單下去，投報率比我一年的還要高；但我更知道，期貨行業有高風險，要想在這裡長久生存並取得成功，就必得放棄高風險的不確定性利潤，靜下心來去賺取那些穩定的低風險的利潤，用時間來累積成績。」

從卞明忠參賽三個月的操作情況可以很清晰地看出，他的表現一直比較穩定，帳戶上基本沒有出現過大起大落的情況。他所涉足的標的表面上看起來雖然很多，但其實還是集中在他所熟悉的農產品領域。

他一直認為，自己不屬於單純的基本面派也不屬於單純的技術分析派，因為基本面和技術面應該是一個整體，只依據其中一面來判斷行情是不明智的作法。在這次比賽中，他的操作手法其實很簡單，就是參照 EXPMA 和 MACD 指標，跌穿均線就逢高做空，漲過均線則轉而做多。更重要的是，他嚴格地設定了停損，每一筆虧損額不能超過投入資金的 10％，以避免因一次失誤而元氣大傷！

敬畏市場，長久生存之道

期貨在一些人眼裡不是太簡單了就是太複雜了，因此總是以貪婪或恐懼的心態面對市場，這些都為失敗埋下伏筆。在卞明忠的心裡，做期貨的日子隨時都是鮮豔奪目的，也是變化無常的，對市場要時刻抱著敬畏的心，好好地端正自己的心態，不因一點利潤而沾沾自喜，也不因暫時的虧損而茫然失措。

在行情一波復一波的浪頭騰空撲下時，要求市場中的每一個人學會跳躍，也學會收縮，敢於贏個徹底，也敢於壯士斷腕，唯有如此，才能最終贏得一番漂亮的成果，才能在這個市場裡長久生存下去。這個道理，卞明忠懂得，而且努力在做。

三個月翻六倍
從3萬帶來200萬的傳奇

王曉峰：從業十幾年，只有自己才知道這些箇中滋味。

在採訪第一屆大賽第十名得獎者柯鴻生時，這才知道幕後的故事更精彩。柯鴻生說：「我的資金並不是從 10 萬元翻上來的，而是從 3 萬元翻到了 20 多萬。這樣算下來，我的資金在三個月的時間裡翻了六倍，而這全仰仗我的操作指導王曉峰……。」

小資金搏大賽，從 3 萬帶來 200 萬

王曉峰回顧了這段歷程，從這年春天的 4 月 21 日談起，柯鴻生先入金 3 萬元，提出要參中國期貨實盤交易大賽的想法，但是 3 萬元的資金還不夠參賽門檻，所以王曉峰先報名參加期貨公司內部的操盤比賽。直到了 6 月 5 日，這個帳戶的動態權益一達到 10 萬元的參賽門檻後，馬上就報名參加了中國期貨實盤交易大賽。

◆ 王曉峰 ◆

第一屆全國期貨實盤交易大賽第十名獲獎者柯鴻生的操作
指導。帳戶權益由 101,329.24 元增至 203,972.50 元，參
賽投報率為 101.30％。「在這次比賽，我們主要是抓住了
白糖的下跌行情，雖然也錯過了部分機會，但大的下跌行
情的機會沒有錯過。」
主要操作標的：白糖
擅長風格：短線、趨勢折衷。主要看當時的市場決定。

　　在資料上顯示，柯鴻生本身是做銅生意的老闆，參賽前一年的夏
天他先拿了 15 萬元資金進入期貨市場，但到了年末就將 15 萬元保
證金虧得所剩無幾。

　　「這次比賽我最感欣慰的是能夠用 3 萬元的本金將客戶去年的虧
損全賺回來。托大賽的福，比賽期間我的狀態一直不錯，到了五月
下旬，客戶的保證金已經接近 10 萬元的參賽標準，柯先生和周圍的
朋友都滿心歡喜，認為一定能夠趕上全國性的比賽，並且一定能夠
拿到名次。」王曉峰不無欣喜地說。

一個投報率逐階而上的帳戶示範效應，為王曉峰帶來了更多的客戶，柯鴻生的朋友以及一些慕名而來的投資者紛紛找上門。「單就這次比賽而為我帶來的客戶，大概有六個、保證金合計有 220 多萬吧。」這個季節對於王曉峰來說，確實是陽光燦爛的的一段時光。

王曉峰早在 1992 年就進入期貨市場，稱得上一位老資格的職業期貨人了。「不敢說全中國第一批，最起碼是武漢第一批做期貨的。早期做外盤，後來做國債，十幾年來，我切身體會到了茫茫期海的神祕莫測和被海水嗆的苦味。」

王曉峰說：「這次比賽成績還比較滿意，不過這只算是期海生涯裡的一朵浪花。通過這次比賽，我也看到了同行們的業績，看到了有這麼多的朋友成績做得這麼好……」

> 66 期貨使我躲避開我所不願意的人際敷衍，我願意做一個孤獨的交易者。期貨令我欲罷不能，我對期貨情有獨鍾。 99

主操白糖，短線操作也要順應大趨勢

回顧王曉峰指導的這個帳戶的操作情況，白糖是其交易的主要標

的。「在這次比賽期間，雖然不能說商品期貨的大牛市已經結束，但起碼是處於一個大的調整過程中，其中白糖的弱勢更加明顯。所以，我們主要是抓住了白糖的下跌行情，雖然也錯過了部分機會，但大的下跌行情的機會沒有錯過。」

除了白糖之外，我們還看到這個帳戶在天膠、銅、燃料油、玉米、豆粕、強麥、鋁等標的上遍地開花。「滿倉而頻繁地交易，多少有一些是因為參加比賽的影響因素在裡面，希望能夠在有限的時間內捕捉到更多的機會。尤其是在比賽的後期想衝刺一下名次，這樣的操作更加明顯。」

王曉峰解釋說：「但我們也注意盤中的短線操作要順應大的趨勢，持倉過夜時選擇相對安全的標的。比如，銅和白糖的空單，如果覺得銅的空間更大而白糖相對更安全的話，我們寧願選擇持有白糖的空單過夜。當然，這還要根據持倉結構和頭寸位置來選擇。」

聊起股指期貨，曾參與過國債期貨的王曉峰認為，股指期貨對於職業操盤手來說是一個大的機會。

「國內商品期貨市場上，客戶多是數萬、數十萬資金量級的，而金融期貨市場更多的是數百萬、千萬資金量級的。為一個千萬的資金掙 10％不比數十萬的資金翻倍要輕鬆嗎？而賺的絕對數卻是一樣的。」王曉峰這樣盤算操盤手們未來的成本與效益比。

進入期市，得先測水溫

　　但他同時也告訴對股指期貨躍躍欲試，而又沒有探過期貨市場深淺的投資者，參與期貨交易之前一定要做好準備。

　　「我認識一個客戶，他進來的資金是 5 萬，小勝之後熱情高漲，將資金增加到 15 萬。那時，銅價在 4 萬多，他認為，經驗告訴他銅價不可能再漲了，便又增加 10 萬資金，開始空銅。一路空下來，資金沒了。」

　　王曉峰說，這樣的故事對於做期貨的人來說太普通了，但是股票市場上的人又有多少停損的概念呢？

國家圖書館出版品預行編目(CIP)資料

期貨之王：從10萬到20億，55位打敗死神的戰神交易筆
記/陳邦華,法意編輯部 著 -- 初版 --[臺北市]：法意資
產管理, 2014.05　冊；　公分

ISBN 978-986-88310-9-4（平裝）

1.期貨交易 2.期貨操作 3.投資技術
563.534　　　　　　　　　　　102027334

期貨之王
從10萬到20億，55位打敗死神的戰神交易筆記

作　　　者／陳邦華、法意編輯部

主　　　編／郭峰吾

資 深 編 輯／邱大祐

封 面 設 計／Yabi B

特 約 美 編／董小乖

出　　版　　者／法意PHIGROUP

出 版 日 期／初版一刷／103年5月

售　　　價／480元

網　　　址／www.phigroup.com.tw

服 務 信 箱／contact.phigroup@gmail.com

法意部落格／www.phigroup.com.tw

法意粉絲團／www.facebook.com/phigroupinvestment

法意網路書城／www.pcstore.com.tw/phigroup

總 經 銷／楨彥有限公司

地　　　址／新北市新店區寶興路45巷6弄6號5樓

電　　　話／02-89193186

傳　　　真／02-89145524

Bonus 隨書附贈   02506

XQ全球贏家體驗版 登錄序號

領取流程

Step1 請上網登錄，將下方的序號填入表單中，網址 →
http://phigroup.pixnet.net/blog/post/43689157

Step2 填妥所需資料，經法意審核資格成功後，兩週
內會將啟用帳號密碼及程式，下載網址E-Mail給
您（試用期間自啟用日起計算30天）

登錄序號 ▢▢▢▢▢▢▢   法意 PHIGROUP